Arbeitsstättenverordnung
Basiskommentar zur ArbStättV

Ralf Pieper

Arbeitsstätten-
verordnung

Basiskommentar zur ArbStättV

4., verbesserte und aktualisierte Auflage

BUND
VERLAG

Bibliografische Information der Deutschen Nationalbibliothek
Die Deutsche Nationalbibliothek verzeichnet diese Publikation
in der Deutschen Nationalbibliografie; detaillierte bibliografische Daten
sind im Internet über http://dnb.d-nb.de abrufbar.

4., verbesserte und aktualisierte Auflage 2019
© 2005 by Bund-Verlag GmbH, Frankfurt am Main
Herstellung: Birgit Fieber
Umschlag: Ute Weber, Geretsried
Satz: Dörlemann Satz, Lemförde
Druck: CPI books GmbH, Leck
Printed in Germany 2019
ISBN 978-3-7663-6876-8

www.bund-verlag.de

Vorwort

Mit der neu gefassten Arbeitsstättenverordnung (ArbStättV) vom 12.8.2004 (BGBl. I, 2179) hatte die damalige Bundesregierung eine Modernisierung des Arbeitsstättenrechts entsprechend der Konzeption des Arbeitsschutzgesetzes (ArbSchG) von 1996 versprochen. Diese Konzeption folge der Regelungssystematik der europäischen Arbeitsschutzrichtlinien, nach der Schutzziele und allgemein gehaltene Anforderungen, aber keine detaillierten Verhaltensvorgaben festgesetzt werden. Durch flexible Grundvorschriften sollte danach den Betrieben Spielraum für an ihre Situation angepasste Arbeitsschutzmaßnahmen gegeben werden.

Dies wurde 2004 durch die Festlegung von Schutzzielen und allgemein gehaltenen Anforderungen bei Weglassung detaillierter Verhaltensvorgaben vollzogen. Dadurch ergaben sich für die betriebliche Ebene gegenüber der ArbStättV 1976/1996 erhebliche Gestaltungsmöglichkeiten und -notwendigkeiten.

In der Folge wurde das Regelwerk zur ArbStättV – die früheren Arbeitsstättenrichtlinien – durch den 2004 erstmals gebildeten Ausschuss für Arbeitsstätten (ASTA) überarbeitet.

Mit den Änderungen der ArbStättV in 2010 wurde insbesondere die Beurteilung der Arbeitsbedingungen gemäß § 5 ArbSchG durch die spezielle Regelung in § 3 ArbStättV ergänzt.

Im Rahmen der Novellierung der ArbStättV Ende 2016 wurden insbesondere Pflichten zur Optimierung der Arbeitsstätte sowie zur Unterweisung eingeführt, die Einbeziehung der Organisation und Gestaltung der Arbeit, der Arbeitsabläufe sowie der physischen und psychischen Belastungen klar gestellt, die Regelungen der gleichzeitig aufgehobenen BildscharbV in die ArbStättV integriert und ergänzt, Bestimmungen zu Telearbeitsplätzen aufgenommen und weitere Regelungen, insbesondere zur Sichtverbindung nach Außen, modifiziert wieder aufgenommen.

Die vierte Auflage des Basiskommentars enthält eine verbesserte und aktualisierte Kommentierung der ArbStättV. Die seit der dritten Auflage geänderten bzw. neuen Technischen Regeln für Arbeitsstätten (ASR) sowie ausgewählte Literatur, Gesetzgebung und Rechtsprechung sind bis Dezember

Vorwort

2018 berücksichtigt. Einbezogen sind dabei insbesondere die ASR V3 »Gefährdungsbeurteilung« sowie die ASR A3.7 »Lärm«.

Wuppertal, Januar 2019
Ralf Pieper

Inhaltsverzeichnis

Inhaltsverzeichnis

Abkürzungsverzeichnis

a. a. O.	am angegebenen Ort
Abs.	Absatz
AEUV	Vertrag über die Arbeitsweise der Europäischen Union
AGG	Allgemeines Gleichbehandlungsgesetz
AGS	Ausschuss für Gefahrstoffe
AiB	Arbeitsrecht im Betrieb (Zeitschrift)
ArbG	Arbeitsgericht
ArbSchG	Arbeitsschutzgesetz
ArbStättV	Arbeitsstättenverordnung
Art.	Artikel
ASiG	Arbeitssicherheitsgesetz
ASR	Arbeitsstätten-Richtlinien, Technische Regeln für Arbeitsstätten
AuA	Arbeit und Arbeitsrecht (Zeitschrift)
AuR	Arbeit und Recht (Zeitschrift)
BAG	Bundesarbeitsgericht
BArbBl.	Bundesarbeitsblatt
BAuA	Bundesanstalt für Arbeitsschutz und Arbeitsmedizin
BaustellV	Baustellenverordnung
BDA	Bundesvereinigung der Deutschen Arbeitgeberverbände
BDSG	Bundesdatenschutzgesetz
BetrSichV	Betriebssicherheitsverordnung
BetrVG	Betriebsverfassungsgesetz
BGB	Bürgerliches Gesetzbuch
BGBl.	Bundesgesetzblatt
BGG	Bundesbehindertengleichstellungsgesetz
BildscharbV	Bildschirmarbeitsverordnung
BImSchG	Bundesimmissionsschutzgesetz
BMA	Bundesministerium für Arbeit und Sozialordnung (bis 2002)
BMAS	Bundesministerium für Arbeit und Soziales (2002–2005)
BMWA	Bundesministerium für Wirtschaft und Arbeit (seit 2006)
BPersVG	Bundespersonalvertretungsgesetz

Abkürzungsverzeichnis

BR-Drs.	Bundesrats-Drucksache
BRat	Bundesrat
BReg	Bundesregierung
BVerwG	Bundesverwaltungsgericht
ChemG	Chemikaliengesetz
CR	Computer und Recht (Zeitschrift)
DA	Durchführungsanweisung
DB	Der Betrieb (Zeitschrift)
ebd.	Ebendort
EASUG	EG-Arbeitsschutz-Umsetzungsgesetz
EGV	EG-Vertrag
EuGH	Europäischer Gerichtshof
EWGV	EWG-Vertrag
f./ff.	folgende(r)
GefStoffV	Gefahrstoffverordnung
gem.	Gemäß
GenTSV	Verordnung über die Sicherheitsstufen und Sicherheits-maßnahmen bei gentechnischen Arbeiten in gentechnischen Anlagen
GewO	Gewerbeordnung
GG	Grundgesetz
HAG	Heimarbeitsgesetz
i. S.	im Sinne
i. V. m.	in Verbindung mit
i. W.	im Wesentlichen
JArbSchG	Jugendarbeitsschutzgesetz
LAG	Landesarbeitsgericht
LASI	Länderausschuss für Arbeitsschutz und Sicherheitstechnik
LasthandhabV	Lastenhandhabungsverordnung
MuSchG	Mutterschutzgesetz
NJW	Neue juristische Wochenschrift
NZA	Neue Zeitschrift für Arbeitsrecht
NZA-RR	NZA-Rechtsprechungs-Report Arbeitsrecht
OLG	Oberlandesgericht
PersR	Der Personalrat (Zeitschrift)
PersVG	Personalvertretungsgesetze
ProdSG	Produktsicherheitsgesetz
PSA-BV	Verordnung über Sicherheit und Gesundheitsschutz bei der Benutzung persönlicher Schutzausrüstungen bei der Arbeit
RegE	Regierungsentwurf
RegEArtV	Regierungsentwurf für eine Verordnung zur Umsetzung von EG-Richtlinien zur EG-Rahmenrichtlinie Arbeitsschutz, BR-Drs. 656/96 v. 5. 9. 1996

Rn.	Randnummer
RöV	Röntgenverordnung
SGB	Sozialgesetzbuch
SichIng	Sicherheitsingenieur (Zeitschrift)
sis	sicher ist sicher (Zeitschrift)
StrlSchV	Strahlenschutz-Verordnung
TA	Technische Anweisung
UVV	Unfallverhütungsvorschrift
VBG	Verwaltungsberufsgenossenschaft
VO	Verordnung(en)
VwVfG	Verwaltungs- und Verfahrensgesetz
WVO	Werkstättenverordnung
ZArbWiss	Zeitschrift für Arbeitswissenschaft

Literaturverzeichnis

BAuA, Ratgeber zur Gefährdungsbeurteilung. Handbuch für Arbeitsschutzfachleute, 2. Auflage. Dortmund: Bundesanstalt für Arbeitsschutz und Arbeitsmedizin 2016. Zuvor: Ratgeber zur Ermittlung gefährdungsbezogener Arbeitsschutzmaßnahmen im Betrieb. Handbuch für Arbeitsschutzfachleute, 3. Auflage. Bremerhaven: Wirtschaftsverlag NW Verlag für neue Wissenschaft GmbH 2004 (Schriftenreihe der Bundesanstalt für Arbeitsschutz und Arbeitsmedizin: Sonderschrift, S. 42).

Däubler/Kittner/Klebe/Wedde (Hrsg.), Betriebsverfassungsgesetz – BetrVG, Kommentar für die Praxis, 16. Auflage 2018 (zitiert: DKKW-*Bearbeiter*)

Kohte/Faber/Feldhoff (Hrsg.), Gesamtes Arbeitsschutzrecht, 2. Auflage, 2018 (zitiert: HK-ArbSchR/*Bearbeiter*)

Kollmer, Arbeitsstättenverordnung, Kommentar, 2. Auflage 2005

Kollmer/Klindt/Schucht, Arbeitsschutzgesetz, Kommentar, 3. Auflage 2016

Kühs, Anforderungen an Arbeitsstätten, 1998 ff.

LASI, Leitlinien zur Arbeitsstättenverordnung, 2009 (zitiert: LASI-ArbStättV 2010)

LASI, Bildschirmarbeitsverordnung: Auslegungshinweise zu den unbestimmten Rechtsbegriffen, 1997/2000 (2017 zurückgezogen) (zitiert: LASI-BildscharbV)

Leßwing/Bux/Lehder, Praxisleitfaden zur neuen Arbeitsstättenverordnung, 2004 (zitiert: LBL)

Luczak/Volpert, Handbuch Arbeitswissenschaft, 1997 (zitiert: ArbWiss-Luczak)

Opfermann/Streit/Pernack, Arbeitsstätten – Neue Arbeitsstättenverordnung, Arbeitsstätten-Richtlinien (ASR), Arbeitsschutzgesetz usw., 7. Auflage 2005, (zitiert: OSP)

Opfermann/Streit, Arbeitsstättenverordnung 1976/1996 (alte Kommentierung)

Opfermann/Streit/Tannenhauer/Pernack/Pangert, Arbeitsstättenverordnung, Loseblattsammlung, 2004 ff. (zitiert: Opfermann)

Pernack/Tannenhauer/Pangert, Arbeitsstätten, 9. Auflage 2017 (zitiert: PTP)

Pieper, ArbSchR = Arbeitsschutzrecht, Kommentar für die Praxis, 7. Auflage 2019 i. V.; 6. Auflage 2017

Literaturverzeichnis

Pieper/Vorath, Handbuch Arbeitsschutz, 2. Auflage 2005

Richardi/Wlotzke (Hrsg.), Münchner Handbuch zum Arbeitsrecht, Band 3, 2. Auflage 2000 (zitiert: MünchArbR-*Bearbeiter*); nunmehr: Kiel/Lunk/ Oetker (Hrsg.), 4. Auflage 2018

Schlick/Bruder/Luczak, Arbeitswissenschaft, 4. Auflage 2018

Einleitung

1. Allgemeines

Die ArbStättV vom 12.8.2004 hat die ArbStättV in ihrer bisherigen Fas- **1**
sung vom 20.3.1975, zuletzt geändert durch Art. 7 der Verordnung vom
27.9.2002 (BGBl. I S. 3777), abgelöst. Infolge der ArbStättV 2004 ist eine
vollständige **Neufassung** vorgenommen worden. Danach erfolgten sechs
weitere Änderungen, wobei insbesondere auf die klarstellende Ergänzung
durch Art. 4 der Verordnung vom 19.7.2010 (BGBl. I S. 960) in Form der
Aufnahme einer konkretisierenden Regelung zur Gefährdungsbeurteilung
(neuer § 3 ArbStättV 2010) hinzuweisen ist (vgl. Rn. 6 sowie § 3 Rn. 1ff.).
Eine weitere **Änderung** erfolgte durch Verordnung v. 30.11.2016 (BGBl. I
S. 2681), mit der insbesondere die Anforderungen zur Gestaltung von Bildschirmarbeitsplätzen aus der BildscharbV in die ArbStättV überführt wurden (vgl. Rn. 7a).

Anders als bei den seit 1996 auf der Basis der §§ 18, 19 ArbSchG geschaffe- **2**
nen Rechtsverordnungen, ausgenommen die ArbMedVV, hatte die **Novellierung 2004** in ihrer Gesamtheit keinen europarechtlichen Hintergrund,
etwa wegen einer Änderung der EG-Arbeitsstättenrichtlinie 89/654/EWG/
von 1989 (auch ein von der *Europäischen Kommission* 2002 in Gang gesetztes
Vertragsverletzungsverfahren, das am 28.10.2004 mit einer Entscheidung
des *EuGH* (C 16–04) endete, hätte allenfalls die Änderung einzelner Sachverhalte zum Inhalt haben müssen; vgl. *OSP,* S. 15.; vgl. Rn. 5).

Ziel der damaligen rot-grünen *BReg* war nach eigener Aussage die »Mo-
dernisierung des Arbeitsstättenrechts« entsprechend der Konzeption des
ArbSchG von 1996. Diese Konzeption folgt laut RegE-ArbStättV 2004 der
Regelungssystematik der europäischen Arbeitsschutzrichtlinien, nach der
Schutzziele und allgemein gehaltene Anforderungen, aber keine detaillierten
Verhaltensvorgaben festgesetzt werden. Durch flexible Grundvorschriften

sollte danach den Betrieben Spielraum für an ihre Situation angepasste Arbeitsschutzmaßnahmen gegeben werden. 1999 hatten sich die interessierten Kreise erstmals auf Thesen zur Neuordnung des Arbeitsschutzrechts verständigt, die u. a. auch diesen Grundsatz enthalten. Hieraus hätte aber noch kein unmittelbarer Handlungsbedarf für die BReg als Verordnungsgeber zur Novellierung der bisherigen ArbStättV abgleitet werden können. Unter Verweis auf die Tatsache, dass es sich bei europäischen Richtlinien nach Art. 137 EGV (nunmehr Art. 153 AEUV) um Mindestvorschriften handelt, die von den jeweiligen Mitgliedstaaten zwar nicht unterschritten, aber sehr wohl erweitert werden dürfen (*Pieper*, ArbSchR, Einl. Rn. 19), lässt sich also mit Blick auf die vom damaligen *BMWA* (dieser Ressortzuschnitt hatte Bestand von 2002–2005, nunmehr ist das *BMAS* federführend, vor 2002 das *BMA*) initiierte Neufassung zumindest kein dringender rechtlicher Handlungsbedarf für eine umfassende Novellierung feststellen (dies gilt auch mit Blick auf einige notwendige Anpassungen; vgl. Rn. 5). Sie war vielmehr Ausdruck von politischen Aktivitäten unter der Überschrift »Deregulierung« bzw. »Entbürokratisierung« (vgl. Rn. 6; *Pieper*, FH Kittner; *Pieper*, AiB 2004, 590; *Kohte/Faber*, DB 2005, 225; zur europäischen Dimension vgl. *Pieper*, ArbSchR, Einl. Rn. 87).

3 Mit Verordnung vom 4. 12. 1996 (BGBl. I S. 1845) war die ArbStättV 1976 hinsichtlich ihres **Anwendungsbereichs** bereits an den des ArbSchG und damit der europarechtlichen Vorgaben angepasst worden. Sie galt nunmehr für den gesamten gewerblichen und öffentlichen Bereich, wobei Arbeitsstätten, die bislang nicht einbezogen waren, bis spätestens zum 1. 1. 1999 mindestens den Anforderungen des Anhangs II der EG-Arbeitsstättenrichtlinie 89/654/EWG vom 30. 11. 1989 über Mindestvorschriften für Sicherheit und Gesundheitsschutz in Arbeitsstätten (ABl. EG Nr. L 393 S. 1; im Folgenden »EG-Arbeitsstättenrichtlinie«) entsprechen mussten (vgl. *Wlotzke*, NJW 1997, 1474; *Doll*, AS Recht Beil. 1/1997, 7).

4 **Rechtsgrundlage** für die ArbStättV 1976 waren § 120e sowie § 139h Abs. 1 und 3 GewO i. V. m. Art. 129 Abs. 1 Satz 1 GG. Diese Ermächtigungsgrundlagen sind 1996 durch Art. 4 Nr. 1 EASUG aufgehoben worden (vgl. *Pieper*, ArbSchR, Einl. Rn. 99). Da nichts dafür spricht, dass der Gesetzgeber damit der ArbStättV 1976/1996 die sachliche Grundlage entziehen wollte, blieb ihre **Wirksamkeit unberührt** (*BVerwG* 31. 1. 1997, NZA 1997, 482). Die ArbStättV stützt sich nunmehr auf § 18 ArbSchG (vgl. *Pieper*, ArbSchR, § 18 ArbSchG Rn. 2). In diesem Zusammenhang ist auf den Grundsatz der Kohärenz der ArbStättV 2004/2010 mit dem ArbSchG zu verweisen (vgl. RegE-ArtV, 14). D.h. insbesondere die Vorschriften des ArbSchG bilden in Verbindung mit denen der ArbStättV die Grundlagen für die Durchführung des betrieblichen Arbeitsschutzes im Hinblick auf das Einrichten und Betreiben von Arbeitsstätten (vgl. § 1 Rn. 4).

Mit der Novellierung der ArbStättV 1976/1996 im Jahre 2004 wurden seitens **5**
der *BReg* die folgenden **Ziele** verbunden:

- Anwendung der Durchführungsbestimmungen des 5. Abschnitts des
  ArbSchG, d. h. der Bestimmungen über den Vollzug, bezogen auf das Einrichten und Betreiben von Arbeitsstätten, auch im Bereich der gewerblichen Wirtschaft, der bislang durch die ursprüngliche Rechtsgrundlage der
  ArbStättV, nämlich der GewO geregelt war,
- Einrichtung eines »Ausschusses für Arbeitsstätten« (*ASTA*), wobei die von
  diesem Ausschuss ermittelten Regeln die bisherigen, vom *BMA/BMWA*
  erlassenen »Arbeitsstättenrichtlinien« ersetzen sollen,
- weitere Anpassung der ArbStättV an die EG-Arbeitsstättenrichtlinie
  89/654/EWG (Oberlichter und Laderampen sowie Verbot von Schiebe-
  und Karusselltüren als speziell eingerichtete Nottüren),
- Umsetzung der EG-Sicherheitskennzeichnungsrichtlinie 92/58/EWG
  durch einen gleitenden Verweis,
- Umsetzung von Anhang IV Teil A (Mindestvorschriften für Sicherheit
  und Gesundheitsschutz auf Baustellen – Allgemeine Mindestvorschriften für Arbeitsstätten auf Baustellen) und Teil B (besondere Mindestvorschriften für Arbeitsplätze auf Baustellen) der EG-Baustellenrichtlinie
  92/57/EWG,
- Aufhebung der Verordnung über besondere Arbeitsschutzanforderungen
  bei Arbeiten im Freien in der Zeit vom 1. 11. bis 31. 3. (Winterbauverordnung) und deren Integration die ArbStättV 2004.

Insbesondere der dritte Punkt zielte ab auf ein **Vertragsverletzungsverfahren** der *Europäischen Kommission* mit einem abschließenden Urteil des
EuGH v. 28. 10. 2004 (DB 2005, 233), ergangen also nach dem Inkrafttreten
der ArbStättV 2004 (vgl. kritisch zur Frage, ob die Novellierung 2004 die
»gemeinschaftsrechtlichen Hausaufgaben« abdeckte: *Kohte/Faber*, DB 2005,
226 ff.).

Zur **Chronologie der Novellierung 2004**: Ausgehend von der Festlegung des **6**
so genannten »Masterplans Bürokratieabbau« des *BMWA* (dokumentiert
unter *www.gute-arbeit-online.de*, Archiv, 02/2003) wurde der Referentenent-
wurf für eine Novellierung der ArbStättV mit Stand vom 6. 5. 2003 vom
BMWA zur Stellungnahme im Internet veröffentlicht. Mit Stand vom
5. 8. 2003 übersandte die *BReg* den Kabinettsentwurf an den *BRat* (BR-Drs.
627/03 v. 2. 9. 2003). Dies führte im Ergebnis zu einem Verordnungsent-
wurf des Bundesrates (BR-Drs. 666/03 v. 12. 3. 2004), der in einer Reihe von
Punkten über den Ansatz der *BReg* zur Anpassung der bundesdeutschen
ArbStättV an die europäische Arbeitsstättenrichtlinie hinausging und weitere materielle Abstriche forderte. Die *BReg* reagierte hierauf mit einem
neuen Kabinettsbeschluss vom 25. 5. 2004, der dem *BRat* erneut zwecks Zustimmung zugeleitet wurde (BR-Drs. 450/04 v. 26. 5. 2004). Dieser Vorlage
stimmte der *BRat* am 9. 7. 2004 zu (BR-Drs. 450/4/04 v. 9. 7. 2004), wo-

rauf die ArbStättV 2004 am 24. 8. 2004 im Bundesgesetzblatt veröffentlicht wurde (BGBl. I S. 2179) und am darauf folgenden Tag in Kraft trat.

Arbeitsstättenverordnung 2016	
Ziel Gesundheitsschutz der Beschäftigten beim Einrichten und Betreiben von Arbeitsstätten	§ 1 Abs. 1 ArbStättV
Ausnahmen vom umfassenden Anwendungsbereich • Bergbau • Reisegewerbe und Marktverkehr • Transportmittel, die im öffentlichen Verkehr eingesetzt werden, • Arbeitsstätten im Freien, wenn die Arbeitsstätte zu einem land- oder forstwirtschaftlichen Betrieb gehört und außerhalb seiner bebauten Fläche liegt. Die Regelungen zum Nichtraucherschutz (§ 5) sowie zur Sicherheitskennzeichnung gelten in allen Fällen.	§ 1 Abs. 2 ArbStättV
Begriffsbestimmung	§ 2 ArbStättV
Beschränkte Anwendung für Telearbeitsplätze	§ 2 Abs. 3 ArbStättV
Keine Anwendung von Nr. 6 Anhang bei bestimmten Bildschirmgeräten	§ 2 Abs. 4 ArbStättV
Gefährdungsbeurteilung • Informationermittlung • Beurteilung • Grundlage für Schutzmaßnahmen • Fachkunde • Dokumentation	§ 3 ArbStättV/ § 5 ArbSchG/ § 3 BetrSichV
Grundanforderungen für Sicherheit und Gesundheitsschutz bei Einrichten und Betrieb von Arbeitsstätten • Einhaltung der Vorschriften der ArbStättV einschließlich Anhang sowie Berücksichtigung von Regeln und Erkenntnissen • Sicherheit und Gesundheit Behinderter ist zu berücksichtigen (Türen, Verkehrs-, Fluchtwege, Notausgänge, Treppen, Waschgelegenheiten, Toiletträume sind behindertengerecht zu gestalten)	§ 3a Abs. 1 und 2 ArbStättV

Ausnahmen von Grundanforderungen
• Ausnahmen von Vorschriften: auf Antrag bei der zuständigen Behörde, wenn
  1. der Arbeitgeber andere, ebenso wirksame Maßnahmen trifft oder
  2. die Durchführung der Vorschrift im Einzelfall zu einer unverhältnismäßigen Härte führen würde und die Abweichung mit dem Schutz der Beschäftigten vereinbar ist,
• Belange kleiner Betriebe sind besonders zu berücksichtigen
• Anforderungen nach anderen Rechtsvorschriften (Bauordnungsrecht der Länder) bleiben unberührt.
	§ 3a Abs. 3 und 4 ArbStättV

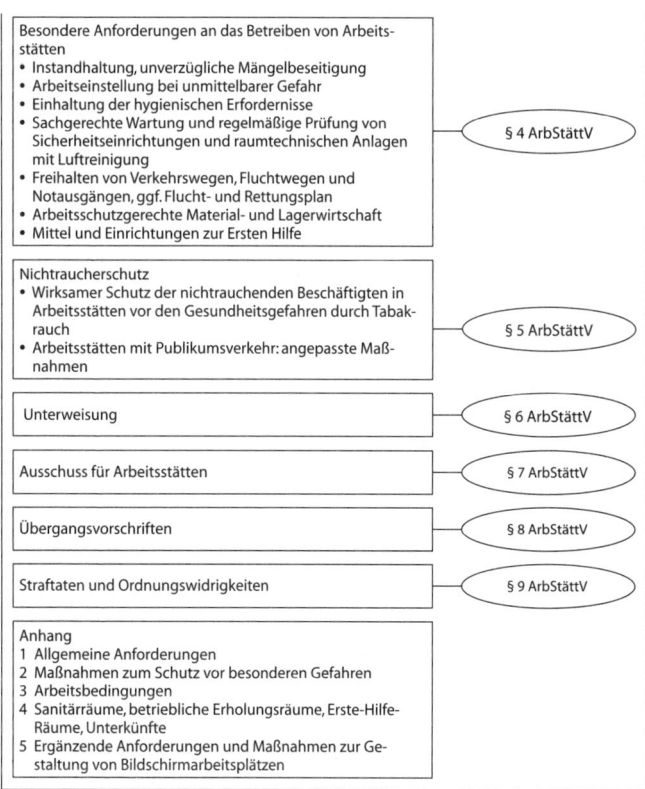

Besondere Anforderungen an das Betreiben von Arbeitsstätten
- Instandhaltung, unverzügliche Mängelbeseitigung
- Arbeitseinstellung bei unmittelbarer Gefahr
- Einhaltung der hygienischen Erfordernisse
- Sachgerechte Wartung und regelmäßige Prüfung von Sicherheitseinrichtungen und raumtechnischen Anlagen mit Luftreinigung
- Freihalten von Verkehrswegen, Fluchtwegen und Notausgängen, ggf. Flucht- und Rettungsplan
- Arbeitsschutzgerechte Material- und Lagerwirtschaft
- Mittel und Einrichtungen zur Ersten Hilfe

§ 4 ArbStättV

Nichtraucherschutz
- Wirksamer Schutz der nichtrauchenden Beschäftigten in Arbeitsstätten vor den Gesundheitsgefahren durch Tabakrauch
- Arbeitsstätten mit Publikumsverkehr: angepasste Maßnahmen

§ 5 ArbStättV

Unterweisung

§ 6 ArbStättV

Ausschuss für Arbeitsstätten

§ 7 ArbStättV

Übergangsvorschriften

§ 8 ArbStättV

Straftaten und Ordnungswidrigkeiten

§ 9 ArbStättV

Anhang
1 Allgemeine Anforderungen
2 Maßnahmen zum Schutz vor besonderen Gefahren
3 Arbeitsbedingungen
4 Sanitärräume, betriebliche Erholungsräume, Erste-Hilfe-Räume, Unterkünfte
5 Ergänzende Anforderungen und Maßnahmen zur Gestaltung von Bildschirmarbeitsplätzen

Mit Art. 4 der Verordnung zur Umsetzung der Richtlinie 2006/25/EG zum Schutz der Arbeitnehmer vor Gefährdungen durch künstliche optische Strahlung und zur Änderung von Arbeitsschutzverordnungen v. 19.7.2010 (BGBl. I S. 960) wurden notwendige Ergänzungen der ArbStättV 2004 vorgenommen, insbesondere die ausdrückliche Einbindung der **Gefährdungsbeurteilung**, als Konkretisierung der Beurteilung der Arbeitsbedingungen gem. § 5 ArbSchG, sowie die Aufnahme von **Sanktionsmöglichkeiten**, in Form von Ordnungswidrigkeitstatbeständen, der zuständigen Behörden bei Verstößen des Arbeitgebers.

Ausgehend von der Konzeption der *BReg*, in der novellierten ArbStättV 2004 **7** Schutzziele und allgemein gehaltene Anforderungen, aber keine detaillierten Vorgaben mehr festzulegen (vgl. Abbildung, Seite 20), ergeben sich für die **betriebliche Ebene** gegenüber der ArbStättV 1976/1996 erhebliche Gestaltungsmöglichkeiten und -notwendigkeiten. Ausdrücklich sollten nämlich den Betrieben flexible Grundvorschriften für an ihre Situation angepasste Arbeitsschutzmaßnahmen gegeben werden. Ein großer Teil der bislang verbindlichen Bestimmungen wurde – soweit das europarechtlich möglich war – in das Regelwerk (Technische Regeln für Arbeitsstätten – ASR) verlagert, das die bis zum 31. 12. 2012 gültigen Arbeitsstättenrichtlinien zur ArbStättV 1976/1996 abgelöst hat. Dieses Regelwerk entfaltet für den Arbeitgeber rechtlich eine Vermutungswirkung, dass die Bestimmungen der ArbStättV einschließlich des Anhangs eingehalten werden (vgl. § 3a ArbStättV 2004/2010; § 3a Rn. 4 ff.).

Für die betriebliche Umsetzung dieser Konzeption kommt es insbesondere auf die Effektivität und Qualität der **Beratung und Unterstützung** des Arbeitgebers durch die von diesen nach ASiG/DGUV Vorschrift 2 zu bestellenden Betriebsärzte und Fachkräfte für Arbeitssicherheit an. Aufgabe der Fachkräfte für Arbeitssicherheit und Betriebsärzte ist es in diesem Zusammenhang, hierfür die erforderliche Fachkunde bei der Erfüllung ihrer Aufgaben nach §§ 3 und 6 ASiG einzusetzen.

7a Mit dem Versuch einer **weiteren Änderung** der ArbStättV, samt Integration der BildscharbV, verfolgte die *BReg* im Jahre 2014 nach eigener Aussage das Ziel, durch eine präzisere Terminologie und durch weitere Klarstellungen ein höheres Maß Rechtssicherheit zu schaffen und die ArbStättV, insbesondere bezogen auf den Stand der Technik sowie der gesicherten arbeitswissenschaftlichen Erkenntnisse, zu aktualisieren. Auf diese Weise sollten die Sicherheit und der Schutz der Gesundheit der Beschäftigten in Arbeitsstätten weiter verbessert werden (vgl. BR-Drs. 509/14, S. 1). Der Entwurf der *BReg* zielte insbesondere auf eine Klarstellung der Formulierungen »möglichst ausreichend Tageslicht« bzw. »Sichtverbindung nach außen« sowie auf die Spezifika von Bildschirmarbeitsplätzen und Telearbeitsplätzen (vgl. ebd.). Dem Entwurf der *BReg* v. 30. 10. 2014 stimmte der *BRat* am 15. 12. 2014 mit der Maßgabe von Änderungen zu (BR-Drs. 509/14 [B]). Aufgrund öffentlicher Interventionen interessierter Kreise (vgl. *BDA*, 2015) wurde das Rechtsetzungsverfahren nicht zum Abschluss gebracht. In einer Entschließung v. 27. 11. 2015 forderte der *BRat* die *BReg* auf, das Verfahren möglichst umgehend zum Abschluss zu bringen bzw. zu möglichen Hinderungsgründen Stellung zu nehmen (BR-Drs. 531/15 [B]).

Schließlich beschloss der *BRat*, auf der Grundlage eines Entwurfs mehrerer Bundesländer (BR-Drs. 506/16) in seiner 948. Sitzung am 23. 9. 2016, die Vorlage für den Erlass einer Rechtsverordnung gem. Art. 80 Abs. 3 GG der *BReg* zuzuleiten. Ferner beschloss der *BRat*, dass der Beschluss über die Zuleitung der Vorlage für den Erlass einer Rechtsverordnung an die *BReg* gem. Art. 80 Abs. 3 GG die Zustimmung des *BRates* zum unmittelbaren Erlass einer solchen Rechtsverordnung gem. Art. 80 Abs. 2 GG umfasst (BR-Drs. 506/16 [B]). Die *BReg* folgte diesem Beschluss per Kabinettsbeschluss am 2. 11. 2016. Am 30. 11. 2016 wurde die Verordnung zur Änderung von Arbeitsschutzverordnungen (Art. 1: Änderung der ArbStättV; Art. 2: Änderung der OStrV) im BGBl. I S. 2681 veröffentlicht. Zur Begründung für die Vorlage verwies der *BRat* allgemein auf

- diverse notwendige Änderungen und Ergänzungen (die inhaltlich schon in der BR-Drs. 509/14 enthalten waren, allerdings modifiziert wurden) sowie
- auf die Übernahme der Anforderungen zur Gestaltung von Bildschirmarbeitsplätzen aus der aufgehobenen BildscharbV einschließlich Anforderungen an Telearbeitsplätze in den Text der ArbStättV (vgl. insbesondere Nr. 6 Anhang ArbStättV 2016).

Im Rahmen dieser Änderungen wurden laut *BRat* Synergieeffekte genutzt und nur die Anforderungen integriert, die bislang nicht ausdrücklich in der ArbStättV (z. B. psychische Belastungen) enthalten waren (vgl. BR-Drs. 506/16 [B], S. 34). Implizit gilt dies auch für physische Belastungen (vgl. Nr. 6.9 ASR V3; § 3 Rn. 2c).

Hinsichtlich der Integration der BildscharbV stellte bereits diese, Ende 2016 aufgehobene Vorschrift einen Gestaltungsrahmen dar, der Spielräume für an die Situation der Betriebe angepasste Maßnahmen des Arbeitsschutzes zuließ (vgl. RegE-ArtV, 26; *Wlotzke*, NJW 1997, 1473): »In der Verordnung werden grundsätzlich nur Schutzziele vorgegeben. Dies ist auch sachgerecht. Denn starre und detaillierte Vorschriften auf dem Gebiet der Bildschirmgeräte mit seinen ständigen technischen Veränderungen würden schon sehr bald veraltet sein« (*Wlotzke*, a. a. O., m. w. N., vgl. *Riese*, CR 1997, 28). Im Übrigen ist der Arbeitgeber schon nach dem ArbSchG verpflichtet, durch Maßnahmen des Arbeitsschutzes eine Verbesserung für Sicherheit und Gesundheitsschutz der Beschäftigten anzustreben und dabei u. a. den Stand der Technik sowie sonstige gesicherte arbeitswissenschaftliche Erkenntnisse zu berücksichtigen (vgl. §§ 3 Abs. 1, 4 Nr. 3 ArbSchG). Diese Grundsätze gelten auch für die Gestaltung von Bildschirmarbeitsplätzen gem. Nr. 6 Anhang ArbStättV 2016 (zuvor i.W. §§ 4, 5 BildscharbV). In Bezug auf die Änderungen durch die Verordnung vom 30. 11. 2016 ist, neben der eingeschränkten Einbeziehung von Telearbeitsplätzen, insbesondere auf die Anforderungen an tragbare Bildschirmgeräte für die ortsveränderliche Verwendung an Arbeitsplätzen gem. Nr. 6.4 Anhang ArbStättV hinzuweisen, d. h. die diesbezügliche Verwendung z. B. von Tablet-PCs, Head Mounted Displays (z. B. Datenbrillen) etc. durch Beschäftigte bei der Arbeit.

2. Rechte der Beschäftigten und der betrieblichen Interessenvertretung

Ergänzend zu den Pflichten des Arbeitgebers in Bezug auf Einrichten und **8** Betreiben von Arbeitsstätten ist auf **Pflichten und Rechte der Beschäftigten** hinzuweisen, die sich insbesondere aus §§ 15–17 ArbSchG ergeben. Zudem entsteht bei allen Regelungen der ArbStättV, die geeignet sind, den Gegenstand einer vertraglichen Vereinbarung zu bilden, ein Erfüllungsanspruch der Beschäftigten gem. § 618 Abs. 1 BGB (vgl. *Pieper*, ArbSchR, § 618 BGB Rn. 9).

9 Die allgemeinen Aufgaben und Rechte der **betrieblichen Interessenvertretung (Betriebs- bzw. Personalrat)** der Beschäftigten ergeben sich nicht unmittelbar aus der ArbStättV, sondern aus dem BetrVG bzw. dem BPersVG sowie den Personalvertretungsgesetzen der Länder (vgl. *Pieper*, ArbSchR, BetrVG Rn. 1 ff.; BPersVG Rn. 1 ff.). **Betriebs- bzw. Personalrat** haben dementsprechend die Einhaltung der ArbStättV zu **überwachen** und sich für ihre Durchführung **einzusetzen** (§§ 80 Abs. 1 Nr. 1, 89 BetrVG bzw. §§ 68 Abs. 1 Nr. 2, 81 BPersVG).

10 Zur Wahrnehmung seiner Überwachungsaufgabe gem. § 80 Abs. 1 Nr. 1 wie der sonstigen Beteiligungsrechte nach dem BetrVG muss der Arbeitgeber den **Betriebsrat** im Hinblick auf Aspekte von Sicherheit und Gesundheitsschutz beim Einrichten und Betreiben von Arbeitsstätten rechtzeitig und umfassend **unterrichten** sowie ihm auf Verlangen die zur Durchführung dieser Aufgabe erforderlichen Unterlagen zur Verfügung stellen (vgl. § 80 Abs. 2 BetrVG; *Pieper*, ArbSchR, BetrVG Rn. 3; zu den analogen Rechten des **Personalrats** vgl. § 68 Abs. 2 BPersVG; *Pieper*, ArbSchR, BPersVG Rn. 3). Zur Erfüllung seiner Aufgaben kann der **Betriebsrat** auch **Sachverständige** hinzuziehen; hierzu liegt eine konkretisierende Rechtsprechung vor (§ 80 Abs. 3 BetrVG; DKKW-*Buschmann*, § 80 Rn. 127 ff.; vgl. *Pieper*, ArbSchR, BetrVG Rn. 6).

11 Bereits im **Planungsstadium** ist der **Betriebsrat** über die **Gestaltung von Arbeitsräumen**, technischen Anlagen, Arbeitsmitteln, Arbeitsverfahren, Arbeitsabläufen oder **Arbeitsplätzen** rechtzeitig zu **unterrichten** (vgl. § 90 Abs. 1 BetrVG; *Pieper*, ArbSchR, BetrVG Rn. 6).
Der Betriebsrat hat darüber hinaus den Anspruch auf eine entsprechende **Beratung** mit dem Arbeitgeber (vgl. § 90 Abs. 2 BetrVG; vgl. *Pieper*, ArbSchR, BetrVG Rn. 7). Diese Beratung muss so rechtzeitig erfolgen, dass Vorschläge und Bedenken des Betriebsrats bei der Planung berücksichtigt werden können (vgl. § 90 Abs. 2 Satz 1 BetrVG; *Pieper*, ArbSchR, BetrVG Rn. 7). Arbeitgeber und Betriebsrat haben bei ihren Beratungen auch die gesicherten arbeitswissenschaftlichen Erkenntnisse über die **menschengerechte Gestaltung der Arbeit** zu berücksichtigen (vgl. § 90 Abs. 2 Satz 2 BetrVG; *Pieper*, ArbSchR, BetrVG Rn. 7; § 4 ArbSchG Rn. 7 ff.).

12 Regelungen der ArbStättV sind überwiegend **Rahmenvorschriften** i. S. von § 87 Abs. 1 Nr. 7 BetrVG (vgl. *BAG* 15. 1. 2002 u. 8. 6. 2004; AiB 2005, 290 mit Anm. *Pieper*); bei entsprechenden Maßnahmen des Arbeitgebers besteht daher ein **Mitbestimmungsrecht** des Betriebs- und gem. § 75 Abs. 3 Nr. 11 und 16 BPersVG, auch des Personalrats (vgl. *Pieper*, ArbSchR, BetrVG Rn. 8 ff.; BPersVG Rn. 3 ff.). Lassen **Regelungen der ArbStättV** und dazu veröffentlichte Technische Regeln (**ASR**) offen, welche konkreten Maßnahmen festgelegt werden sollen, bestimmt diese der Arbeitgeber und löst damit die Mitbestimmungsmöglichkeit für den Betriebsrat aus. Beide Betriebsparteien verfügen zudem über ein (seitens des Betriebsrates auch erzwingbares) Initiativrecht. Der Betriebsrat kann auch weitergehende Maßnahmen als die bereits vom Arbeitgeber ergriffenen verlangen; ob er sie in der Einigungsstelle durchsetzen kann, wenn die Anforderungen einer ASR bereits erfüllt sind, spielt für die Entscheidung keine Rolle. Ausgeschlossen wäre das Mitbestimmungsrecht nur dann, wenn es bereits eine mitbestimmte Regelung im Betrieb gäbe (vgl. *LAG Schleswig-Holstein* 1. 10. 2013 – 1 TaBV 33/13). Nach der Rechtsprechung des *BAG* ist die Wahrnehmung des Mitbestimmungsrechts gem. § 87 Abs. 1 Nr. 7 BetrVG und die damit verbundene Durchsetzung von Betriebsvereinbarungen an eine hinreichende **Konkretisierung** geknüpft. Diese kann seitens des Betriebsrats und auch seitens einer Einigungsstelle nicht dem Arbeitgeber überlassen werden. Pauschale Verweise auf Rahmenvorschriften sind daher nicht ausreichend (vgl. *Pieper*, ArbSchR, BetrVG Rn. 38). Für die Wahrnehmung des Mitbestimmungsrechts gem. § 75 Abs. 3 Nr. 11 u. 16 BPersVG durch den Personalrat gilt nichts anderes.

Dementsprechend ist z. B. die in § 3a Abs. 1 Satz 1 ArbStättV festgelegte Verpflichtung des Arbeitgebers beim Einrichten und Betreiben von Arbeitsstätten eine ausfüllungsbedürftige, die Mitbestimmung des Betriebsrates auslösende Rahmenvorschrift i. S. v. § 87 Abs. 1 Nr. 7 BetrVG (vgl. *BAG* 18. 7. 2017 – 1 ABR 59/15; 28. 3. 2017 – 1 ABR 25/15 – Rn. 27). Eine auf die generalklauselartig verfasste Rahmenvorschrift wie § 3a Abs. 1 Satz 1 ArbStättV gestützte Mitbestimmung ist nicht auf das Vorliegen einer konkreten Gefahrenlage beschränkt, sondern bezieht sich in Übereinstimmung mit dem ArbSchG auf konkrete Gefährdungen (vgl. ebd. Rn. 22). Die Mitbestimmung des Betriebsrates knüpft an **feststehende oder festgestellte konkrete Gefährdungen** i. S. v. § 3 ArbStättV i. V. m. § 5 ArbSchG an (vgl. ebd., Rn. 27; § 3 Rn. 2d). Diese Gefährdungen sind im Rahmen der Beurteilung der Arbeitsbedingungen gem. § 5 ArbSchG i. V. m. der Gefährdungsbeurteilung nach § 3 ArbStättV zu ermitteln. Erst unter dieser Voraussetzung lösen generalklauselartige Regelungen eine konkrete gesetzliche Handlungspflicht des Arbeitgebers aus, deren Umsetzung einer Mitwirkung des Betriebsrates bedarf (vgl. ebd. Rn. 20).

Das Mitbestimmungsrecht erstreckt sich, von diesen Grundsätzen ausgehend, insbesondere auf die folgenden **Sachverhalte:**

- § 3 Gefährdungsbeurteilung
  - Ermittlung und Beurteilung von Gefährdungen, Berücksichtigung psychischer und physischer Belastungen sowie der Arbeitsorganisation und der Arbeitsabläufe, Dokumentation
- § 3a Einrichten und Betreiben von Arbeitsstätten

- Festlegung, Durchführung und Überprüfung der Wirksamkeit der Maßnahmen des Arbeitsschutzes
- ggf. auch in Bezug auf Maßnahmen zur barrierefreien Gestaltung
- Ausgestaltung der Durchführung von Ausnahmemaßnahmen (wobei die Beantragung dieser Maßnahmen durch den Arbeitgeber bei der zuständigen Behörde nicht der Mitbestimmung unterliegen, wohl aber den übrigen Informations- und Beteiligungsrechten; vgl. *Kollmer*, SystB, Rn. 74)

- § 4 Besondere Anforderungen an das Betreiben von Arbeitsstätten
  - Maßnahmen zur Instandhaltung, Sicherstellung der Hygiene, Wartung und Prüfung von Sicherheitseinrichtungen, Planung von Flucht- und Rettungswegen, Planung der Ersten Hilfe
- § 5 Nichtraucherschutz
  - Durchführung von Maßnahmen des Nichtraucherschutzes
  - Durchführung von Maßnahmen in Arbeitsstätten mit Publikumsverkehr
- § 6 Unterweisung
  - Maßnahmen zur Vorbereitung, Durchführung und Wirksamkeitsüberprüfung der Unterweisung
- Anhang Anforderungen an Arbeitsstätten nach § 3a Abs. 1
  - Maßnahmen zur Realisierung der gestaltungsoffenen Anforderungen des Anhangs, insbesondere auch bezogen auf die Regelungen zu Bildschirm- und Telearbeitsplätzen in Nr. 6 Anhang ArbStättV 2016.

12a Eine **einstweilige Unterlassungsverfügung** (vgl. *BAG* 16. 6. 1998 – 1 ABR 68/97) von Anordnungen des Arbeitgebers in Bezug auf Einrichten und Betreiben der Arbeitsstätte wegen Verletzung des Mitbestimmungsrechts aus § 87 Abs. 1 Nr. 7 BetrVG setzt zum einen voraus, dass eine **konkrete Gefährdung** von Sicherheit und Gesundheit der betroffenen Beschäftigten (vgl. Rn. 12) dargelegt und glaubhaft gemacht wird (*LAG Düsseldorf* 9. 1. 2018 – 3 TaBVGa 6/17 – zu »Desk-Sharing«; vgl. vor Anhang ArbStättV Rn. 2b). Zum anderen ist im arbeitsgerichtlichen Beschlussverfahren sowohl bei einer Leistungsverfügung wie auch bei einer Sicherungsverfügung (die Voraussetzungen für einen Verfügungsgrund in Zusammenhang mit einer Zwangsvollstreckung nach § 85 ArbGG ergeben sich aus § 935 ZPO für die Sicherungsverfügung und aus § 940 ZPO für die Leistungs- bzw. Regelungs- und Befriedungsverfügung; vgl. auch *LAG Baden-Württemberg* 3. 3. 2006 – 5 TaBV 9/05), bei der Prüfung des Verfügungsgrundes stets eine umfassende **Interessenabwägung** vorausgesetzt, bei der das Gewicht des drohenden Verstoßes gegen Mitbestimmungsrechte und die Bedeutung der umstrittenen Maßnahme für den Arbeitgeber einerseits und für die Beschäftigten andererseits zu berücksichtigen sind (vgl. ebd.). Dabei stehen das Ergebnis der summarischen Prüfung des Verfügungsanspruchs und die Beeinträchtigungen von Arbeitgeber oder Beschäftigten durch den Erlass oder Nichterlass der beantragten Unterlassungsverfügung in einem Wechselverhältnis zueinander: Bei klar gegebenem mitbestimmungswidrigen Verhalten des Arbeitgebers werden regelmäßig bereits geringfügige Beeinträchtigungen der Beschäftigten für die Annahme eines Verfügungsgrundes ausreichen. Bei weitgehend ungeklärter Sach- und Rechtslage hingegen sind die Anforderungen an den Verfügungsgrund erhöht. Bei einer in höherem Maße zweifelhaften Rechtslage kann regelmäßig keine einstweilige Verfügung ergehen (vgl. ebd.).

3. Vollzug

Die **allgemeinen Befugnisse** der zuständigen Behörden hinsichtlich des Vollzugs der ArbStättV richten sich grundsätzlich nach den Regelungen in §§ 21, 22 ArbSchG (zur einzelfallbezogenen Anordnungsbefugnis vgl. § 22 Abs. 3 Nr. 1 ArbSchG). § 9 ArbStättV 2016 regelt hierzu die entsprechenden Sanktionsmöglichkeiten (vgl. § 9 Rn. 1 ff.; vgl. dazu LASI – LV 56 Bußgeldkataloge zur Arbeitsstättenverordnung). Im Hinblick auf das Einrichten von **Telearbeitsplätzen** i. S. von § 2 Abs. 7 ArbStättV und die Festlegungen zum diesbezüglichen Anwendungsbereich der ArbStättV gem. § 1 Abs. 3 ArbStättV kann der Vollzug der §§ 3, 6 und Nr. 6 Anhang ArbStättV i. V. m. §§ 3 Abs. 1, 4, 5, 6 und 12 ArbSchG sowie sonstiger Rechtsvorschriften (insbesondere des ArbZG) aufgrund der Einschränkungen des Art. 13 GG in Form einer Plausibilitätskontrolle (Dokumentenprüfung, Einvernahme) vorgenommen bzw. auf Grundlage einer Regelung i. S. von § 2 Abs. 7 Satz 2 ArbStättV durchgeführt werden. **13**

Im **Einzelfall** ist die zuständige Behörde befugt, nach § 22 Abs. 3 ArbSchG zur **Abwendung besonderer Gefahren** (zum Begriff vgl. *Pieper*, ArbSchR, § 5 ArbSchG Rn. 2 f.) die zum Schutz der Beschäftigten erforderlichen Maßnahmen anzuordnen. Eine solche Entscheidung lässt die Verpflichtungen des Arbeitgebers aufgrund der ArbStättV unberührt, sie werden dadurch nicht aufgehoben. Die angeordneten Maßnahmen können über die Anforderungen der ArbStättV hinausgehen bzw. müssen dort, weil z. B. nicht auf Einrichten oder Betreiben von Arbeitsstätten ausgerichtet, nicht geregelt sein. **14**

Weiterhin können die zuständigen Behörden auf Antrag des Arbeitgebers **Ausnahmegenehmigungen** erteilen (vgl. § 3a Abs. 3 ArbStättV 2010; § 3a Rn. 10 ff.). **15**

Bei den Maßnahmen des Vollzugs ist auch durch die zuständigen Behörden zu beachten, dass gem. § 3a Abs. 4 **Anforderungen in anderen Rechtsvorschriften**, insbesondere im Bauordnungsrecht der Länder, vorrangig gelten, soweit sie über die Anforderungen der ArbStättV 2016 hinausgehen (vgl. §§ 3a Rn. 31). **16**

Verordnungstext und Kommentierung der Arbeitsstättenverordnung – ArbStättV

vom 12. August 2004 (BGBl. I S. 2179), zuletzt geändert durch Art. 5 Abs. 1 der Verordnung zur Änderung der Gesundheitsschutz-Bergverordnung sowie weiterer berg- und arbeitsschutzrechtlicher Verordnungen vom 18. Oktober 2017 (BGBl. I S. 3584)

§ 1   Ziel, Anwendungsbereich

(1) Diese Verordnung dient der Sicherheit und dem Schutz der Gesundheit der Beschäftigten beim Einrichten und Betreiben von Arbeitsstätten.

(2) Für folgende Arbeitsstätten gelten nur § 5 und der Anhang Nummer 1.3:

1. Arbeitsstätten im Reisegewerbe und im Marktverkehr,
2. Transportmittel, die im öffentlichen Verkehr eingesetzt werden,
3. Felder, Wälder und sonstige Flächen, die zu einem land- oder forstwirtschaftlichen Betrieb gehören, aber außerhalb der von ihm bebauten Fläche liegen.

(3) Für Telearbeitsplätze gelten nur

1. § 3 bei der erstmaligen Beurteilung der Arbeitsbedingungen und des Arbeitsplatzes,
2. § 6 und der Anhang Nummer 6,

soweit der Arbeitsplatz von dem im Betrieb abweicht. Die in Satz 1 genannten Vorschriften gelten, soweit Anforderungen unter Beachtung der Eigenart von Telearbeitsplätzen auf diese anwendbar sind.

(4) Der Anhang Nummer 6 gilt nicht für

1. Bedienerplätze von Maschinen oder Fahrerplätze von Fahrzeugen mit Bildschirmgeräten,
2. tragbare Bildschirmgeräte für die ortsveränderliche Verwendung, die nicht regelmäßig an einem Arbeitsplatz verwendet werden,
3. Rechenmaschinen, Registrierkassen oder andere Arbeitsmittel mit einer kleinen Daten- oder Messwertanzeigevorrichtung, die zur unmittelbaren Benutzung des Arbeitsmittels erforderlich ist und
4. Schreibmaschinen klassischer Bauart mit einem Display.

(5) Diese Verordnung ist für Arbeitsstätten in Betrieben, die dem Bundesberggesetz unterliegen, nur für Bildschirmarbeitsplätze einschließlich Telearbeitsplätze anzuwenden.

(6) Das Bundeskanzleramt, das Bundesministerium des Innern, das Bundesministerium für Verkehr und digitale Infrastruktur, das Bundesministerium für Umwelt, Naturschutz, Bau und Reaktorsicherheit, das

Bundesministerium der Verteidigung oder das Bundesministerium der Finanzen können, soweit sie hierfür jeweils zuständig sind, im Einvernehmen mit dem Bundesministerium für Arbeit und Soziales und, soweit nicht das Bundesministerium des Innern selbst zuständig ist, im Einvernehmen mit dem Bundesministerium des Innern Ausnahmen von den Vorschriften dieser Verordnung zulassen, soweit öffentliche Belange dies zwingend erfordern, insbesondere zur Aufrechterhaltung oder Wiederherstellung der öffentlichen Sicherheit. In diesem Fall ist gleichzeitig festzulegen, wie die Sicherheit und der Schutz der Gesundheit der Beschäftigten nach dieser Verordnung auf andere Weise gewährleistet werden.

1.   Zielsetzung

1   Die ArbStättV 2016 dient gem. § 1 Abs. 1 der **Sicherheit und dem Schutz der Gesundheit der Beschäftigten** beim Einrichten und Betreiben von Arbeitsstätten, was implizit schon für die frühere Fassung von 1976/1996 galt. Seitdem ist dieser Sachverhalt in § 1 Abs. 1 ArbStättV 2004/2010/2016 als **Zielbestimmung** formal verankert worden. Damit wurde die allgemeine Zweckbestimmung des § 1 Abs. 1 ArbSchG aufgegriffen und auf das Arbeitsstättenrecht übertragen. Der Begriff »Beschäftigte« korrespondiert mit § 2 Abs. 2 ArbSchG. Im Kontext mit dem ArbSchG zielt die ArbStättV also auf die Aufrechterhaltung und Verbesserung von Sicherheit und Schutz der Gesundheit der Beschäftigten bei der Arbeit durch Maßnahmen des Arbeitsschutzes im Hinblick auf Einrichten und Betreiben von Arbeitsstätten (vgl. *Pieper*, ArbSchR, § 1 ArbSchG Rn. 1ff.). Der ArbStättV liegt dabei im Einklang mit dem ArbSchG ein **umfassender Gesundheitsbegriff** zugrunde, der Bestandteil der menschengerechten Gestaltung der Arbeit ist und auch das psychische Wohlbefinden insoweit einschließt, als es durch die Gestaltung der Arbeitsverhältnisse und -bedingungen beeinflusst werden kann (*BVerwG* 31.1.1997, NZA 1997, 482f.; vgl. *Pieper*, ArbSchR, § 1 ArbSchG Rn. 8; § 2 ArbSchG Rn. 8). Der Begriff der **Gesundheit**, auch i.S. von § 3 Abs. 1 Satz 2 ArbStättV 2016, bezieht sich daher auf die arbeitsbedingten physischen und psychischen Belastungen, die sich auf die Gesundheit der Beschäftigten auswirken (Beanspruchungen und Beanspruchungsfolgen) und in unmittelbarem Zusammenhang mit der Sicherheit und der Gesundheit bei Einrichten und Betreiben von Arbeitsstätten einschließlich Bildschirm- und Telearbeitsplätzen stehen (vgl. § 4 Nr. 1 ArbSchG; vgl. § 3 Rn. 2c). Insoweit ist die **menschengerechte Gestaltung der Arbeit** integraler

Bestandteil dieses Gesundheitsbegriffs (zum Begriff der menschengerechten Gestaltung der Arbeit vgl. *Pieper*, ArbSchR, § 2 ArbSchG Rn. 8 ff.).

Das allgemeine Erfordernis für die Regelungen der ArbStättV ist vor dem Hintergrund des **Handlungsbedarfs** im Hinblick auf die Gewährleistung und Verbesserung von Sicherheit und Schutz der Gesundheit der Beschäftigten zu sehen und zwar in Bezug auf die Prävention gegenüber Unfällen bei der Arbeit und gegenüber arbeitsbedingten Gesundheitsgefahren (Berufskrankheiten und arbeitsbedingte Erkrankungen; Rn. 2a) sowie in Bezug auf die menschengerechte Gestaltung der Arbeit (Rn. 3). **2**

Unfälle bei der Arbeit und **arbeitsbedingte Gesundheitsgefahren** (vgl. *Pieper*, ArbSchR, § 2 ArbSchG Rn. 4; SGB VII Rn. 3 ff.) sind u. a. auf nicht sicherheits- und gesundheitsgerechtes Einrichten und Betreiben von Arbeitsstätten zurückzuführen. **2a**

Typische **Unfälle bei der Arbeit** sind z. B. Sturzunfälle auf schadhaften Fußböden oder Treppen, Unfälle wegen ungeeigneter oder zu gering bemessener Verkehrswege, nicht angemessener Beleuchtung, ungesicherter Gefahrenbereiche, nicht sicherheitsgerechter Anordnung der Arbeitsplätze, mangelhafter Energieverteilungsanlagen sowie Unfälle beim Zersplittern von Glaswänden oder von Glaseinsätzen in Türen.

Arbeitsbedingte Gesundheitsgefahren (zum Begriff vgl. *Pieper*, ArbSchR, § 2 ArbSchG Rn. 5) können durch physische und psychische Belastungen (vgl. § 3 Rn. 2c) entstehen und zu Fehlbeanspruchungen und Gefährdungen sowie in der Folge zu **arbeitsbedingten Erkrankungen** führen. Diese Erkrankungen sind großenteils nicht vom Berufskrankheitenrecht erfasst. Dies gilt z. B. im Hinblick auf die Gestaltung der in Nr. 3 Anhang ArbStättV aufgeführten Arbeitsbedingungen (Abmessung von Räumen, Luftraum, Sichtverbindung, Beleuchtung, Raumtemperatur, Lüftung, extraaurale Lärmeinwirkung) sowie im Hinblick auf Tätigkeiten an Bildschirm- bzw. Telearbeitsplätzen (vgl. § 3 Rn. 2 f.). Bezogen auf **Berufskrankheiten** (vgl. *Pieper*, ArbSchR, SGB VII Rn. 6) ist insbesondere auf Gefährdungen durch gesundheitsschädliche Gase, Dämpfe und Stäube am Arbeitsplatz sowie auf Gehörschädigungen durch gesundheitsschädliche Schalldruckpegel in Arbeitsstätten hinzuweisen (explizit geregelt in der ArbStättV 1976/1996; im Kontext der ArbStättV 2004/2010/2016 greifen hierbei zur Prävention insbesondere die Regelungen der GefStoffV sowie der LärmVibrationsArbSchV, vgl. auch OStrV und DruckluftV zu weiteren physikalischen Gefährdungen; zum Lärmminimierungsgebot vgl. Nr. 3.7 Anhang ArbStättV i. V. m. ASR A3.7).

Im Einklang mit dem ArbSchG (vgl. § 2 Abs. 1 ArbSchG) dient die ArbStättV 2016 der Anpassung des Einrichtens und Betreibens von Arbeitsstätten an die Grundsätze der **menschengerechten Gestaltung der Arbeit** (vgl. *BVerwG* 31. 1. 1997, NZA 1997, 482, 483; vgl. *Pieper*, ArbSchR, § 2 ArbSchG Rn. 8). Hervorzuheben sind dabei insbesondere die **Anforderungen** an die ausreichende Grundfläche und Höhe sowie einen ausreichenden Luftraum **3** von Arbeitsräumen (vgl. Nr. 3 Anhang ArbStättV). Bedeutsam für den Grundsatz der menschengerechten Gestaltung der Arbeit sind weiterhin die Bewegungsfläche, die Ausstattung, die Beleuchtung und Sichtverbindung nach Außen sowie die Raumtemperatur, die Lüftung und die Minimierung des Schalldruckpegels (vgl. Nr. 3 Anhang ArbStättV).

Die Belange von **Menschen mit Behinderungen**, sofern vom Arbeitgeber beschäftigt, führt zu der Forderung gem. § 3a Abs. 2 ArbStättV, Arbeitsstätten so einzurichten und zu betreiben, dass die besonderen Belange dieser Beschäftigten im Hinblick auf Sicherheit und Gesundheitsschutz berücksichtigt werden. Dies gilt insbesondere für die barrierefreie Gestaltung von Arbeitsplätzen. Darüber hinaus ist auf die Regelung in § 4 Nr. 6 ArbSchG hinzuweisen, nach der **spezielle Gefahren für besonders schutzbedürftige Beschäftigtengruppen** bei der Planung und Durchführung von Maßnahmen des Arbeitsschutzes zu berücksichtigen sind (vgl. § 4 Nr. 6 ArbSchG; *Pieper*, ArbSchR, § 4 ArbSchG Rn. 19 ff.). Im Zusammenhang mit der Verpflichtung des Arbeitgebers für eine übergreifende betriebliche Präventionspolitik i. S. von § 4 Nr. 4 ArbSchG und der Durchführung von Maßnahmen zur menschengerechten Gestaltung der Arbeit ist auch das Konzept der »**Inklusion**« einzubeziehen (vgl. *BMAS*, 2011; *DGUV*, 2015). In Bezug auf die primäre Zielgruppe der (beschäftigten) Menschen mit Behinderungen bedeutet Inklusion eine übergreifende Erweiterung der integrationsorientierten Regelungen des SGB IX und trägt i. S. einer **menschengerechten Gestaltung der Arbeit** auch zur Verhinderung oder Beseitigung von **Diskriminierungen** i. S. der Zielsetzung von § 1 AGG bei (vgl. *Pieper*, ArbSchR, § 4 ArbSchG Rn. 17c, 19g f.).

4 Mit der ArbStättV werden die allgemeinen Vorschriften des ArbSchG durch **spezielle Vorschriften** in Bezug auf die Sicherheit und den Gesundheitsschutz der Beschäftigten beim Einrichten und Betreiben von Arbeitsstätten ergänzt bzw. umgekehrt sind bei der betrieblichen Umsetzung der ArbStättV die allgemeinen Vorschriften des ArbSchG zu beachten: Bei der Anpassung der ArbStättV 1976 an die Regelungen der EG-Arbeitsstättenrichtlinie 89/654/EWG wurde durch den Verordnungsgeber auf **Kohärenz mit dem ArbSchG** geachtet. D.h., die Inhalte der Richtlinie, die bereits im ArbSchG oder in sonstigen Rechtsvorschriften geregelt worden sind (z. B. zur Unterrichtung sowie zur Anhörung und Beteiligung der Beschäftigten), mussten nicht mehr in die Verordnung übernommen werden (vgl. RegE-ArtV, 14; *Doll*, sis 1997, 7; *Wlotzke*, NJW 1997, 1470). Bei der Durchführung im Betrieb durch den Arbeitgeber und bei der **Unterstützung** durch die gem. ASiG/DGUV Vorschrift 2 zu bestellenden Betriebsärzte und Fachkräfte für Arbeitssicherheit ist es daher notwendig, beide Rechtsvorschriften im Kontext, d. h. arbeitssystembezogen und nicht isoliert voneinander anzuwenden (vgl. im Einzelnen Rn. 42 ff.; allg. *Pieper*, ArbSchR, Einl. Rn. 114). Das entspricht auch dem Erfordernis einer zusammenhängenden Einbezie-

hung der anzuwendenden Rechtsvorschriften des Arbeitsschutzes i. S. einer übergreifenden betrieblichen Präventionspolitik (vgl. Rn. 6; vgl. § 4 Nr. 4 ArbSchG; vgl. *Pieper*, ArbSchR, § 4 ArbSchG Rn. 59). Zur Sicherstellung der gebotenen Kohärenz ist eine systemische Betrachtungs- und Vorgehensweise erforderlich, die nicht isoliert an Einzelfaktoren der Arbeitsbedingungen ansetzt, sondern ihren Zusammenhang in Bezug auf die Arbeitssysteme berücksichtigt (vgl. *Pieper*, ArbSchR, § 4 ArbSchG Rn. 17). Das Arbeitssystem umfasst gem. Nr. 2.1 Abs. 1 TRBS 1151 (2015) das Zusammenwirken eines einzelnen Benutzers oder mehrerer Benutzer mit den Arbeitsmitteln, um die Funktion des Systems innerhalb der Arbeitsumgebung unter den durch die Arbeitsaufgaben vorgegebenen Bedingungen zu erfüllen (DIN EN ISO 6385:2004 Grundsätze der Ergonomie für die Gestaltung von Arbeitssystemen; vgl. *Pieper*, ArbSchR, § 4 BetrSichV Rn. 2). Diese Prinzipien können auch beim Einrichten und Betreiben von Arbeitsstätten angewendet werden.

Konkretisierungen der überwiegend abstrakt formulierten Schutzziele der 5 ArbStättV erfolgen durch technische Regeln für Arbeitsstätten (ASR) durch den Ausschuss für Arbeitsstätten (*ASTA*; vgl. § 3a Rn. 4ff., § 7 Rn. 1ff.; vgl. *www.baua.de/de/Themen-von-A-Z/Arbeitsstaetten/Arbeitsstaetten.html*). Bei Einhaltung der ASR kann der Arbeitgeber gem. § 3a Abs. 1 insoweit davon ausgehen, dass die entsprechenden Anforderungen der Verordnung erfüllt sind. Wählt der Arbeitgeber eine andere Lösung, muss er damit mindestens die gleiche Sicherheit und den gleichen Gesundheitsschutz für die Beschäftigten erreichen. Die vorliegenden ASR (Stand: 6/2016) sind in die Kommentierung eingearbeitet.

Die Regelungen der ArbStättV 2004/2010 werden durch Regelungen in 6 **Rechtsverordnungen gem. §§ 18, 19 ArbSchG** bzw. in **sonstigen Rechtsvorschriften** i. S. von § 2 Abs. 4 ArbSchG (vgl. *Pieper*, ArbSchR, § 2 ArbSchG Rn. 30 f.) flankiert. Hierzu gehören insbesondere in Bezug auf

- die Zusammenhänge mit der Gestaltung der Arbeitszeit: das ArbZG
- unmittelbar arbeitssystembezogene Zusammenhänge beim Einrichten und Betreiben von Arbeitsstätten: BaustellV, BetrSichV, LasthandhabV, PSA-BV
- physikalische Gefährdungen: LärmVibrationsArbSchV, DruckluftV, OStrV, EMFV, RöV, StrlSchV
- Arbeitsstoffe: GefStoffV, BioStoffV, GenTSV
- die Berücksichtigung besonders schutzbedürftiger Gruppen von Beschäftigten: JArbSchG, MuSchG, SGB IX.

Diese Rechtsvorschriften hat der Arbeitgeber beim Einrichten und Betreiben von Arbeitsstätten ergänzend zur ArbStättV zu **beachten** (vgl. HK-ArbSchR/*Faber/Feldhoff*, ArbStättV Rn. 21 f.); weitere Regelungen können in UVV gem. § 15 SGB VII verankert sein (vgl. hierzu § 3a Rn. 3).

Andere Rechtsvorschriften, die Anforderungen an Arbeitsstätten enthalten, 7 und insbesondere das **Bauordnungsrecht** der Länder, gelten gem. § 3a Abs. 4

vorrangig, soweit sie über die Anforderungen dieser Verordnung hinausgehen (vgl. dementsprechend Rn. 6; siehe auch § 3a Rn. 30 ff.).

2. Sachlicher Anwendungsbereich

8 Der **sachliche Anwendungsbereich** der ArbStättV ist schon 1996 durch Art. 4 Nr. 1 EG-UmsetzungsV grundsätzlich auf alle Betriebe im Anwendungsbereich des ArbSchG ausgedehnt worden (vgl. § 1 Abs. 1 ArbStättV 1996; RegE-ArtV, 34; zur Ausdehnung des persönlichen Anwendungsbereichs vgl. Rn. 20). Dies gilt auch für die ArbStättV 2004. Damit bestehen in Bezug auf den Arbeitsschutz beim Einrichten und Betreiben von Arbeitsstätten **einheitliche Vorschriften für alle privaten und öffentlichen Tätigkeitsbereiche** (vgl. *Opfermann/Streit*, § 1 ArbStättV 1976/1996 Rn. 16 ff. und § 2 ArbStättV Rn. 77 f.; § 1 Abs. 1 Satz 2 ArbSchG; *Pieper*, ArbSchR, § 1 ArbSchG Rn. 14 ff.).

9 Die ArbStättV gilt – wie auch das ArbSchG – grundsätzlich nicht in Betrieben, die dem **Bundesberggesetz** unterliegen. Entsprechende Regelungen enthalten die Allgemeine Bundesbergverordnung v. 23.10.1995 (BGBl. I, 1466) sowie die Gesundheitsschutz-Bergverordnung (vgl. § 1 Abs. 5 ArbStättV 2016; umfassend: *Opfermann/Streit*, § 1 ArbStättV 1976/1996 Rn. 25 ff. und § 3 ArbStättV 1976/1996 Rn. 27; vgl. § 1 Abs. 2 Satz 2 ArbSchG; *Pieper*, ArbSchR, § 1 ArbSchG Rn. 19). Infolge der Änderung des § 1 Abs. 5 ArbStättV 2016 durch Art. 5 Abs. 1 der Verordnung zur Änderung der Gesundheitsschutz-Bergverordnung sowie weiterer berg- und arbeitsschutzrechtlicher Verordnungen v. 18.10.2017 (BGBl. I S. 3584) gelten in diesen Betrieben die Vorschriften der ArbStättV zu Bildschirmarbeitsplätzen einschließlich Telearbeitsplätzen. Dies war erforderlich, da § 13 GesBergV in der bisher geltenden Fassung aufgehoben worden ist, so dass das Bergrecht keine speziellen Regelungen für Bildschirmarbeitsplätze mehr enthält.

10 Weitgehend **ausgenommen** vom Anwendungsbereich der ArbStättV 2016 sind Arbeitsstätten im Reisegewerbe, im Marktverkehr sowie in Fahrzeugen im öffentlichen Verkehr (§ 1 Abs. 2 Nr. 1, 2). Diese Arbeitsstätten werden von der Verordnung überwiegend (vgl. jedoch Rn. 12, 12a) nicht erfasst, da nur wenige Bestimmungen der ArbStättV für diese Bereiche unmittelbar anwendbar wären. Entsprechende Sonderregelungen sind aufgrund des ständig wechselnden Standortes und des fehlenden räumlichen Bezuges schwierig. **Fahrzeuge im öffentlichen Verkehr** unterliegen im Übrigen dem **Verkehrsrecht**. Im Umkehrschluss gelten die Anforderungen der ArbStättV aber im Hinblick auf die Transportmittel, die ausschließlich im **innerbetrieblichen Transport und Verkehr** zum Einsatz kommen, wie z.B. Flurförderzeuge, Baufahrzeuge, schwimmende Geräte und Anlagen oder auch Werksbahnen. Anforderungen aus anderen Rechtsvorschriften bleiben unberührt (LASI-ArbStättV, B1). Bei Fahrzeugen, die vom Arbeitgeber zur Verfügung gestellt und von Beschäftigten bei der Arbeit als **Arbeitsmittel** verwendet werden, gelten zudem die Forderungen der BetrSichV (vgl. § 2 Abs. 1 BetrSichV 2015; *Pieper*, ArbSchR, § 2 BetrSichV Rn. 4).

Arbeitsstätten im Freien (Felder, Wälder und sonstige Flächen), die zu einem **land- oder forstwirtschaftlichen Betrieb** gehören, aber **außerhalb seiner bebauten Fläche** liegen, sind ebenfalls vom Anwendungsbereich der ArbStättV ausgenommen (§ 1 Abs. 1 Nr. 3). **11**

Der **Nichtraucherschutz** gem. § 5 (vgl. § 5 Rn. 1 ff.) umfasst gem. § 1 Abs. 1 Satz 1 **alle Arbeitsplätze**, auch solche in durch § 1 Abs. 2 vom Geltungsbereich der ArbStättV ausdrücklich ausgenommenen Bereichen. Im **Bergbau** wurde mit Art. 2 der Verordnung für Arbeitsstätten im Jahre 2004 der Nichtraucherschutz auch für den Bereich des Bergrechts verankert: **12**

Änderung der Allgemeinen Bundesbergverordnung

Die Allgemeine Bundesbergverordnung vom 23. Oktober 1995 (BGBl. I S. 1466) wurde wie folgt geändert: 1. In Anhang 1 Nr. 11 wurde nach Nummer 11.2 folgende Nummer 11.3 angefügt:

»11.3   Nichtraucherschutz

11.3.1   Der Unternehmer hat die erforderlichen Maßnahmen zu treffen, damit die nichtrauchenden Beschäftigten in Arbeitsstätten wirksam vor den Gesundheitsgefahren durch Tabakrauch geschützt sind.

11.3.2   In Arbeitsstätten mit Publikumsverkehr hat der Unternehmer Schutzmaßnahmen nach Nummer 11.3.1 nur insoweit zu treffen, als die Natur des Betriebes und die Art der Beschäftigung es zulassen.«

Die Regelungen zur **Sicherheitskennzeichnung** (Nr. 1.3 Anhang) gelten gem. § 1 Abs. 2 ArbStättV 2016 für **alle Arbeitsplätze**, auch solche in durch § 1 Abs. 2 Nr. 1 bis 3 ArbStättV 2004 vom Geltungsbereich der ArbStättV ausdrücklich ausgenommenen Arbeitsstätten. Die Richtlinie 92/58/EWG zur »Sicherheitskennzeichnung« wurde im Jahr 2004 überwiegend durch die ArbStättV, Restbereiche (z. B. Fahrzeuge im öffentlichen Verkehr, landwirtschaftliche Flächen außerhalb des Betriebes) wurden durch die UVV BGV A8, umgesetzt. Die Anpassung des Ausnahmekatalogs zum Anwendungsbereich in § 1 Abs. 1 ArbStättV 2004/2010 machte die UVV BGV A8 laut *BReg* obsolet, was als Beitrag zur Rechtsbereinigung und -vereinfachung bezeichnet wurde (vgl. RegE-OStrV). Konkretisiert werden die Regelungen in Nr. 1.3 Anhang ArbStättV durch die ASR A1.3 (vgl. Nr. 1.3 Anhang Rn. 1 ff.). **12a**

Für stationäre **Telearbeitsplätze** (zur Definition vgl. § 2 Abs. 7; § 2 Rn. 4b) wird die Anwendung der ArbStättV 2016 gem. § 1 Abs. 3 ArbStättV 2016 auf **12b**

• eine erstmalige Beurteilung der Arbeitsbedingungen und des Arbeitsplatzes gem. § 3 (vgl. § 3 Rn. 2i),

- die Unterweisung gem. § 6 (vgl. § 6 Rn. 1 ff.) sowie
- die Maßnahmen zur Gestaltung von Bildschirmarbeitsplätzen gem. Nr. 6 Anhang ArbStättV (vgl. Nr. 6 Anhang Rn. 1 ff.)

beschränkt.

Für Beschäftigte, die ihre vertraglich geregelte Arbeitsleistung gegenüber dem Arbeitgeber in Form von Telearbeit zuhause leisten, gelten darüber hinaus grundsätzlich **dieselben arbeitsschutzrechtlichen Vorschriften wie für Beschäftigte**, die im Betrieb ihre Arbeitsleistung erbringen. Dazu zählen unter anderem das **ArbSchG** (vgl. § 1 Rn. 4) und die dazu erlassenen **Arbeitsschutzverordnungen** (BR-Drs. 506–16 [B], S. 40) sowie z. B. das **ArbZG** und das **ASiG**. So sind insbesondere die Forderungen der **Arb-MedVV** zur **Angebotsvorsorge** im Hinblick auf Arbeit an Bildschirmarbeitsplätzen (vgl. *Pieper*, ArbSchR, Anhang ArbMedVV, Rn. 3 ff.) sowie zur **Wunschvorsorge** nach § 11 ArbSchG bzw. § 5a ArbMedVV (vgl. ebd., Rn. 3a) auch im Rahmen von Telearbeit i. S. von § 2 Abs. 7 ArbStättV 2016 uneingeschränkt zu erfüllen. Weiterhin sind die Forderungen der **BetrSichV** hinsichtlich der Zurverfügungstellung von **Arbeitsmitteln** durch den Arbeitgeber und deren Verwendung durch Beschäftigte zu beachten. Diese gelten auch für Bildschirmgeräte bzw. für die Arbeitsmittel, die gem. § 1 Abs. 4 ArbStättV 2016 vom Anwendungsbereich der Verordnung ausgenommen sind (vgl. *Pieper*, ArbSchR, § 2 BetrSichV Rn. 3).

12c »**Mobiles Arbeiten**« bzw. **mobile Telearbeit** außerhalb von Arbeitsstätten unterliegt nach Auffassung des *BRat* nicht der ArbStättV 2016; es handele sich dabei nicht um (stationäre) Telearbeit an fest eingerichteten Arbeitsplätzen im Privatbereich der Beschäftigten i. S. von § 2 Abs. 7 (vgl. Rn. 12b; § 2 Rn. 4b). Angeführt werden in diesem Zusammenhang: »gelegentliches Arbeiten mit digitalen Arbeitsmitteln von zuhause aus oder während der Reisetätigkeit, Abrufen von E-Mails nach Feierabend außerhalb des Betriebs, Arbeit zuhause ohne [fest] eingerichteten Bildschirmarbeitsplatz usw.« (vgl. BR-Drs. 506/16 [B], S. 36). Mobiles Arbeiten ist nach dieser Auffassung »ein Arbeitsmodell, das den Beschäftigten neben der Tätigkeit im Büro noch Arbeiten außerhalb der regulären Arbeitszeit zuhause oder unterwegs ermöglicht (ständige Zugangsmöglichkeit über digitale, informationstechnische Kommunikationsmittel zum Unternehmen/Betrieb)« (vgl. ebd.).

Gefährdungen der Sicherheit und der Gesundheit der Beschäftigten durch mobiles Arbeiten bzw. mobile Telearbeit außerhalb von Arbeitsstätten sind dementsprechend im Rahmen der Beurteilung der Arbeitsbedingungen nach § 5 ArbSchG zu ermitteln und zu bewerten, um entsprechende Maßnahmen festzulegen. Einzubeziehen sind dabei sonstige Rechtsvorschriften, insbesondere das ArbZG und die BetrSichV (Sicherheit und Gesundheitsschutz bei der Verwendung von Arbeitsmitteln) sowie die Regelungen zur Wunschvorsorge gem. § 5a ArbMedVV (vgl. *PTP*, Rn. 37). Gestaltungsanforderungen an mobile Telearbeit bzw. mobiles Arbeiten gibt z. B. Anhang 1 DGUV Information 215–410 (vgl. außerdem *www.igmetall.de/online-ratgeber-mobiles-arbeiten-5527.htm* sowie *www.dguv.de/ifa/fachinfos/mobile-it-arbeit/index.jsp; www.prentimo.de/*).

Der Anwendungsbereich der ArbStättV schließt grundsätzlich alle Arten **12d** von Tätigkeiten mit Bildschirmgeräten an **Bildschirmarbeitsplätzen** (vgl. § 2 Abs. 5 und 6; § 2 Rn. 4ff.) ein und ist damit umfassend definiert (§ 1 Abs. 1 ArbStättV 2016; zu § 1 Abs. 1 der aufgehobenen BildscharbV vgl. RegE-ArtV, 26; vgl. auch *Doll*, sis 1997, 9). Nur für ganz bestimmte (Rn. 12e ff.) Arbeitsplätze bzw. Bildschirmgeräte wird dieser Anwendungsbereich im Hinblick auf die Geltung von Nr. 6 Anhang ArbStättV gem. § 1 Abs. 4 ArbStättV 2016 eingeschränkt, womit Art. 1 Abs. 3 EG-Bildschirmrichtlinie umgesetzt wird. Die Aufzählung in § 1 Abs. 4 ArbStättV 2016 ist abschließend. Als **Arbeitsmittel** i. S. von § 2 Abs. 1 BetrSichV 2015 fallen diese Geräte insgesamt in den **Anwendungsbereich der BetrSichV**, die Sicherheit und Gesundheitsschutz bei der Verwendung von Arbeitsmitteln regelt und eine arbeitssystembezogene Gefährdungsbeurteilung sowie Grundpflichten und Schutzmaßnahmen vorsieht, die für Tätigkeiten von Beschäftigten mit allen Bildschirmgeräten zu ermitteln und festzulegen sind.

Ausnahme: Bedienerarbeitsplätze von Maschinen (§ 1 Abs. 4 Nr. 1 Arb- **12e** StättV 2016). Dies sind Plätze, an denen bei einzelnen Maschinen (wie z. B. Industrieroboter oder computergestützte Werkzeugmaschinen – CNC-Maschinen) in der Produktion über eine Steuereinrichtung mit Bildschirm, die integraler Bestandteil der Maschine ist, **unmittelbar in den Produktionsablauf** dieser Maschine eingegriffen wird (RegE-ArtV, 26). Der Bildschirm hat an diesen Arbeitsplätzen nur eine untergeordnete Funktion oder wird nur kurzzeitig verwendet. Der Begriff »Bedienerarbeitsplätze von Maschinen« ist dementsprechend eng auszulegen (*EuGH* 6.7.2000, AuR 2000, 384, Rn. 49, 50 m. Anm. *Lörcher*). **Nicht** unter diese Ausnahmen fallen daher Steuerstände, Leitwarten und auch CNC-Maschinen, wenn Beschäftigte an letzteren auch vorbereitend, steuernd und optimierend und damit ohne direkten Eingriff in den Produktionsablauf arbeiten (*RPW*, S. 182; vgl. *Keller*, S. 15; zu Gestaltungsanforderungen an Leitwarten vgl. *Lafrenz*, sis 1/2018, S. 6ff.;. *Lafrenz/Jeschke*, sis 9/2016, S. 436ff.). Für diese Arbeitsplätze gelten die Anforderungen der ArbStättV hinsichtlich ihrer Gestaltung. Dies gilt auch für entsprechende Bildschirmgeräte in **Studios** der Laufbild- und Tonbearbeitung (Rundfunk- und Fernsehanstalten; zu Gestaltungsanforderungen vgl. a. a. O.), ebenso für Bildschirmgeräte zur **Be- und Verarbeitung von Druck-Erzeugnissen** (vgl. a. a. O.). Dementsprechend fallen in den Anwendungsbereich der ArbStättV auch Bildschirmgeräte, auf denen **Filmaufnahmen** in analoger oder in digitalisierter Form dargestellt werden. Ein Arbeitsplatz, auf dem derartiges Bildmaterial mit Hilfe von technischen Einrichtungen und/oder Computerprogrammen bearbeitet wird (»**Cutter-Arbeits-**

platz«), fällt **nicht** unter den Begriff »Bedienerplätze von Maschinen« (*EuGH* 6. 7. 2000, a. a. O.; vgl. *Kohte*, BB 2000, 2579; zur Konkretisierung vgl. *ArbG Siegen* 8. 5. 2001, NZA-RR 2001, 629).

12f   **Ausnahme: Fahrerarbeitsplätze von Fahrzeugen** (§ 1 Abs. 4 Nr. 1). Darunter sind z. B. Displays zu verstehen, mit deren Hilfe der Einsatz von Fahrzeugen im innerbetrieblichen Transport und Verkehr (z. B. Stapler) koordiniert wird. Ferner sind hierunter die Anzeigen von Verkehrsleitsystemen u. ä. zu verstehen (vgl. *Keller*, 15).

12g   **Ausnahme: Tragbare Bildschirmgeräte für die ortsveränderliche Verwendung, die die nicht regelmäßig an einem Arbeitsplatz verwendet werden** (§ 1 Abs. 4 Nr. 2 ArbStättV 2016). Hierbei handelt es sich z. B. um Notebooks, Head Mounted Displays (z. B. Datenbrillen), Tablet-PCs und Smartphones (zur mobilen Telearbeit vgl. Rn. 12c). Bei diesen Arbeitsmitteln gelten die Bestimmungen der BetrSichV und die allgemeinen Forderungen des ArbSchG.

Bei tragbaren Bildschirmgeräten für die **ortsveränderliche Verwendung an Arbeitsplätzen** sind die Regelungen gem. Nr. 6.4 Anhang ArbStättV anzuwenden (vgl. Nr. 6.4 Anhang ArbStättV Rn. 1 ff.).

Werden tragbare Bildschirmgeräte **ortsgebunden an Arbeitsplätzen** verwendet, gelten zusätzlich die Anforderungen nach Nr. 6.1 Anhang ArbStättV 2016. (vgl. Nr. 6.4 Abs. 5 Anhang).

12h   **Ausnahme: Rechenmaschinen, Registrierkassen oder andere Arbeitsmittel mit einer kleinen Daten- oder Messwertanzeigevorrichtung**, die zur unmittelbaren Verwendung des Arbeitsmittels erforderlich ist (z. B. Taschenrechner, Anzeige bei Fotokopierern, wissenschaftliche bzw. medizinische Apparate mit Status- oder Ergebnisanzeigen; § 1 Abs. 4 Nr. 3 ArbStättV 2016) Entscheidend ist bei einer kleinen Daten- oder Messwertanzeigevorrichtung die **Funktion** der Anzeige und nicht allein ihre Größe. »Klein« beschreibt die Größe der Anzeige, die nur wenige Zeilen umfassen darf. Üblicherweise ist auf derartigen Anzeigen der Betriebszustand oder ein momentaner Messwert oder Preis dargestellt. Die Anzeigen sollten den Anforderungen genügen, wie sie beispielhaft in der DIN EN 894–2:2009–02 »Sicherheit von Maschinen – Ergonomische Anforderungen an die Gestaltung von Anzeigen und Stellteilen« festgelegt sind (vgl. LASI-BildscharbV, 8).

Unabhängig von der Größe der Daten- oder Messwertanzeigevorrichtung liegt ein **Bildschirmarbeitsplatz** vor, wenn

- die Anzeigevorrichtung des Arbeitsmittels zur mehrzeiligen Datenerfassung oder -bearbeitung verwendet wird oder
- den Beschäftigten bei der Ausführung ihrer Arbeitsaufgabe eine Software zur Verfügung steht, die nicht für die unmittelbare Funktion des Arbeitsmittels (z. B. als Rechenmaschine, Registrierkasse oder Telefon) benötigt wird (vgl. ebd.).

Ausnahme: Schreibmaschinen klassischer Bauart mit einem **Display** sind gem. § 1 Abs. 4 Nr. 4 ArbStättV 2016 vom Anwendungsbereich der Nr. 6 Anhang ArbStättV ausgenommen, weil die Anzeige der Zeichen bei ihnen nur von untergeordneter Bedeutung für die Tätigkeit ist (vgl. RegE-ArtV, S. 26). Für Arbeitsplätze, die mit derartigen Schreibmaschinen (auch ohne Display) ausgestattet sind, gelten in jedem Fall die allgemeinen Vorschriften des ArbSchG sowie der BetrSichV 2015. **12i**

Die ArbStättV 2016 gilt aufgrund § 1 Abs. 2 Satz 2 ArbSchG nicht im Bereich der **Seeschifffahrt**, in dem entsprechende Regelungen in seerechtlichen Vorschriften vorgeschrieben sind (vgl. *Pieper*, ArbSchR, § 1 ArbSchG Rn. 20). **13**

Der Bereich der **Binnenschifffahrt**, der bis zum 20.12.1996 in den Geltungsbereich der ArbStättV 1976 einbezogen war, ist durch Art. 4 Nr. 1 EG-UmsetzungsV von diesem **ausgenommen** worden (vgl. § 1 Abs. 2 Nr. 4 ArbStättV 1996; vgl. jetzt § 1 Abs. 2 Nr. 2 ArbStättV 2016). In diesem Bereich sind allerdings in den entsprechenden Vorschriften des Verkehrsrechts und den UVV grundsätzlich die diesbezüglichen Regelungen der ArbStättV 1976 enthalten (vgl. RegE-ArtV, 34; vgl. *Opfermann/Streit*, § 1 ArbStättV 1976/1996 Rn. 31). Der Verordnungsgeber hatte 1996 diese durch die EG-Arbeitsstättenrichtlinie nicht vorgegebene Ausnahmeregelung mit einer Verbesserung der Transparenz und mit der Vereinfachung der anzuwendenden Regelungen in diesem Bereich begründet (vgl. a.a.O.). **14**

Arbeitsplätze auf **Wasserfahrzeugen und schwimmenden Anlagen auf Binnengewässern** wie Schwimmbagger, festliegende Hotelschiffe sind dagegen von der ArbStättV **erfasst** (vgl. *PTP*, Fn. 19).

Über die genannten Ausnahmebereiche hinaus gilt die ArbStättV **nicht** für den Arbeitsschutz von **Hausangestellten in privaten Haushalten**, für die jedoch ggf. Regelungen in UVV der Unfallversicherungsträger Anwendung finden (vgl. § 1 Abs. 2 Satz 1 ArbSchG; *Pieper*, ArbSchR, § 1 ArbSchG Rn. 17; *Opfermann/Streit*, § 1 ArbStättV 1976/1996, Rn. 20). **15**

In bestimmten, für die **öffentlichen Belange** wichtigen Tätigkeitsbereichen (z.B. Streitkräfte) könnte die strikte Anwendung der ArbStättV mit der ordnungsgemäßen Erfüllung der Aufgaben in diesen Bereichen in Konflikt kommen. Entsprechend Art. 1 Abs. 3 der EG-Arbeitsstättenrichtlinie i.V.m. Art. 2 Abs. 2 der EG-Rahmenrichtlinie Arbeitsschutz ist für den Bereich des **Bundes** festgelegt, dass **Ausnahmen** von den Vorschriften der Verordnung und die stattdessen zur Gewährleistung von Sicherheit und Gesundheitsschutz der Beschäftigten zu treffenden **Maßnahmen** bestimmt werden können (§ 1 Abs. 6 ArbStättV 2016; vgl. allg. *Pieper*, ArbSchR, § 20 ArbSchG, Rn. 2). **16**

3.   Persönlicher Anwendungsbereich

17 Der **persönliche Anwendungsbereich** der ArbStättV 1976 war durch Art. 4
Nr. 2b EG-UmsetzungsV dem des ArbSchG angepasst worden. Gem. § 2
Abs. 4 ArbStättV 1976/1996 wurden alle **Beschäftigten** i. S. von § 2 Abs. 2
ArbSchG einbezogen (vgl. *Opfermann/Streit*, § 1 ArbStättV 1996, Rn. 18 f.
und § 2 ArbStättV, Rn. 78). Mit der Verwendung des Begriffs »Beschäftigte«
in der ArbStättV 2004 ist klargestellt, dass diese gem. den Vorgaben des EU-
Rechts auf den Schutz von Sicherheit und Gesundheit für alle **Beschäftig-
ten** i. S. von § 2 Abs. 2 ArbSchG abzielt (vgl. *Pieper*, ArbSchR, § 2 ArbSchG
Rn. 11 ff.).

17a Hinsichtlich ergonomischer und sicherheitstechnischer Anforderungen
zielte die aufgehobene **BildscharbV** (vgl. § 4 und Anhang BildscharbV) auf
den Schutz von Sicherheit und Gesundheit für **alle Beschäftigten** ab, die
Bildschirmarbeit ausführen. In Bezug auf die Gefährdungsbeurteilung, die
auf Sicherheit und Gesundheitsschutz bezogene Organisation der Arbeit an
Bildschirmarbeitsplätzen (Mischarbeit bzw. Erholungspausen) sowie auf die
arbeitsmedizinische Vorsorge wurde der Begriff des Beschäftigten i. S. der
BildscharbV und damit ihr Anwendungsbereich bislang beschränkt und bezog sich »gewöhnlich« auf einen »nicht unwesentlichen Teil der normalen
Arbeitszeit«. Im Zuge der Integration der BildscharbV in die ArbStättV 2016
wurde diese spezifische Einschränkung, verknüpft mit der allgemeinen Beseitigung zeitbezogener Einschränkungen im Hinblick auf die Definition des
Arbeitsplatzes gem. § 2 Abs. 4 ArbStättV 2016, aufgehoben (vgl. § 2 Rn. 3a).

18 Für Sachbereiche, die sich durch staatliche Rechtsverordnungen regeln lassen (staatliches Arbeitsschutzrecht), regelt das **Landesrecht**, ob und inwieweit die nach § 18 ArbSchG erlassenen Rechtsverordnungen – und daher
auch die ArbStättV – für die Beamten der Länder, Gemeinden und sonstigen Körperschaften, Anstalten und Stiftungen des öffentlichen Rechts gelten
(§ 20 Abs. 1 ArbSchG). Das Landesrecht kann auch für Beamte der Land-
kreise, Verwaltungsgemeinschaften, Zweckverbände und sonstige Körperschaften, Anstalten und Stiftungen des öffentlichen Rechts auf kommuna-
ler Ebene regeln, ob und inwieweit Rechtsverordnungen nach § 18 ArbSchG
gelten (vgl. als Beispiel: Verordnung der Landesregierung über die Arbeitszeit, den Urlaub, den Mutterschutz, die Elternzeit, die Pflegezeiten und den
Arbeitsschutz der Beamtinnen, Beamten, Richterinnen und Richter – Ar-
beitszeit- und Urlaubsverordnung – AzUVO v. 29.11.2005, GBl. Baden-
Württemberg 2005, 716).

19 **Heimarbeiter** und mit ihnen Gleichgestellte sind keine Beschäftigten i. S.
des § 2 Abs. 2 ArbSchG (vgl. *Opfermann/Streit*, § 1 ArbStättV 1996 Rn. 21;
Pieper, ArbSchR, § 2 ArbSchG Rn. 23). Sie fallen daher **nicht** in den Anwendungsbereich der ArbStättV, sondern unterliegen dem HAG, das den Arbeitsschutz für die in Heimarbeit Beschäftigten regelt.

Dies gilt **nicht** für Tätigkeiten von Beschäftigten am **Telearbeitsplatz** in ihrem Privatbereich (umgangssprachlich und irreführend vielfach als »Home-Office« bezeichnet), da es sich dabei nicht um Heimarbeit und damit nicht um Heimarbeiter i. S. des HAG handelt, sondern um Beschäftigte i. S. von § 2 Abs. 2 ArbSchG.

4. »Alt-Arbeitsstätten«

Arbeitsstätten, mit deren **Errichtung in den alten Bundesländern vor dem 1.5.1976**, d. h. vor dem Inkrafttreten der ArbStättV, begonnen worden ist (vgl. *Opfermann/Streit*, § 56 ArbStättV 1976/1996 Rn. 3) bzw. die **vor diesem Zeitpunkt** bereits errichtet waren (im Folgenden: **Alt-Arbeitsstätten**), fallen dann nicht in den Anwendungsbereich der ArbStättV, wenn zur Erfüllung der entsprechenden Anforderungen **umfangreiche Änderungen** der Arbeitsstätte sowie der Betriebseinrichtungen, Arbeitsverfahren oder Arbeitsabläufe notwendig wären (vgl. § 8 Abs. 1 Nr. 1 ArbStättV 2016). **20**

Der Grundsatz in Rn. 20 gilt auch für Arbeitsstätten, die am 20. 12. 1996 (Inkrafttreten der EG-rechtlich bedingten Anpassung der ArbStättV 1976) eingerichtet waren oder mit deren Einrichtung vor diesem Zeitpunkt begonnen worden war und für die zum Zeitpunkt der Einrichtung die **Gewerbeordnung keine Anwendung** fand (§ 8 Abs. 1 Nr. 2 ArbStättV 2016; vgl. § 8 Rn. 1ff.). Dies gilt für Arbeitsstätten im Bereich des öffentlichen Dienstes. **21**

Beide Gruppen von »Alt«-Arbeitsstätten (§ 8 Abs. 1 Nr. 1 und 2) sind hinsichtlich ihres Einrichtens und Betreibens in jedem Fall an die **Mindestanforderungen** des Anhangs II EG-Arbeitsstättenrichtlinie anzupassen (vgl. § 8 Abs. 1 ArbStättV; § 8 Rn. 1ff.; vgl. umfassend *Opfermann/Streit*, § 56 ArbStättV 1976/1996 Rn. 5c ff.; HK-ArbSchR/*Faber/Feldhoff*, ArbStättV Rn. 127ff.). Diese Übergangsregelung gilt gem. § 8 Abs. 1 Satz 1 ArbStättV 2016 noch **bis zum 31. 12. 2020**. Laut *BRat* dürfte es kaum noch Betriebe geben, die seit 1976 (seit 1996 im öffentlichen Dienst) nicht die Arbeitsstätte, ihre Betriebseinrichtungen oder die Arbeitsverfahren wesentlich (i. S. von Auswirkungen auf Sicherheit und Gesundheitsschutz der Beschäftigten) verändert haben. Nach dieser Auffassung ist davon auszugehen, dass die Übergangsvorschrift in § 8 Abs. 1 keine Rolle mehr spielt. Die Ausnahmevorschriften bleiben noch für die Übergangszeit bis zum Ende des Jahres 2020 gültig und treten dann **automatisch außer Kraft**. Nach Ablauf dieser Frist kann in begründeten Einzelfällen auch weiterhin eine Ausnahmegenehmigung nach § 3a Abs. 3 ArbStättV 2016 bei den zuständigen Länderbehörden beantragt werden (vgl. § 3a Rn. 10ff.; BR-Drs. 506/16 [B], S. 45f.). **22**

Für den Fall **wesentlicher Erweiterungen, Umbauten oder Umgestaltungen** von Arbeitsstätten i. S. von § 8 Abs. 1 Satz 1 ArbStättV hat der Arbeitgeber gem. § 8 Abs. 1 Satz 2 die erforderlichen Maßnahmen zu treffen, damit diese Aktivitäten mit den Anforderungen der ArbStättV 2016 übereinstimmen. **23**

§ 2   Begriffsbestimmungen

(1) Arbeitsstätten sind:

1. Arbeitsräume oder andere Orte in Gebäuden auf dem Gelände eines Betriebes,
2. Orte im Freien auf dem Gelände eines Betriebes,
3. Orte auf Baustellen,

sofern sie zur Nutzung für Arbeitsplätze vorgesehen sind.

(2) Zur Arbeitsstätte gehören insbesondere auch:

1. Orte auf dem Gelände eines Betriebes oder einer Baustelle, zu denen Beschäftigte im Rahmen ihrer Arbeit Zugang haben,
2. Verkehrswege, Fluchtwege, Notausgänge, Lager-, Maschinen- und Nebenräume, Sanitärräume, Kantinen, Pausen- und Bereitschaftsräume, Erste-Hilfe-Räume, Unterkünfte sowie
3. Einrichtungen, die dem Betreiben der Arbeitsstätte dienen, insbesondere Sicherheitsbeleuchtungen, Feuerlöscheinrichtungen, Versorgungs-einrichtungen, Beleuchtungsanlagen, raumlufttechnische Anlagen, Signalanlagen, Energieverteilungsanlagen, Türen und Tore, Fahrsteige, Fahrtreppen, Laderampen und Steigleitern.

(3) Arbeitsräume sind die Räume, in denen Arbeitsplätze innerhalb von Gebäuden dauerhaft eingerichtet sind.

(4) Arbeitsplätze sind Bereiche, in denen Beschäftigte im Rahmen ihrer Arbeit tätig sind.

(5) Bildschirmarbeitsplätze sind Arbeitsplätze, die sich in Arbeitsräumen befinden und die mit Bildschirmgeräten und sonstigen Arbeitsmitteln ausgestattet sind.

(6) Bildschirmgeräte sind Funktionseinheiten, zu denen insbesondere Bildschirme zur Darstellung von visuellen Informationen, Einrichtungen zur Datenein- und -ausgabe, sonstige Steuerungs- und Kommunikationseinheiten (Rechner) sowie eine Software zur Steuerung und Umsetzung der Arbeitsaufgabe gehören.

(7) Telearbeitsplätze sind vom Arbeitgeber fest eingerichtete Bildschirmarbeitsplätze im Privatbereich der Beschäftigten, für die der Arbeitgeber eine mit den Beschäftigten vereinbarte wöchentliche Arbeitszeit und die Dauer der Einrichtung festgelegt hat. Ein Telearbeitsplatz ist vom Arbeitgeber erst dann eingerichtet, wenn Arbeitgeber und Beschäftigte die Bedingungen der Telearbeit arbeitsvertraglich oder im Rahmen einer Vereinbarung festgelegt haben und die benötigte Ausstattung des Telearbeitsplatzes mit Mobiliar, Arbeitsmitteln einschließlich der Kommunikationseinrichtungen durch den Arbeitgeber oder eine von ihm beauftragte Person im Privatbereich des Beschäftigten bereitgestellt und installiert ist.

(8) Einrichten ist das Bereitstellen und Ausgestalten der Arbeitsstätte. Das Einrichten umfasst insbesondere:

1. bauliche Maßnahmen oder Veränderungen,

2. das Ausstatten mit Maschinen, Anlagen, anderen Arbeitsmitteln und Mobiliar sowie mit Beleuchtungs-, Lüftungs-, Heizungs-, Feuerlösch- und Versorgungseinrichtungen,

3. das Anlegen und Kennzeichnen von Verkehrs- und Fluchtwegen sowie das Kennzeichnen von Gefahrenstellen und brandschutztechnischen Ausrüstungen und

4. das Festlegen von Arbeitsplätzen.

(9) Das Betreiben von Arbeitsstätten umfasst das Benutzen, Instandhalten und Optimieren der Arbeitsstätten sowie die Organisation und Gestaltung der Arbeit einschließlich der Arbeitsabläufe in Arbeitsstätten.

(10) Instandhalten ist die Wartung, Inspektion, Instandsetzung oder Verbesserung der Arbeitsstätten zum Erhalt des baulichen und technischen Zustandes.

(11) Stand der Technik ist der Entwicklungsstand fortschrittlicher Verfahren, Einrichtungen oder Betriebsweisen, der die praktische Eignung einer Maßnahme zur Gewährleistung der Sicherheit und zum Schutz der Gesundheit der Beschäftigten gesichert erscheinen lässt. Bei der Bestimmung des Stands der Technik sind insbesondere vergleichbare Verfahren, Einrichtungen oder Betriebsweisen heranzuziehen, die mit Erfolg in der Praxis erprobt worden sind. Gleiches gilt für die Anforderungen an die Arbeitsmedizin und die Hygiene.

(12) Fachkundig ist, wer über die zur Ausübung einer in dieser Verordnung bestimmten Aufgabe erforderlichen Fachkenntnisse verfügt. Die Anforderungen an die Fachkunde sind abhängig von der jeweiligen Art der Aufgabe. Zu den Anforderungen zählen eine entsprechende Berufsausbildung, Berufserfahrung oder eine zeitnah ausgeübte entsprechende berufliche Tätigkeit. Die Fachkenntnisse sind durch Teilnahme an Schulungen auf aktuellem Stand zu halten.

Inhaltsübersicht

1. Arbeitsstätte

1   Die Definition des **Begriffs »Arbeitsstätte«** im § 2 Abs. 1 ArbStättV 2016
    orientiert sich am Wortlaut der EG-Arbeitsstättenrichtlinie 89/654/EWG.
    Wie in der ArbStättV 1976/1996 werden vom Anwendungsbereich Orte in
    Gebäuden oder im Freien sowie Baustellen erfasst, die zur **Nutzung eines
    Arbeitsplatzes** vorgesehen sind, an denen also unmittelbar gearbeitet wird
    (§ 2 Abs. 1 ArbStättV 2016).
    Vor dem Hintergrund des umfassend für nahezu alle Beschäftigtengruppen
    und in allen Tätigkeitsbereichen geltenden ArbSchG entspricht es der Ziel-
    bestimmung der ArbStättV 2016, dass der Begriff »**auf dem Gelände eines
    Betriebes**« weit auszulegen ist. Somit ist die Anwendbarkeit auch für Ar-
    beitsstätten und Arbeitsplätze sowie Arbeitsräume gegeben, die sich in **an-
    gemieteten Gebäuden oder auf gepachteten Flächen** befinden, d. h. immer
    dann, wenn der Arbeitgeber ein Verfügungs- und/oder Nutzungsrecht aus-
    übt (vgl. LASI-ArbStättV 2010 C 1; HK-ArbSchR/*Faber/Feldhoff*, ArbStättV
    Rn. 23 f.; vgl. auch im Hinblick auf die Konstruktionsanforderungen an Ar-
    beitsstätten Anhang Nr. 1.1 Rn. 1 ff.).
    Einbezogen sind auch die in der ArbStättV 1976/1996 ausdrücklich genann-
    ten **Verkaufsstände im Freien**, die im Zusammenhang mit Ladengeschäften
    stehen, sowie weitere ausgelagerte Arbeitsplätze in Gebäuden außerhalb ei-
    nes Betriebsgeländes (vgl. *OSP*, S. 30).
    Die Formulierung des § 2 Abs. 1 Nr. 1 schließt **Ausbildungsstätten** mit ein
    (vgl. LASI-ArbStättV 2010, C 1).

2   Daneben sind auch andere Orte erfasst, die in **engem Zusammenhang** mit
    Tätigkeiten der Beschäftigten in Arbeitsstätten zu sehen sind (§ 2 Abs. 2).
    »**Andere**« Orte als Arbeitsräume i. S. von § 2 Abs. 1 Nr. 1 ArbStättV 2015
    sind gem. § 2 Abs. 2 Nr. 1 Orte auf dem Gelände eines Betriebes oder einer
    Baustelle, zu denen Beschäftigte im Rahmen ihrer Arbeit Zugang haben so-
    wie gem. § 2 Abs. 2 Nr. 2 in abschließender Form:
    • Verkehrswege,
    • Fluchtwege,
    • Notausgänge,
    • Lager-, Maschinen- und Nebenräume,
    • Sanitärräume (d. h. Umkleide-, Wasch- und Toilettenräume),
    • Pausen- und Bereitschaftsräume,
    • Erste-Hilfe-Räume und
    • Unterkünfte.
    Im Sinne der Begriffsdefinition müssen Beschäftigte im Rahmen ihrer Ar-
    beit Zugang zu diesen Orten haben. Der Katalog wurde 2004 nahezu unver-
    ändert aus der ArbStättV 1976/1996 übernommen.

2a Zur Arbeitsstätte gehören auch »**Einrichtungen**« i. S. von § 2 Abs. 2 Nr. 3
    ArbStättV 2016, die dem Betreiben der Arbeitsstätte dienen, insbesondere

Sicherheitsbeleuchtungen, Feuerlöscheinrichtungen, Versorgungseinrichtungen, Beleuchtungsanlagen, raumlufttechnische Anlagen, Signalanlagen, Energieverteilungsanlagen, Türen und Tore, Fahrsteige, Fahrtreppen, Laderampen und Steigleitern (vgl. hierzu im Einzelnen die Forderungen des Anhangs; zum Begriff »Einrichten« vgl. Rn. 7).

2. Arbeitsraum und Arbeitsplatz

Die Legaldefinition des Begriffs »**Arbeitsraum**« gem. § 2 Abs. 3 ArbStättV **2b** 2016 ist bestimmt als Raum, in dem Arbeitsplätze (vgl. Rn. 3) innerhalb von Gebäuden dauerhaft eingerichtet sind. Darunter fallen z. B. auch Container, Traglufthallen oder andere umschlossene Räume.

»**Arbeitsplatz**« ist gem. § 2 Abs. 4 ArbStättV 2016 definiert als Bereich, in **3** dem Beschäftigte im Rahmen ihrer Arbeit tätig sind. Dies sind Bereiche i. S. von § 2 Abs. 1 sowie – mit den Einschränkungen gem. § 1 Abs. 3 (vgl. § 1 Rn. 12b) – Telearbeitsplätze i. S. von § 2 Abs. 7 (Rn. 4b). Der Begriff »Arbeitsumgebung« gem. § 3 Abs. 2 BetrSichV 2015, als der jeweilige räumliche Bereich, an dem Arbeitsmittel verwendet werden, grenzt sich vom Begriff des »Arbeitsplatzes« gem. § 2 Abs. 2 ArbStättV 2016 ab und erfasst auch Bereiche außerhalb von Arbeitsstätten i. S. von § 2 Abs. 1 ArbStättV. Die gilt auch für die Verwendung des Begriffs »Arbeitsplatz« in der BetrSichV (vgl. § 3 Abs. 2 Satz 2 Nr. 2, § 4 Abs. 6, § 9 Abs. 1 Nr. 5 sowie Anhang 1 Nr. 3 BetrSichV).

Die Definition »Arbeitsplatz« in der ArbStättV war gem. der früheren Rege- **3a** lung in § 2 Abs. 2 ArbStättV 2010 an die **Bedingung** geknüpft, dass sich Beschäftigte an einem Arbeitsplatz bei der von ihnen auszuübenden Tätigkeit regelmäßig über einen längeren Zeitraum oder im Verlauf der täglichen Arbeitszeit **nicht nur kurzfristig** aufhalten müssen. Nach *OSP* (S. 33) waren dies Bereiche, in denen Beschäftigte über einen Zeitraum von mindestens 30 Tagen im Kalenderjahr oder regelmäßig mindestens zwei Stunden pro Tag an weniger als 30 Tagen im Kalenderjahr tätig sind. Hierbei war es unerheblich, ob die Arbeitsaufgabe durchgehend durch einen Beschäftigten erledigt wird oder mehrere Beschäftigte nacheinander diesen Bereich zur Verrichtung ihrer Arbeitsaufgabe aufsuchen müssen. So stellten z. B. die Klassenräume in Schulen Arbeitsplätze für die Lehrer dar, auch wenn sich einzelne Lehrer nur jeweils für eine Unterrichtsstunde an diesen Arbeitsplätzen aufhalten müssen (vgl. LASI-ArbStättV 2010, C 2).

Die für Tätigkeiten von Beschäftigten in Arbeitsstätten besonders einschlägigen Richtlinien nach Art. 153 AEUV zu Arbeitsstätten, Bildschirmarbeit, Baustellen und Sicherheits- und Gesundheitsschutzkennzeichnung legen demgegenüber **keine zeitliche Eingrenzung** in Bezug auf den Begriff Arbeitsplatz fest. Die bisherige Definition in § 2 Abs. 2 ArbStättV 2010 stand damit nach Auffassung der *BReg* im **Widerspruch zum EU-Recht** (vgl. BR-

Drs. 509/14, S. 23 f., und BR-Drs. 506/16 [B], S. 37). Weiterhin passte nach dieser Auffassung die geltende Definition »Arbeitsplatz« auch nicht in den Kontext der anderen Arbeitsschutzverordnungen nach §§ 18, 19 ArbSchG. So schränken z. B. weder die GefStoffV noch die LärmVibrationsArbSchV oder die OStrV den Arbeitsplatzbegriff zeitlich ein. Während etwa die Gef-StoffV auf Baustellen bei gefährdenden Tätigkeiten (z. B. Staubbelastung) bereits mit Beginn der Tätigkeiten mit Gefahrstoffen gilt, galt dies für Arbeitsplätze i. S. der ArbStättV 2010 eben nicht. Nach Auffassung der *BReg* sowie des *BRat* musste daher die Definition des Begriffs »Arbeitsplatz« durch die Beseitigung der zeitlichen Einschränkung berichtigt werden. Dies bezieht sich auch auf die zeitlichen Einschränkungen bei der Anwendung von Vorschriften der aufgehobenen BildscharbV (vgl. Rn. 5). Gleichzeitig mit der Änderung der Begriffsdefinition für den »Arbeitsplatz« sind auch die Anforderungen im Anhang der ArbStättV überprüft und so angepasst worden, dass das Anforderungsniveau in Arbeitsstätten dadurch nicht verschoben wird (vgl. BR-Drs. 509/14, S. 23 f.; BR-Drs. 506/16 [B], S. 37 f.; zu den Konsequenzen für das technische Regelwerk vgl. § 8 Rn. 12 f.).

3. Bildschirm- und Telearbeitsplätze, Bildschirmgeräte

4 **Bildschirmarbeitsplätze** sind gem. § 2 Abs. 5 ArbStättV 2016 Arbeitsplätze, die sich in Arbeitsräumen befinden und die mit Bildschirmgeräten und sonstigen Arbeitsmitteln ausgestattet sind (vgl. Rn. 4a).

Deren **Verbreitung** ist inzwischen umfassend. Eine Schätzung ging Mitte der 1990er Jahre davon aus, dass in der Bundesrepublik Deutschland über 5 Mio. Arbeitsplätze mit Bildschirmgeräten ausgestattet waren und dass sich diese Zahl bis zur Jahrtausendwende noch um die Hälfte erhöhen sollte (vgl. *Kiesau/Lorenz*, Mensch & Büro 6/1995, 134). Andere Schätzungen gingen für 1996 bereits von ca. 10 Mio. Bildschirmarbeitsplätzen (vgl. *Schubert*, Mensch & Büro 1/1997, S. 124) bzw. von 10 Mio. Beschäftigten mit Tätigkeiten am Computer (*RPW*) aus. Nachfolgende Untersuchungen wiesen nach, dass 1998 25 Millionen PCs in Deutschland installiert waren (das waren 30 PCs auf 100 Einwohner); hierbei waren jedoch die privat genutzten PCs abzuziehen (vgl. *Fachverband Informationstechnik*, Wege in die Informationsgesellschaft – Update 1999). Die Unterschiede zwischen diesen Schätzungen beruhen offensichtlich auf der Verwendung unterschiedlicher Definitionen. Eine 2004 vom *Deutschen Büromöbel Forum* in Auftrag gegebene Studie schätzte die Zahl der Bildschirmarbeitsplätze auf 18 Millionen. 2014 liegt die Zahl der Büro-, und damit Bildschirmarbeitsplätze, laut einer Umfrage des *bso – Verband Büro-, Sitz- und Objektmöbel e. V.* – bei über 20 Millionen, d. h. mehr als die Hälfte der Beschäftigten arbeitet zumindest zeitweise an einem solchen Arbeitsplatz (*BSO*, 2015, S. 3).

Im Bereich der **tragbaren Bildschirmgeräte** i. S. von § 2 Abs. 5 i. V. m. Nr. 6.4 Anhang ArbStättV ist auf die erheblich gestiegenen Nutzerzahlen allein von Smartphones von 6 Millionen in 2009 auf 46 Millionen in 2015 (1,86 Mrd. weltweit; statista) hinzuweisen. Hierbei wird nicht differenziert zwischen privater Nutzung und Verwendung bei der Arbeit.

Den **aktuellen Stand,** samt der Entwicklung seit 2003, gibt eine umfassende Darstellung des Statistischen Bundesamtes wieder (Unternehmen und Arbeitsstätten. Nutzung von Informations- und Kommunikationstechnologien in Unternehmen, zuletzt zum 31. 12. 2017; *www.destatis.de/DE/Publikationen/Thematisch/UnternehmenHandwerk/Unternehmen/InformationstechnologieUnternehmen.html*).

Bildschirmgeräte werden gem. § 2 Abs. 6 ArbStättV 2016 definiert als Funktionseinheiten, zu denen insbesondere Bildschirme zur Darstellung von visuellen Informationen, Einrichtungen zur Datenein- und -ausgabe, sonstige Steuerungs- und Kommunikationseinheiten (Rechner) sowie eine Software zur Steuerung und Umsetzung der Arbeitsaufgabe gehören. Bildschirmgeräte setzen sich in der Regel aus mehreren Funktionseinheiten zusammen (Bildschirm, Zentraleinheit, Computer, Tastatur, Maus, Drucker, Scanner usw.). Der eigentliche Bildschirm zur Darstellung visueller Informationen ist daher in der Regel nur ein Teil eines Bildschirmgerätes. Diese Differenzierung ist laut *BRat* sinnvoll und praxisgerecht (vgl. BR-Drs. 506/16 [B], S. 30), da sich aufgrund anderer Bestandteile von Bildschirmgeräten weitere Belastungen und daraus ggf. resultierende Gefährdungen am Arbeitsplatz ergeben können. Zu erwähnen sind in diesem Zusammenhang z. B. die zusätzliche Wärmeentwicklung und mögliche Lärmbelastungen durch die Lüfter zur Kühlung der Komponenten im Computergehäuse oder im Netzteil sowie Emissionen aus Druckern in die Luft am Arbeitsplatz. Daher ergeben sich unterschiedliche Anforderungen an Bildschirmgeräte und Bildschirme. Durch die Entwicklung weiterer Gerätetypen (All-in-One-Computer, Laptops, Note- und Netbooks, Tablets, Smartphones, Head Mounted Displays, z. B. Datenbrillen, usw.) gibt es inzwischen eine ganze Reihe von Zwischenformen von Geräten, die ganz oder teilweise den Kriterien und Anforderungen von Bildschirmgeräten oder Bildschirmen entsprechen. In Nr. 6 Anhang ArbStättV »Maßnahmen zur Gestaltung von Bildschirmarbeitsplätzen« wird dieser Entwicklung entsprochen. Die Maßnahmen werden daher differenziert für Bildschirmarbeitsplätze, Bildschirmgeräte und Bildschirme, tragbare Bildschirmgeräte und die Mensch-Maschine-Schnittstelle formuliert (vgl. BR-Drs. 506/16 [B], S. 31). **4a**

Telearbeitsplätze sind gem. § 2 Abs. 7 ArbStättV 2016 definiert als vom Arbeitgeber fest eingerichtete (stationäre) Bildschirmarbeitsplätze im Privatbereich der Beschäftigten (zur Einbeziehung von stationärer Telearbeit in den Anwendungsbereich der ArbStättV vgl. § 1 Rn. 12b, zur Beurteilung der Arbeitsbedingungen § 3 Rn. 2g ff., zur Unterweisung § 6 Rn. 1 ff., zum Ein- **4b**

richten und Betreiben vgl. Nr. 6 Anhang; siehe auch HK-ArbSchR/*Faber/ Feldhoff*, ArbStättV Rn. 35). Telearbeitsplätze sind zumeist Arbeitsplätze von Beschäftigten, die **alternierend** im Betrieb oder im Privatbereich arbeiten.

5   Implizit ergibt sich aus dem Wegfall der zeitlichen Eingrenzung in Bezug auf den Begriff »Arbeitsplatz« in § 2 Abs. 2 ArbStättV 2016 (vgl. Rn. 3a) die Folge, dass es hinsichtlich der Anwendung der Vorschriften zur Gestaltung von Bildschirmarbeitsplätzen nicht mehr darauf ankommt, inwieweit Beschäftigte ein Bildschirmgerät bei einem **nicht unwesentlichen Teil ihrer normalen Arbeit** benutzen (vgl. die frühere Regelung in § 2 Abs. 3 BildscharbV in Umsetzung von Art. 2 Buchst. c EG-Bildschirmrichtlinie). Eine Begründung dafür erschließt sich aus der Feststellung der *BReg*, dass Bildschirmarbeitsplätze aktuell kennzeichnend sind für Büroarbeitsplätze mit Computer, Bildschirm und sonstigem Zubehör. Diese Arbeitsplätze sind in Büro- und Verwaltungsbereichen für ca. 40% aller Beschäftigten (ca. 17 Mio. Menschen) in Deutschland eingerichtet. Im Jahr 1990, bei Einführung der EG-Richtlinie Bildschirmarbeit, handelte es sich bei der Bildschirmarbeit noch um eine Sonderform der Büroarbeit – heute ist diese Arbeitsform laut *BReg* Normalität in jedem Büro (BR-Drs. 509/14, S. 33).

4.   Einrichten und Betreiben

6   § 2 Abs. 8 und 9 ArbStättV 2016 enthält eine Legaldefinition des Einrichtens (Rn. 7 f.) und eine, gegenüber der ArbStättV 2010 inhaltlich **ergänzte** Legaldefinition des Betreibens (Rn. 9 ff.) von Arbeitsstätten sowie eine Erläuterung dazu an Hand von Beispielen. Einrichten und Betreiben der Arbeitsstätte stehen in einem wechselbezüglichen Verhältnis zueinander. Das sicherheits- und gesundheitsgerechte sowie menschengerechte Einrichten ist die Voraussetzung für eine entsprechendes Betreiben, welches wiederum dazu beiträgt, dass diese Zielsetzungen aufrechterhalten und verbessert werden können.

a) Einrichten

7   **Einrichten** ist gem. § 2 Abs. 8 ArbStättV 2016 das Bereitstellen und Ausgestalten der Arbeitsstätte. Dies bezeichnet jede Handlung, die sich auf die Ausgestaltung oder Änderung der Arbeitsstätte oder auf die Herstellung bzw. Beschaffung oder Änderung der Ausstattung der Arbeitsstätte bezieht; entsprechende Anforderungen an das Einrichten einer Arbeitsstätte ergeben sich aus den jeweiligen Regelungen der ArbStättV. Etwaige Regelungen des Bauordnungsrechts sind einzubeziehen, wobei diese gem. § 3a Abs. 4 ArbStättV 2016 vorrangig gelten, soweit sie über die Anforderungen der ArbStättV hinausgehen (vgl. § 3a Rn. 30 ff.).

Das **Einrichten** einer Arbeitsstätte i. S. von § 2 Abs. 8 ArbStättV 2016 bezieht sich auf die dort aufgeführten, nicht abschließenden **Beispiele** in Abs. 8 Nr. 1–4: **8**

1. bauliche Maßnahmen oder Veränderungen (insbesondere Neu- und Umbau sowie Erweiterungsmaßnahmen),
2. Ausstatten mit Maschinen, Anlagen, Mobiliar, anderen Arbeitsmitteln sowie Beleuchtungs-, Lüftungs-, Heizungs-, Feuerlösch- und Versorgungseinrichtungen,
3. Anlegen und Kennzeichnen von Verkehrs- und Fluchtwegen, Kennzeichnen von Gefahrenstellen und brandschutztechnischen Ausrüstungen,
4. Festlegen von Arbeitsplätzen unter Berücksichtigung der geplanten Tätigkeiten.

Im Einzelnen ergeben sich hierzu Anforderungen für ein rechtskonformes Einrichten der Arbeitsstätte aus den Vorschriften einschließlich des Anhangs der ArbStättV 2016. Die erforderlichen Maßnahmen des Arbeitsschutzes sind im Rahmen der Gefährdungsbeurteilung nach § 3 ArbStättV 2016 zu ermitteln (vgl. § 3 Rn. 4a). Bei der Zurverfügungstellung von **Arbeitsmitteln** i. S. von § 2 Abs. 8 Nr. 2 ArbStättV durch den Arbeitgeber und deren **Verwendung** durch Beschäftigte sind die Gefährdungen im Rahmen der Beurteilung nach § 3 BetrSichV 2015 zu ermitteln (vgl. § 3 Rn. 2f). Bei **baulichen Maßnahmen** i. S. von § 2 Abs. 8 Nr. 1 greifen ggf. die Maßnahmen der BaustellV (vgl. Nr. 5.2 Anhang ArbStättV Rn. 1, 2). Bei der **Festlegung von Arbeitsplätzen** i. S. von § 2 Abs. 8 Nr. 4 sind insbesondere die Organisation und Gestaltung der Arbeit und die Arbeitsabläufe einzubeziehen (vgl. Rn. 10 sowie § 3 Rn. 2b).

b) Betreiben

Betreiben ist gem. § 2 Abs. 9 ArbStättV 2016 **9**

- die Benutzung (Rn. 9a),
- das Instandhalten (vgl. hierzu § 2 Abs. 10, Rn. 13),
- das Optimieren sowie (Rn. 10) sowie
- die Organisation und Gestaltung der Arbeit einschließlich der Arbeitsabläufe (Rn. 10a)

der Arbeitsstätte. Dazu kommen Prüfungen (Rn. 11).
Maßgeblich für ein rechtskonformes Betreiben einer Arbeitsstätte ist die Einhaltung der Regelungen der ArbStättV einschließlich des Anhangs (vgl. *Kollmer/Klindt/Schucht-Lorenz*, § 2 ArbStättV 2010 Rn. 12, MünchArbR-*Wlotzke*, § 212 Rn. 19; vgl. *Opfermann/Streit*, § 3 ArbStättV 2004 Rn. 21 ff.; vgl. § 3 Rn. 4b).

Benutzung i. S. von § 2 Abs. 9 bezieht sich auf die Durchführung von Tätig- **9a** keiten durch Beschäftigte in Arbeitsstätten gem. § 2 Abs. 1 unter Einbeziehung der weiteren Elemente einer Arbeitsstätte nach § 2 Abs. 2. Daher ist das Einrichten der Arbeitsstätte i. S. von § 2 Abs. 8 wesentliche Voraussetzung (Rn. 7 f.). Die Benutzung von Arbeitsplätzen i. S. der ArbStättV (vgl. Rn. 3) beinhaltet das Zusammenwirken von Arbeitsgegenstand, Arbeitsmittel und Arbeitsumgebung (vgl. § 3 Abs. 2 Nr. 1–3 BetrSichV 2015; § 3 Rn. 2f). Die Arbeitsumgebung ist der jeweilige räumliche Bereich, an dem Arbeitsmittel verwendet werden; die Begriffe »Arbeitsumgebung« und »Arbeitsplatz« i. S. der BetrSichV grenzen sich vom Begriff des »Arbeitsplatzes« gem. § 2 Abs. 2 ab (vgl. Rn. 3).

10 Gem. § 2 Abs. 9 ArbStättV 2016 umfasst das Betreiben von Arbeitsstätten das **Optimieren**. Mit dieser Begrifflichkeit wurde die in der ArbStättV 2010 auf die Benutzung und das Instandhalten begrenzte Definition des »Betreibens« der Arbeitsstätte im Zuge der Änderung 2016 ergänzt.

Die Ergänzung in Bezug auf das »**Optimieren** der Arbeitsstätte« war nach Auffassung von *BReg/BRat* deshalb erforderlich, weil mit der **Übernahme der BildscharbV** auch die Organisation und die Gestaltung der Arbeit an Bildschirmgeräten in Arbeitsstätten beim Betreiben zu berücksichtigen sind (BR-Drs. 506/16 [B], S. 41; vgl. Nr. 6 Anhang ArbStättV Rn. 1ff.). Darüber hinaus wird das allgemeine Gebot der **Verbesserung von Sicherheit und Gesundheitsschutz** der Beschäftigten gem. § 3 Abs. 1 ArbSchG konkretisiert, das sich übergreifend auf das Einrichten und auf das Betreiben von Arbeitsstätten bezieht (vgl. § 3 Rn. 7c). Dabei hat der Arbeitgeber Maßnahmen nach dem Stand der Technik, Arbeitsmedizin und Hygiene festzulegen und gesicherte arbeitswissenschaftliche Erkenntnisse zu berücksichtigen (vgl. § 3 Rn. 5; § 3a Rn. 5; vgl. § 3 Abs. 1 Satz 3 und 4 ArbSchG, § 3 Rn. 5; *Pieper*, ArbSchR, § 4 ArbSchG Rn. 7ff.).

10a Gem. § 2 Abs. 9 ArbStättV 2016 umfasst das **Betreiben** der Arbeitsstätte die sicherheits- und gesundheitsgerechte **Arbeitsgestaltung und -organisation** einschließlich der **Arbeitsabläufe**. Diese Begrifflichkeiten wurden 2016 neu in die ArbStättV aufgenommen (zur Berücksichtigung im Rahmen der Gefährdungsbeurteilung gem. § 3 Abs. 1 vgl. § 3 Rn. 2b). Dazu verweist die Begründung von *BRat/BReg*, unter Einbeziehung auch des **Einrichtens** der Arbeitsstätte (vgl. Rn. 7 f.), auf einen, so wörtlich, »*raschen und stetigen Wandel (der Arbeitswelt) mit immer kürzeren Innovationszyklen. Mit der Einführung neuer Technologien und Prozesse ändern sich auch die Arbeitsbedingungen für die Beschäftigten zum Teil ganz erheblich. In vielen Fällen hat die Gestaltung der Arbeit eine grundlegende Neugestaltung der Arbeitsplätze, der Arbeitsräume und nicht selten sogar der ganzen Arbeitsstätte zur Folge. Zunehmend werden Tätigkeiten, die bisher von Beschäftigten durchgeführt wurden, durch Maschinen oder Fertigungsroboter erledigt. Die Belange der Beschäftigten sind dabei unter den veränderten Randbedingungen neu zu bestimmen und ggf. anzupassen. In Bereichen wie zum Beispiel in Büro und Verwaltung oder der Produktion werden laufend neue Raum- und Arbeitskonzepte entwickelt, die mit* *weitreichenden Änderungen in Bezug auf das Einrichten und das Betreiben von Arbeitsstätten verbunden sind. Die Auswirkungen auf die Arbeitsprozesse sind zum Teil erheblich, da sich sowohl das Einrichten als auch das Betreiben von Arbeitsstätten zunehmend an den Erfordernissen moderner Kommunikationstechniken orientiert. Diese Entwicklungen und die sich dadurch ergebenden Anpassungen gilt es auch in der ArbStättV aufzugreifen und mit Blick auf die Sicherheit und die Gesundheit der Beschäftigten zu begleiten und zu gestalten.«* (BR-Drs. 506/16 [B], S. 40; vgl. die Beispiele vor Anhang ArbStättV Rn. 2b)

Prüfung, als Begriff nicht explizit im Katalog der Begriffe in § 2 ArbStättV **11** aufgeführt, ist in Bezug auf Einrichten und Betreiben von Arbeitsstätten, analog der Definition in § 2 Abs. 8 BetrSichV 2015 (vgl. *Pieper*, ArbSchR, § 2 BetrSichV Rn. 33 ff.), die Ermittlung des Istzustandes, der Vergleich des Istzustandes mit dem Sollzustand sowie die Bewertung der Abweichung des Istzustandes vom Sollzustand.

Der **Istzustand** umfasst den durch die Prüfung festgestellten Zustand des Prüfgegenstandes.

Der **Sollzustand** ist der vom Arbeitgeber zu erreichende sichere Zustand des Prüfgegenstandes, welcher sich bei dem Einrichten und Betreiben von Arbeitsstätten, auf der Basis der Gefährdungsbeurteilung gem. § 3 ArbStättV, aus den durchzuführenden Schutzmaßnahmen nach dem Stand der Technik (Rn. 14) ergibt.

Prüfungen im Sinne der ArbStättV sind stets integraler Bestandteil der Beurteilung und ihrer Dokumentation und insbesondere ein Element zur Überprüfung der **Wirksamkeit** von entsprechenden Schutzmaßnahmen. Der Prüfungsbedarf und -umfang ist im Rahmend der **Beurteilung** zu ermitteln (vgl. § 3 Rn. 3).

Prüfgegenstände im Kontext der ArbStättV sind insbesondere:

- **Einrichtungen** i. S. von § 2 Abs. 2 Nr. 1, d. h. Verkehrs- und Fluchtwege, Notausgänge, Lager-, Maschinen- und Nebenräume, Sanitärräume, Kantinen, Pausen- und Bereitschaftsräume, Erste-Hilfe-Räume, Unterkünfte,
- **Einrichtungen** i. S. von § 2 Abs. 2 Nr. 3, die dem Betreiben von Arbeitsstätten dienen, insbesondere Sicherheitsbeleuchtungen, Feuerlöscheinrichtungen, Versorgungseinrichtungen, Beleuchtungsanlagen, raumlufttechnische Anlagen, Signalanlagen, Energieverteilungsanlagen, Türen und Tore, Fahrsteige, Fahrtreppen, Laderampen und Steigleitern (zur Prüfung von **Sicherheitseinrichtungen, raumlufttechnischen Anlagen** und **Mittel und Einrichtungen zur Ersten Hilfe** vgl. auch § 4 Abs. 3 und 5; § 4 Rn. 5 ff., 19 ff.),
- die **Ausstattung** der Arbeitsstätte mit Maschinen, Anlagen, Bildschirmgeräten anderen Arbeitsmitteln und Mobiliar sowie Beleuchtungs-, Lüftungs-, Heizungs-, Feuerlösch- und Versorgungseinrichtungen.

Prüfungen im Kontext der Zur verfügungstellung und **Verwendung von Arbeitsmitteln** bei Tätigkeiten in Arbeitsstätten, z. B. bei Bildschirm- bzw. Telearbeitsplätzen, legt die BetrSichV fest (vgl. §§ 2 Abs. 8, 14 BetrSichV 2015; vgl. *Pieper*, ArbSchR, § 2 BetrSichV Rn. 33 ff.).

12 Prüfungen sind auch bei der **Änderung des Einrichtens sowie des Betreibens der Arbeitsstätte** vorzunehmen, wenn diese Änderungen einen nicht unwesentlichen Einfluss auf Sicherheit und Gesundheitsschutz der Beschäftigten haben (zum Begriff der prüfpflichtigen Änderung im Hinblick auf die Verwendung von Arbeitsmitteln vgl. § 2 Abs. 9 BetrSichV 2015; *Pieper*, ArbSchR, § 2 BetrSichV Rn. 37 ff.). Inwieweit das Kriterium der **Wesentlichkeit** einer Änderung (vgl. § 2 Rn. 17) erfüllt ist, muss im Rahmen der Gefährdungsbeurteilung gem. § 3 ArbStättV 2016 ermittelt werden (vgl. § 3 Rn. 4c).

5. Instandhalten

13 **Instandhalten** ist gem. § 2 Abs. 10 ArbStättV 2016 die Wartung, Inspektion, Instandsetzung oder Verbesserung der Arbeitsstätten zum Erhalt des baulichen und technischen Zustandes (vgl. DIN 31051:2012–09). Eine analoge Regelung in Bezug auf die Verwendung von Arbeitsmitteln ist in § 2 Abs. 7 BetrSichV 2015 verankert (vgl. umfassend *Pieper*, ArbSchR, § 2 BetrSichV Rn. 30 ff.).

6. Stand der Technik

14 **Stand der Technik** i. S. von § 2 Abs. 11 ArbStättV 2016 ist (analog insbesondere zur Definition in § 2 Abs. 10 BetrSichV 2015; *Pieper*, ArbSchR, § 2 BetrSichV Rn. 42 ff.) der Entwicklungsstand fortschrittlicher Verfahren, Einrichtungen oder Betriebsweisen, der die praktische Eignung einer Maßnahme zur Gewährleistung der Sicherheit und zum Schutz der Gesundheit der Beschäftigten beim Einrichten und Betreiben von Arbeitsstätten gesichert erscheinen lässt. Bei der Bestimmung des Stands der Technik in Bezug auf Einrichten und Betreiben sind insbesondere vergleichbare Verfahren, Einrichtungen oder Betriebsweisen heranzuziehen, die mit Erfolg in der Praxis erprobt worden sind. Gleiches gilt für den Stand der **Arbeitsmedizin** und der **Hygiene** (vgl. auch § 3 Abs. 1 Satz 3 ArbStättV; § 3 Rn. 4 ff.; zu den Begriffen vgl. *Pieper*, ArbSchR, § 4 ArbSchG Rn. 7 ff.). Darüber hinaus davon muss der Arbeitgeber **gesicherte arbeitswissenschaftliche Erkenntnisse** berücksichtigen (vgl. *Pieper*, ArbSchR, § 4 ArbSchG Rn. 11 ff.).

7. Fachkunde

15 **Fachkundig** i. S. von § 2 Abs. 12 ArbStättV 2016 ist (analog der Definition in § 2 Abs. 5 BetrSichV 2015; *Pieper*, ArbSchR, § 2 BetrSichV Rn. 21), wer über die zur Ausübung einer in dieser Verordnung bestimmten Aufgabe erforder-

lichen Fachkenntnisse verfügt. Die Anforderungen an die Fachkunde sind abhängig von der jeweiligen Art der Aufgabe. Zu den Anforderungen zählen eine entsprechende Berufsausbildung, Berufserfahrung oder eine zeitnah ausgeübte entsprechende berufliche Tätigkeit. Die Fachkenntnisse sind durch Teilnahme an Schulungen auf aktuellem Stand zu halten. Bei Vorliegen dieser besonderen Kenntnisse und Erfahrungen können z. B. Fachkräfte für Arbeitssicherheit und Betriebsärzte die Fachkunde i. S. der ArbStättV für sich in Anspruch nehmen.

Im Kontext der ArbStättV beziehen sich die aus § 2 Abs. 12 resultierenden **15a** Anforderungen unmittelbar auf die **fachkundige Durchführung der Gefährdungsbeurteilung** gem. § 3 Abs. 2 ArbStättV 2016 (vgl. § 3 Rn. 8). Darin inbegriffen sind auch die im Rahmen der Beurteilung nach dem Stand der Technik, Arbeitsmedizin und Hygiene festzulegenden **Maßnahmen des Arbeitsschutzes** (»Maßnahmen« bzw. »Schutzmaßnahmen«; Rn. 8) sowie die Berücksichtigung sonstiger gesicherter arbeitswissenschaftlicher Erkenntnisse (vgl. § 3 Abs. 1 ArbStättV 2016; § 3 Rn. 4 ff.; vgl. auch *Pieper*, ArbSchR, § 4 ArbSchG Rn. 7 ff.).

Weiterhin werden mit der Definition die Anforderungen an die **fachkundige Durchführung von Abbrucharbeiten** gemäß den Anforderungen in Nr. 5.2 Abs. 4 Buchst. e Anhang ArbStättV 2016 deutlich gemacht (vgl. BR-Drs. 506/16 [B], S. 43).

8.   Maßnahmen, Schutzmaßnahmen

Maßnahmen bzw. Schutzmaßnahmen i. S. der ArbStättV 2016 sind Maß-   **16** nahmen des Arbeitsschutzes gem. § 2 Abs. 1 ArbSchG, d. h. Maßnahmen zur Verhütung von Unfällen bei der Arbeit und arbeitsbedingten Gesundheitsgefahren einschließlich Maßnahmen zur menschengerechten Gestaltung der Arbeit (vgl. *Pieper*, ArbSchR, § 2 ArbSchG Rn. 1 ff.).

9.   Wesentliche Veränderung

Wesentliche Veränderung i. S. der Regelungen der ArbStättV 2016 ist jede   **17** Maßnahme, durch welche Sicherheit und Gesundheitsschutz in Bezug auf das Einrichten und das Betreiben der Arbeitsstätte beeinflusst wird (vgl. in Bezug auf die Verwendung von Arbeitsmitteln: § 2 Abs. 9 Satz 1 BetrSichV 2015; *Pieper*, ArbSchR, § 2 BetrSichV Rn. 37). In Zusammenhang mit der Regelung zur Sichtverbindung nach Außen in Nr. 3.4 Abs. 3 Anhang ArbStättV 2016 wird darauf hingewiesen, dass »*der finanzielle Aufwand der Erweiterungs- oder Umbauarbeiten allein … kein entscheidendes Kriterium für die Bestimmung der ›Wesentlichkeit‹ (ist)*« (vgl. BR-Drs. 506/16 [B], S. 50; vgl. Nr. 3.4 Anhang ArbStattV Rn. 8).

Analog der Regelung in § 2 Abs. 9 Satz 1 BetrSichV 2015, wonach prüfpflichtige Änderungen Maßnahmen (zu denen auch Instandsetzungsarbeiten gehören können) sind, durch welche die Sicherheit eines Arbeitsmittels beeinflusst wird, ist eine wesentliche Veränderung i. S. der ArbStättV auch die **Instandsetzung** oder Verbesserung der Arbeitsstätte zum Erhalt des baulichen und technischen Zustandes gem. § 2 Abs. 10 ArbStättV (vgl. § 2 Rn. 13).

Unterweisungen sind gem. § 6 Abs. 4 Satz 3 ArbStättV unverzüglich zu wiederholen, wenn sich die Tätigkeiten der Beschäftigten, die Arbeitsorganisation, die Arbeits- und Fertigungsverfahren oder die Einrichtungen und Betriebsweisen in der Arbeitsstätte wesentlich verändern und die Veränderung mit zusätzlichen Gefährdungen verbunden ist (vgl. § 6 Rn. 3).

Werden **Sichtverbindungen nach Außen** in Räumen, die bis zum 3. Dezember 2016 eingerichtet worden sind oder mit deren Einrichtung begonnen worden war und die die Anforderungen nach Abs. 1 Satz 1 oder Abs. 2 nicht erfüllen, wesentlich erweitert oder umgebaut, dürfen diese nicht ohne eine Sichtverbindung nach Außen weiter betrieben werden (Umkehrschluss aus Nr. 3.4 Abs. 3 Anhang ArbStättV; vgl. Nr. 3.4 Abs. 3 Anhang Rn. 8).

Soweit »**Alt-Arbeitsstätten**« oder ihre Betriebseinrichtungen i. S. von § 8 Abs. 1 ArbStättV wesentlich erweitert oder umgebaut oder die Arbeitsverfahren oder Arbeitsabläufe wesentlich umgestaltet werden, hat der Arbeitgeber gem. § 8 Abs. 1 Satz 2 ArbStättV die erforderlichen Maßnahmen zu treffen, damit diese Änderungen, Erweiterungen oder Umgestaltungen mit den Anforderungen dieser Verordnung übereinstimmen (vgl. § 8 Rn. 1 ff.).

Ob wesentliche Veränderungen vorliegen, entscheidet der Arbeitgeber im Rahmen der **Gefährdungsbeurteilung** nach § 3 (vgl. § 3 Rn. 7d). Bei entsprechend ermittelten wesentlichen Veränderungen hat der Arbeitgeber die Beurteilung nach § 3 unverzüglich zu aktualisieren (vgl. ebd.; vgl. § 3 Abs. 1 ArbStättV i. V. m. Nr. 4 Abs. 4 ASR V3).

§ 3   Gefährdungsbeurteilung

(1) Bei der Beurteilung der Arbeitsbedingungen nach § 5 des Arbeitsschutzgesetzes hat der Arbeitgeber zunächst festzustellen, ob die Beschäftigten Gefährdungen beim Einrichten und Betreiben von Arbeitsstätten ausgesetzt sind oder ausgesetzt sein können. Ist dies der Fall, hat er alle möglichen Gefährdungen der Sicherheit und der Gesundheit der Beschäftigten zu beurteilen und dabei die Auswirkungen der Arbeitsorganisation und der Arbeitsabläufe in der Arbeitsstätte zu berücksichtigen. Bei der Gefährdungsbeurteilung hat er die physischen und psychischen Belastungen sowie bei Bildschirmarbeitsplätzen insbesondere die Belastungen der Augen oder die Gefährdung des Sehvermögens der Beschäftigten zu berücksichtigen. Entsprechend dem Ergebnis der Gefährdungsbeurteilung hat der Arbeitgeber Maßnahmen zum Schutz der Beschäftigten gemäß

den Vorschriften dieser Verordnung einschließlich ihres Anhangs nach dem Stand der Technik, Arbeitsmedizin und Hygiene festzulegen. Sonstige gesicherte arbeitswissenschaftliche Erkenntnisse sind zu berücksichtigen.

(2) Der Arbeitgeber hat sicherzustellen, dass die Gefährdungsbeurteilung fachkundig durchgeführt wird. Verfügt der Arbeitgeber nicht selbst über die entsprechenden Kenntnisse, hat er sich fachkundig beraten zu lassen.

(3) Der Arbeitgeber hat die Gefährdungsbeurteilung vor Aufnahme der Tätigkeiten zu dokumentieren. In der Dokumentation ist anzugeben, welche Gefährdungen am Arbeitsplatz auftreten können und welche Maßnahmen nach Absatz 1 Satz 4 durchgeführt werden müssen.

1. Allgemeines

Die ArbStättV in ihren Fassungen 1976/1996 bzw. 2004 enthielt im Unterschied zu den Regelungen in anderen Verordnungen nach §§ 18, 19 ArbSchG keine Konkretisierung der Regelung zur Beurteilung der Arbeitsbedingungen gem. § 5 ArbSchG. Diese allgemeine Verpflichtung des Arbeitgebers ist die Grundlage für die übergreifende, d.h. arbeitssystembezogene Ermittlung und Bewertung von Gefährdungen sowie zur Festlegung von Maßnahmen des Arbeitsschutzes, deren Wirksamkeitsüberprüfung, Anpassung und kontinuierliche Verbesserung im Rahmen der Grundpflichten gem. § 3 ArbSchG und der Beachtung der Grundsätze gem. § 4 ArbSchG (vgl. Rn. 3ff. und 7a, 7c). Im Zuge der Änderung v. 19.7.2010 (BGBl. I S. 960) und im Hinblick auf die Zielsetzung der ArbStättV erfolgte diese klarstellende Konkretisierung im Rahmen der Einfügung in § 3 ArbStättV 2010, die durch die Änderung 2016 ergänzt wurde. Die ASR V3 »Gefährdungsbeurteilung« vom Juli 2017 beschreibt eine Vorgehensweise zur Durchführung dieser speziellen Gefährdungsbeurteilung (vgl. Rn. 3 ff.), die integraler Bestandteil der Beurteilung nach §§ 5, 6 ArbSchG ist.

Die Gefährdungsbeurteilung nach § 3 ArbStättV ist die auf das Einrichten und Betreiben von Arbeitsstätten ausgerichtete, **systematische Ermittlung und Beurteilung** aller möglichen Gefährdungen für das Leben sowie die physische und psychische Gesundheit der Beschäftigten mit dem Ziel, die erforderlichen Maßnahmen festzulegen (vgl. Nr. 3.1 ASR V3). Die Gefährdungsbeurteilung gem. § 3 ArbStättV – unter Einbeziehung der 2016 erfolgten Änderungen – dient gem. Nr. 4 Abs. 1 ASR V3 als:

- arbeitsstättenspezifisches **Instrument** zur übergreifenden Beurteilung der Arbeitsbedingungen gem. § 5 ArbSchG,
- **Grundlage** zur Festlegung von Maßnahmen des Arbeitsschutzes in Bezug auf Einrichten und Betreiben von Arbeitsstätten sowie
- **Handlungskonzept** für die Gewährleistung und kontinuierliche Verbesserung von Sicherheit und Gesundheitsschutz für Tätigkeiten von Beschäftigten in Arbeitsstätten.

Sichergestellt werden muss, dass die Festlegung von Maßnahmen nach dem Stand der Technik, Arbeitsmedizin und Hygiene und die Berücksichtigung sonstiger gesicherter arbeitswissenschaftlicher Erkenntnisse gem. § 3 Abs. 1 Satz 4 und 5 ArbStättV 2016 erfolgt (vgl. Rn. 3a und Rn. 5 ff.).

Im Rahmen der Beurteilung sind gem. § 3 Abs. 1 ArbStättV alle möglichen Gefährdungen zu ermitteln, physische und psychische Belastungen sowie Arbeitsorganisation und Arbeitsabläufe zu berücksichtigen (vgl. Rn. 2b und 2c; § 2 Abs. 9 definiert das Betreiben von Arbeitsstätten u. a. als Organisation und Gestaltung der Arbeit und der Arbeitsabläufe, § 2 Rn. 10a). Die Beurteilung ist zudem die Grundlage für die Optimierung der Arbeitsstätte i. S. von § 2 Abs. 9 (§ 2 Rn. 10; Rn. 7c).

Voraussetzung für die Gefährdungsbeurteilung gem. § 3 ArbStättV 2016, wie auch der übergreifenden Beurteilung der Arbeitsbedingungen gem. § 5 ArbSchG, ist die Einbindung der Planung und Durchführung des Arbeitsschutzes in die **betriebliche Organisation** (vgl. Rn. 2b) sowie die Bereitstellung einer **betrieblichen Arbeitsschutzorganisation** (vgl. § 3 Abs. 2 ArbSchG/ASiG – DGUV Vorschrift 2/§ 22 SGB VII – DGUV Vorschrift 1; vgl. § 3a Rn. 6a; *Pieper*, ArbSchR, § 3 ArbSchG Rn. 6 ff.).

Die Beurteilung ist **fachkundig** vorzunehmen (vgl. § 3 Abs. 2; Rn. 8) und zu **dokumentieren**, und zwar **vor Aufnahme der Tätigkeiten** (vgl. § 3 Abs. 3; Rn. 9 ff.; vgl. Nr. 4 Abs. 3 ASR V3). Eine vergleichbare Regelung beinhaltet § 3 Abs. 8 Satz 1 BetrSichV 2015 (vgl. zu anderen Aspekten Rn. 1a); darüber hinaus dürfen Arbeitsmittel nur verwendet werden, nachdem der Arbeitgeber eine Gefährdungsbeurteilung durchgeführt hat, die dabei ermittelten Schutzmaßnahmen nach dem Stand der Technik getroffen hat und festgestellt hat, dass die Verwendung der Arbeitsmittel nach dem Stand der Technik sicher ist (vgl. § 4 Abs. 1 BetrSichV 2015). Da das Einrichten und Betreiben von Arbeitsstätten unmittelbar mit der Verwendung von Arbeitsmitteln verknüpft ist (so bei Arbeitsplätzen sowie bei Bildschirm- und Telearbeitsplätzen), sind diese Bestimmungen in der übergreifenden Beurteilung der Arbeitsbedingungen nach § 5 ArbSchG sowie der übergreifenden Dokumentation der Gefährdungsbeurteilung nach § 6 ArbSchG rechtskonform zusammen zu führen.

Werden Arbeitsstätten **gemietet**, müssen entsprechend der Nutzung als Arbeitsstätte ggf. arbeitsschutzbezogene Vereinbarungen zwischen dem Vermieter und dem Arbeitgeber als Mieter getroffen werden. Hiervon ausgehend hat der Arbeitgeber dafür Sorge zu tragen, dass die Schutzziele der entsprechenden Regelungen der ArbStättV dauerhaft und zuverlässig erreicht werden (vgl. Nr. 1.1 Anhang ArbStättV Rn. 3).

Hinsichtlich der **Auswahl und Beschaffung von Arbeitsmitteln** in Bezug auf Einrichten und Betreiben von Arbeitsstätten einschließlich Bildschirm- und Telearbeitsplätzen entbindet das Vorhandensein einer CE-Kennzeichnung am Arbeitsmittel gem. § 7 ProdSG den Arbeitgeber nicht von der Pflicht zur Durchführung einer Beurteilung der Arbeitsbedingungen (vgl. § 3 Abs. 1 Satz 2 BetrSichV; *Pieper*, ArbSchR, § 3 BetrSichV Rn. 21). Diese Regelung gilt auch in Bezug auf Bildschirmgeräte einschließlich anderer Geräte, die Arbeitsmittel i. S. von § 2 Abs. 1 BetrSichV sind, die von Beschäftigten bei der Arbeit an Arbeitsplätzen i. S. der ArbStättV (§ 2 Abs. 4, § 2 Rn. 3) verwendet werden. Der Arbeitgeber muss den Beschäftigten sichere Arbeitsmittel zur Verfügung stellen, die insbesondere den Anforderungen des ProdSG genügen (vgl. § 5 Abs. 3 BetrSichV 2015; *Pieper*, ArbSchR, § 5 BetrSichV Rn. 8 ff.). Dementsprechend hat der Arbeitgeber im Rahmen der Ermittlung und Beurteilung von Gefährdungen für geeignete Beschaffungs- und Auswahlverfahren zu sorgen (vgl. § 3 Abs. 3 BetrSichV 2015; *Pieper*, ArbSchR, § 3 BetrSichV Rn. 39 ff.). Auf diesen Aspekt verweist auch § 2 Abs. 2 DGUV Vorschrift 1: Erteilt der Unternehmer/Arbeitgeber den Auftrag, Arbeitsmittel, Ausrüstungen oder Arbeitsstoffe zu liefern, so hat er dem Auftragnehmer schriftlich aufzugeben, im Rahmen seines Auftrags die für Sicherheit und Gesundheitsschutz einschlägigen Anforderungen einzuhalten. **1a**

Allgemein sind im Hinblick auf die im Rahmen der Beurteilung nach § 3 ArbStättV 2016 zu ermittelnden Gefährdungen in § 5 Abs. 3 Nr. 1 ArbSchG die »**Gestaltung und Einrichtung der Arbeitsstätte und des Arbeitsplatzes**« als eine mögliche Quelle von Gefährdungen benannt. Weiterhin können Gefährdungen aus der **Gestaltung des Arbeitsprozesses** (vgl. § 5 Abs. 3 Nr. 4 ArbSchG) sowie einer **unzureichenden Qualifikation und Unterweisung** der Beschäftigten resultieren (§ 5 Abs. 3 Nr. 5 ArbSchG; vgl. hierzu § 6 Rn. 1 ff.). Auch **psychische** (§ 5 Abs. 3 Nr. 6 ArbSchG) und **physische Belastungen** (vgl., mit Blick auf den Gesundheitsbegriff § 4 Nr. 1 ArbSchG) sind **2**

als mögliche Gefährdungsquellen im Rahmen der Beurteilung einzubeziehen.

Speziell in Bezug auf Einrichten und Betreiben von Arbeitsstätten hat der Arbeitgeber

- **alle möglichen Gefährdungen** zu beurteilen (§ 3 Abs. 2 Satz 2 Halbsatz 1; vgl. Rn. 2d),
- die **Auswirkungen der Arbeitsorganisation und der Arbeitsabläufe** in der Arbeitsstätte zu berücksichtigen (§ 3 Abs. 2 Satz 2 Halbsatz 2; vgl. Rn. 2b) und § 3a Rn. 6a; vgl. hierzu auch § 4 Nr. 4 ArbSchG; *Pieper*, ArbSchR, § 4 ArbSchG Rn. 17c; § 5 BetrSichV Rn. 19ff., § 8 BioStoffV Rn. 3ff.),
- **physische und psychische Belastungen** zu berücksichtigen (§ 3 Abs. 1 Satz 3 Halbsatz 1; vgl. Rn. 2c, 2j, 2k),
- bei **Bildschirmarbeitsplätzen einschließlich Telearbeitsplätzen** insbesondere die Berücksichtigung der **Belastungen der Augen oder die Gefährdung des Sehvermögens** der Beschäftigten zu berücksichtigen (vgl. § 3 Abs. 1 Satz 3 Halbsatz 2; vgl. Rn. 2i).

2a   Ausgehend von der nach § 5 Abs. 2 Satz 2 ArbSchG möglichen, allgemeinen **Standardisierung** bzw. Typisierung der Beurteilung von Arbeitsplätzen oder Tätigkeiten bei gleichartigen Arbeitsbedingungen (vgl. *Pieper*, ArbSchR, § 5 ArbSchG Rn. 11), kann diese auch im Hinblick auf das Einrichten und Betreiben von Arbeitsstätten, einschließlich Bildschirm- und Telearbeitsplätzen, vorgenommen werden. **Gleichartig** sind Arbeitsbedingungen, »wenn alle wesentlichen Belastungen (vgl. Rn. 2c) gleich oder arbeitswissenschaftlich vergleichbar sind« (vgl. *RPW*, S. 124; *Keller*, S. 38, spricht in Zusammenhang mit Bildschirmarbeitsplätzen von dem Erfordernis einer »hohen Vergleichbarkeit« und sieht als Anwendungsfelder Arbeitsbereiche in Banken, Versicherungen und Verwaltungen mit vergleichbaren Arbeitsbedingungen). Die Vergleichbarkeit von Bildschirmarbeitsplätzen bezieht sich insbesondere auf die unmittelbare Arbeitsumgebung, die verwendeten Arbeitsmittel einschließlich der hauptsächlich verwendeten Software und die zu erledigenden Arbeitsaufgaben (*RPW*, a. a. O.; *Keller*, S. 38ff.). Diese Anforderungen an das Kriterium der Gleichartigkeiten gelten prinzipiell auch für die Arbeitsbedingungen an anderen Arbeitsplätzen i. S. der ArbStättV.

Möglicherweise auftretenden, **besonderen Beanspruchungsfolgen** und damit verbundenen Gefährdungen (vgl. Rn. 2c) bei einzelnen Beschäftigten oder Beschäftigtengruppen, die durch eine standardisierte Gefährdungsbeurteilung in Arbeitsstätten nicht erfasst werden, ist bei der Festlegung von Maßnahmen, ggf. auch im Rahmen der Wirksamkeitsüberprüfung zur Anpassung dieser Maßnahmen, Rechnung zu tragen (vgl. *RPW*, S. 124). Dies betrifft insbesondere besonders schutzbedürftige Beschäftigtengruppen i. S. von § 4 Nr. 6 ArbSchG (vgl. *Pieper*, ArbSchR, § 4 ArbSchG Rn. 19ff.).

2. Arbeitsorganisation und Arbeitsabläufe

Gem. § 3 Abs. 2 Satz 2 Halbsatz 2 muss der Arbeitgeber die **Auswirkungen** **2b**
der Arbeitsorganisation und der Arbeitsabläufe in der Arbeitsstätte berücksichtigen (zur Begriffsbestimmung vgl. § 2 Rn. 10a: Organisation und
Gestaltung der Arbeit und der Arbeitsabläufe). Dies steht in Übereinstimmung mit der Grundpflicht des Arbeitgebers zur Beachtung der Einbindung
der Maßnahmen des Arbeitsschutzes in die betrieblichen Führungsstruktu-
ren gem. § 3 Abs. 2 Nr. 2 ArbSchG sowie des Grundsatzes gem. § 4 Nr. 4
ArbSchG, Maßnahmen mit dem Ziel zu planen, Technik, Arbeitsorganisation, sonstige Arbeitsbedingungen, soziale Beziehungen und Einfluss der
Umwelt auf den Arbeitsplatz sachgerecht zu verknüpfen.

Im Rahmen der Gefährdungsbeurteilung gem. § 3 Abs. 1 sind dem Merk-
malsbereich **Arbeitsorganisation** allgemein folgende Belastungen (vgl.
Rn. 2c) zugeordnet:

- Arbeitszeit
- Arbeitsablauf – Arbeitsintensität
- Arbeitsablauf – Störungen/Unterbrechungen
- Kommunikation – Kooperation

Im konkreten Arbeitskontext können diese Belastungen je nach Art und
Ausprägung als Gefährdung der physischen und psychischen Gesundheit,
aber auch als unterstützende Ressource wirken (vgl. *www.baua.de/DE/The*
men/Arbeitsgestaltung-im-Betrieb/Gefaehrdungsbeurteilung/Expertenwissen/
Psychische-Belastung/Arbeitsorganisation/Arbeitsorganisation_node.html;
vgl. Rn. 2c, 2d).

Die Forderung in § 3 Abs. 2 Satz 2 Halbsatz 2 bezieht sich insbesondere auf
die Bestimmungen des Anhang der ArbStättV (vgl. vor Anhang ArbStättV
Rn. 2a). In Bezug auf die Pflicht des Arbeitgebers zur **Unterweisung** ist diese
bei wesentlicher Veränderung (vgl. § 2 Rn. 17) u. a. der Arbeitsorganisation
unverzüglich zu wiederholen (vgl. § 6 Rn. 6).

3. Physische und psychische Belastungen

Gem. § 3 Abs. 1 Satz 3 Halbsatz 1 hat der Arbeitgeber bei der Gefährdungs- **2c**
beurteilung die **physischen und psychischen Belastungen** zu berücksichtigen (zu Belastungen bei Bildschirm- und Telearbeitsplätzen vgl. Rn. 2i ff.).
Dies entspricht den Grundsätzen des Arbeitsschutzes in § 4 ArbSchG und
den Grundpflichten des Arbeitgebers in § 4 ArbSchG. Infolge der Klarstellung in § 5 Abs. 3 Nr. 6 ArbSchG zu psychischen Belastungen als Gefähr-
dungsquelle (vgl. *Pieper*, ArbSchR, § 5 Rn. 13) wurde 2013 der Begriff »Belastung« in das ArbSchG explizit eingeführt; dies gilt implizit auch für die in § 5
Abs. 3 ArbSchG nicht ausdrücklich aufgeführten physischen Belastungen.

In Zusammenhang mit der Verwendung von Arbeitsmitteln wurde 2015 zudem das arbeitswissenschaftliche **Belastungs-Beanspruchungs-Konzept** in das Maßnahmenkonzept der BetrSichV integriert (vgl. allg. zum Belastungs- und Beanspruchungskonzept *Schlick/Bruder/Luczak*, Rn. 24 ff.; ArbWiss-*Luczak/Rohmert*, Rn. 326 ff.; TRBS 1151). Danach muss der Arbeitgeber gem. § 6 Abs. 1 Satz 3 BetrSichV 2015 die Verwendung von Arbeitsmittel so gestalten und organisieren, dass **Belastungen und Fehlbeanspruchungen**, die die Gesundheit und Sicherheit der Beschäftigten gefährden können, vermieden oder, wenn dies nicht möglich ist, auf ein Mindestmaß reduziert werden (*Pieper*, ArbSchR, § 6 BetrSichV Rn. 5; vgl. auch § 3 Abs. 2 Satz 2 Nr. 3 BetrSichV).

Angelehnt an die konkretisierenden **Begriffsbestimmungen** in Nr. 2.3 TRBS 1151 sowie Nr. 4.4 TRBS 1111 (vgl. auch DIN EN ISO 10075–1:2017 »Ergonomische Grundlagen bezüglich psychischer Arbeitsbelastung – Teil 1: Allgemeine Aspekte und Konzepte und Begriffe«) ist

- **Belastung** der Begriff für alle von Außen auf die Beschäftigten wirkenden Einflussgrößen. Die Belastung lässt sich somit unabhängig vom Menschen ermitteln. Zur Belastung gehören dabei die physikalischen Bedingungen (Lasten, Temperatur, Luftraum, Beleuchtung, Schall, Gerüche etc.), die Anforderungen aus der Arbeitsaufgabe (z. B. Dauer und Verlauf der Tätigkeit, Aufgabeninhalt), soziale und organisationale Dimensionen (soziale Beziehungen, Management, Arbeitsorganisation, Spezialisierung, Koordination, Entscheidungsdelegation, Konfiguration, Formalisierung) und gesellschaftliche Einflussgrößen.

- **Beanspruchung** der Begriff für die (unmittelbare) Auswirkung der Belastung auf die Beschäftigten. Die Beanspruchung ist insbesondere abhängig von den individuellen physischen und psychischen Fähigkeiten und Fertigkeiten sowie Eigenschaften (z. B. Alter, Geschlecht, Leistungsfähigkeit) der Beschäftigten und kann kurz- und langfristigen Folgen haben. Zu den kurzfristigen Folgen gehören z. B. Ermüdung, Empfinden von Monotonie. Die langfristigen Folgen können Einfluss auf die Gesundheit haben. Die **Beanspruchungsfolgen** können positiv aber auch negativ (Fehlbeanspruchung) sein.

Das betriebliche Profil der Belastungen und Beanspruchungen bei der Arbeit wird durch die übergreifende Beurteilung der Arbeitsbedingungen gem. § 5 ArbSchG erfasst. Die aus diesem Profil der Arbeitsbedingungen resultierenden **Gefährdungen** (Rn. 2d) für das Leben und die physische und die psychische Gesundheit der Beschäftigten werden, zwecks Festlegung und Durchführung von Maßnahmen des Arbeitsschutzes, im Rahmen der Gefährdungsbeurteilung ermittelt und beurteilt (Rn. 2e; vgl. *Pieper*, ArbSchR, § 5 ArbSchG Rn. 1a).

Explizit werden **Belastungen**, neben der Pflicht zur Berücksichtigung bei der Gefährdungsbeurteilung gem. § 3 Abs. 1 ArbStättV (s. o.), in folgenden

Regelungsbereichen der ArbStättV benannt (vgl. vor Anhang ArbStättV Rn. 2a):

- Die Größe des notwendigen **Luftraumes** ist in Abhängigkeit von der Art der **physischen Belastung** und der Anzahl der Beschäftigten sowie der sonstigen anwesenden Personen zu bemessen (Nr. 1.2 Abs. 3 Anhang ArbStättV).

- Die Oberflächen der **Fußböden, Wände und Decken der Räume** müssen so gestaltet sein, dass sie den Erfordernissen des sicheren Betreibens entsprechen sowie leicht und sicher zu reinigen sind. Arbeitsräume müssen unter Berücksichtigung der Art des Betriebes und der **physischen Belastungen** eine angemessene Dämmung gegen Wärme und Kälte sowie eine ausreichende Isolierung gegen Feuchtigkeit aufweisen (Nr. 1.5 Abs. 1 Satz 1 Anhang ArbStättV).

- Arbeitsräume, in denen aus betriebstechnischer Sicht keine spezifischen Anforderungen an die **Raumtemperatur** gestellt werden, müssen während der Nutzungsdauer unter Berücksichtigung der Arbeitsverfahren und der **physischen Belastungen** der Beschäftigten eine gesundheitlich zuträgliche Raumtemperatur haben (Nr. 3.5 Abs. 1 Anhang ArbStättV).

- In Arbeitsräumen, Sanitär-, Pausen- und Bereitschaftsräumen, Kantinen, Erste-Hilfe-Räumen und Unterkünften muss unter Berücksichtigung des spezifischen Nutzungszwecks, der Arbeitsverfahren, der **physischen Belastungen** und der Anzahl der Beschäftigten sowie der sonstigen anwesenden Personen während der Nutzungsdauer ausreichend **gesundheitlich zuträgliche Atemluft** vorhanden sein (Nr. 3.6 Abs. 1 Anhang ArbStättV). Dies gilt, unter Berücksichtigung der Arbeitsverfahren und der physischen Belastungen der Beschäftigten, für **Baustellen** (Nr. 5.2 Abs. 1 Buchst. e Anhang ArbStättV).

- An **Bildschirm- und Telearbeitsplätzen** dürfen die **Arbeitsmittel** nicht zu einer erhöhten, gesundheitlich unzuträglichen **Wärmebelastung** am Arbeitsplatz führen (vgl. Nr. 6.1 Abs. 10 Anhang ArbStättV).

- An **Bildschirmgeräten und Arbeitsmitteln für die ortsgebundene Verwendung an Arbeitsplätzen** dürfen **alternative Eingabemittel** (z. B. Eingabe über den Bildschirm, Spracheingabe, Scanner) nur eingesetzt werden, wenn dadurch die Arbeitsaufgaben leichter ausgeführt werden können und keine **zusätzlichen Belastungen** für die Beschäftigten entstehen (vgl. Nr. 6.3 Abs. 3 Anhang ArbStättV).

- **Tragbare Bildschirmgeräte für die ortsveränderliche Verwendung an Arbeitsplätzen mit alternativen Eingabemitteln** sind den Arbeitsaufgaben angemessen und mit dem Ziel einer **optimalen Entlastung** der Beschäftigten zu betreiben (vgl. Nr. 6.4 Abs. 4 Anhang ArbStättV).

4.　Mögliche Gefährdungen

2d　Gem. § 3 Abs. 1 Satz 2 ArbStättV hat der Arbeitgeber **alle möglichen Gefährdungen** der Sicherheit und der Gesundheit der Beschäftigten zu beurteilen, wenn er festgestellt hat, dass die Beschäftigten Gefährdungen beim Einrichten und Betreiben von Arbeitsstätten ausgesetzt sind oder ausgesetzt sein können, d. h. wenn die Gefährdungen ermittelt wurden.

In Zusammenhang mit der Klarstellung, dass die Grundpflichten in § 3 Abs. 1 ArbSchG von konkreten **Gefährdungen** und nicht erst von konkreten Gefahren ausgehen (zu den Begriffen »Gefährdung« und »Gefahr« vgl. *Pieper*, ArbSchR, § 4 ArbSchG Rn. 2 f.), differenziert das *BAG* im Urteil vom 28. 3. 2017 – 1 ABR 25/15 – in Bezug auf die Mitbestimmung des Betriebsrates gem. § 87 Abs. 1 Nr. 7 BetrVG bei Generalklauseln (vgl. *Pieper*, ArbSchR, § 3 ArbSchG Rn. 5a):

- feststehende bzw. vorliegende Gefährdungen und
- festgestellte Gefährdungen, die sich aus der Beurteilung der Arbeitsbedingungen gem. § 5 ArbSchG und der Gefährdungsbeurteilung nach § 3 ArbStättV ergeben.

Regelmäßig sind auch feststehende bzw. vorliegende Gefährdungen das Ergebnis einer vorherigen Ermittlung und Bewertung im Rahmen einer entsprechenden Beurteilung (vgl. ebd.).

2e　Im Einzelnen kommen in Bezug auf Einrichten und Betreiben von Arbeitsstätten einschließlich Bildschirmarbeitsplätzen insbesondere die folgenden **möglichen Gefährdungen** in Betracht (vgl. Anhang ASR V3):

- **mechanische Gefährdungen**, z. B. Sturz- und Stolperstellen, Absturzstellen, bewegte Transportmittel/Arbeitsmittel, Quetsch- und Scherstellen, herabfallende Gegenstände, gefährliche Oberflächen,
- **elektrische Gefährdungen**, z. B. mangelhafte Installation und Instandhaltung,
- Gefährdungen durch **Gefahrstoffe**, z. B. Expositionen, die aus der Einrichtung der Arbeitsstätte resultieren (Fußböden, Gebäudeelemente, Tabakrauch, Luftraum, Einsatz bestimmter Löschmittel, wie CO_2),
- Gefährdungen durch **Biostoffe**, z. B. Schimmelpilz-Bildung in Arbeitsräumen und anderen Örtlichkeiten von Arbeitsstätten, Verkeimung von lüftungstechnischen Anlagen oder Klimaanlagen, Hygieneaspekte in Arbeits- oder Sanitärräumen, Legionellenbildung in Trinkwasseranlagen (Aerosolbildung),
- **Brand- und Explosionsgefährdungen**, z. B. leicht entflammbare Materialien in Verbindung mit einer wirksamen Zündquelle (offene Flammen, heiße Oberflächen usw.), Ansammlung brennbarer Rückstände (z. B. Fette, Stäube) in lüftungstechnischen Anlagen, Explosions-Druckentlastung in Arbeits- und Verkehrsbereichen,

- **thermische Gefährdungen**, z. B. berührbare heiße oder kalte Oberflächen, Notöffnungs- oder Überdruck-Entlastungs-Einrichtungen von Heiz- oder Kühlkreisläufen in Arbeits- und Verkehrsbereichen,
- Gefährdungen durch **spezielle physikalische Einwirkungen**, z. B. Lärm und Vibrationen an Arbeitsplätzen bei entsprechenden baulichen Gegebenheiten (z. B. Raumabmessungen, Beschaffenheit von Wänden, Böden, Decken und weiteren Oberflächen, Raumakustik, Übertragung von Körperschall und Vibrationen durch den Baukörper), natürliche optische Strahlung (Sonnenstrahlung) bei Arbeiten im Freien,
- Gefährdungen durch sonstige **Arbeitsumgebungsbedingungen**, z. B. in Form von Hitze (hohe Temperaturen am Arbeitsplatz), z. B. aufgrund direkter Sonneneinstrahlung, hoher Außentemperaturen, technologisch bedingter Wärmequellen; Kälte, z. B. bei Arbeiten in Kühlräumen oder in tiefkalten Arbeitsbereichen, bei Arbeiten im Freien; Klima, z. B. bei häufigem Tätigkeitswechsel oder starken Schwankungen der Raumtemperatur zwischen »warm« und »kalt«, durch Zugluft; Luftqualität, z. B. bei hoher Belegung von Arbeitsräumen oder bei Geruchsbelastung; Beleuchtung, z. B. aufgrund geringer Beleuchtungsstärke, starker Reflektion, Blendung, Lichtfarbe, Übergänge zwischen hellen und dunklen Bereichen, Schlagschatten, geringem Tageslichtanteil; Anordnung und Gestaltung der Arbeitsplätze sowie der Pausen-, Bereitschafts- und Sanitärräume, z. B. deren Zugänglichkeit und Größe, Beeinflussung durch benachbarte Arbeitsplätze und Bereiche.
- Gefährdungen in **Gefahr- und Notfällen**, z. B. durch mangelhafte Anordnung und Beschaffenheit von Sicherheitseinrichtungen, d. h. der Feuerlöscheinrichtungen, der Melde- und Alarmierungseinrichtungen, der Erste-Hilfe-Einrichtungen, der Sicherheits- und Gesundheitsschutzkennzeichnung sowie der Art und Anzahl der Fluchtmöglichkeiten, der Länge, Breite und Verlauf der Fluchtwege, der Beleuchtung und Kennzeichnung dieser Wege,
- Gefährdungen durch **physische Belastungen** bzw. die Arbeitsschwere durch eine mangelhafte Gestaltung der Arbeitsstätte, z. B. in Form von Zwangshaltungen, durch räumliche Enge, bei manueller Handhabung von Lasten bzw. bei Transporten von Lasten z. B. über Schwellen, Treppen und Rampen, mangelhafter Gestaltung von Arbeitsplätzen einschließlich Bildschirmarbeitsplätzen,
- Gefährdungen durch **psychische Belastungen** bedingt durch die Organisation der Arbeitsabläufe, der Arbeitszeitgestaltung und die Gestaltung der Arbeitsstätte, etwa durch extraaurale Lärmbelastung (z. B. Lärm oder Signale aus benachbarten Bereichen, tonhaltige Geräusche der Lüftung, Verkehrslärm, Infraschall), Klima (z. B. Zugluft, häufige Temperaturschwankungen), Vibrationen (z. B. aus benachbarten Arbeitsbereichen), Gerüche, schlechte Wahrnehmbarkeit von Signalen (z. B. in Leitwarten,

Leitstellen), mangelhafte Beleuchtung (Lichtfarbe, Flimmern) und Sicht-verbindung nach Außen, mangelhafte Gestaltung von Büroplätzen ein-schließlich Bildschirmarbeitsplätzen (z. B. in Großraumbüros, Call Centern), mangelhafte Gestaltung von Arbeitsplätzen für Bereitschaftsdienste (z. B. Aufenthaltsräume), Raum- oder Gebäudenutzungskonzepte, die den Arbeitsabläufen nicht angemessen sind, nicht den ergonomischen Grundsätzen entsprechende Softwaregestaltung, Leistungs- und Verhaltenskontrolle ohne Wissen der Beschäftigten,

- Gefährdungen durch **Gewalt**, insbesondere in Ämtern, Kliniken, Kreditinstituten, Spielhallen, Verkaufsstellen, Tankstellen usw.
- Gefährdungen durch **Tiere und Pflanzen**, z. B. in der Landwirtschaft, Pflanzenzucht, in Tierparks, Tier- und Pflanzenversuchslaboratorien, Schlachtbetrieben, Zirkusbetrieben, z. B. beißen, treten, quetschen, schlagen, stechen (bei Tieren) bzw. stechen, schneiden, sensibilisieren (bei Pflanzen).

Auf diese Gefährdungen beziehen sich teilweise die Regelungen insbesondere des Anhangs der ArbStättV 2016, verknüpft mit Maßnahmen des Arbeitsschutzes. Dies ergibt sich ansonsten aus den übergreifenden Bestimmungen u. a. des ArbSchG, des ArbZG sowie aus Regelungen in Verordnungen nach §§ 18, 19 ArbSchG (BetrSichV, LasthandhabV, PSA-BV, GefStoffV, BioStoffV, LärmVibrationsArbSchV usw.).

2f Zwischen den Gefährdungen bestehende **Wechselwirkungen**, z. B. zwischen Gefährdungen infolge physischer sowie psychischer Belastungen, sind in die Beurteilung einzubeziehen (vgl. Rn. 4b). Gem. Nr. 3.4 ASR V3 ist Wechselwirkung die gegenseitige Beeinflussung von Gefährdungen oder Maßnahmen, wodurch sich Ausmaß und Art der Gefährdung verändern können (zum Begriff in Bezug auf die Verwendung von Arbeitsmitteln vgl. *Pieper*, ArbSchR, § 3 BetrSichV Rn. 29). Die ggf. erforderlichen, speziellen Beurteilungen sind in der übergreifenden Beurteilung nach § 5 ArbSchG arbeitssystembezogen zusammenzuführen.

Im Zusammenhang mit dem Ausstatten der Arbeitsstätte mit Maschinen, Anlagen und anderen **Arbeitsmitteln** (vgl. § 2 Abs. 8 ArbStättV 2016; § 2 Rn. 8) fordert § 3 Abs. 2 Satz 1 BetrSichV 2015 (*Pieper*, ArbSchR, § 3 BetrSichV Rn. 13 ff.) dementsprechend die **arbeitssystembezogene Einbeziehung aller Gefährdungen**, die bei der **Verwendung von Arbeitsmitteln** ausgehen, und zwar von

- den Arbeitsmitteln selbst (einschließlich Bildschirmgeräten i. S. von § 2 Abs. 6 ArbStättV und einschließlich der Geräte nach § 1 Abs. 4),
- der Arbeitsumgebung (für Arbeitsstätten einschließlich Arbeitsräumen und Arbeitsplätzen wesentlich bestimmt durch die ArbStättV) und
- den Arbeitsgegenständen, an denen Tätigkeiten mit Arbeitsmitteln durchgeführt werden.

Bei der Gefährdungsbeurteilung ist in Bezug auf die Verwendung von Arbeitsmitteln gem. § 3 Abs. 2 Satz 2 BetrSichV (vgl. *Pieper*, ArbSchR, § 3 BetrSichV Rn. 24 ff.) insbesondere Folgendes zu berücksichtigen:

1. die **Gebrauchstauglichkeit** von Arbeitsmitteln einschließlich der ergonomischen, alters- und altersgerechten Gestaltung,

2. die sicherheitsrelevanten einschließlich der **ergonomischen Zusammenhänge** zwischen Arbeitsplatz, Arbeitsmittel, Arbeitsverfahren, Arbeitsorganisation, Arbeitsablauf, Arbeitszeit und Arbeitsaufgabe,

3. die **physischen und psychischen Belastungen** der Beschäftigten, die bei der Verwendung von Arbeitsmitteln auftreten.

In Bezug auf Nr. 1 dieser Regelung weist der *BRat* darauf hin, dass »Arbeitsstätten und auch Bildschirmarbeitsplätze heute schon auf älter werdende Belegschaften ausgerichtet und entsprechend vorbereitet werden (müssen). Arbeitsstätten müssen nicht nur behindertengerecht, sondern auch **altersgerecht** eingerichtet und betrieben werden.« (BR-Drs. 506/16 [B], S. 31).

5. Beurteilung von Bildschirmarbeitsplätzen und Telearbeitsplätzen

Bei der Gefährdungsbeurteilung an Bildschirm- und Telearbeitsplätzen (zu den Begriffsbestimmungen vgl. § 2 Rn. 4 ff.) hat der Arbeitgeber im Hinblick auf die Anforderungen in Anhang Nr. 6 ArbStättV, ggf. in standardisierter Form (vgl. Rn. 2a), **alle möglichen Gefährdungen** zu ermitteln (§ 3 Abs. 1 Satz 2; Rn. 2d) sowie gem. § 3 Abs. 1 Satz 3 ArbStättV 2016, **2g**

- insbesondere die **Belastungen der Augen oder die Gefährdung des Sehvermögens** (Halbsatz 2; Rn. 2i) und

- weitere **physische und psychische Belastungen** (Halbsatz 1; vgl. Rn. 2j; 2k; allg. Rn. 2c; *König u. a.*, 1995, 8 ff.)

zu berücksichtigen (vgl. RegE-ArtV, 29; zum Begriff »Gefährdung« vgl. *Pieper*, ArbSchR, § 4 ArbSchG Rn. 2f. sowie Nr. 3.2 ASR V3).

Dies gilt, unter Einbeziehung der Maßnahmen gem. Nr. 6.4 Anhang ArbStättV 2016, insbesondere auch für die ortveränderliche Verwendung von **tragbaren Bildschirmgeräten** (Smartphones, Notebooks, Tablet-PCs, Head Mounted Displays, z. B. Datenbrillen etc.) an Arbeitsplätzen i. S. der ArbStättV (vgl. Rn. 2h).

Hierbei festzulegende **Maßnahmen des Arbeitsschutzes** ergeben sich für Bildschirmarbeitsplätze allgemein aus den Vorschriften der ArbStättV einschließlich des Anhang und insbesondere aus Nr. 6 Anhang ArbStättV (vgl. Nr. 6 Anhang Rn. 1 ff.; zu den Beschränkungen der Anwendung der ArbStättV bei Telearbeitsplätzen vgl. Rn. 2h).

Gefährdungen, die sich bei der Tätigkeit an Bildschirm- und Telearbeitsplätzen ergeben können, sind im Rahmen der Beurteilungen **möglicher Gefährdungen** nach § 3 Abs. 1 Satz 2 ArbStättV 2016 (Rn. 2d) und, da Bildschirmgeräte Arbeitsmittel i. S. von § 2 Abs. 1 BetrSichV sind, nach § 3 BetrSichV 2015 (vgl. *Pieper*, ArbSchR, § 3 BetrSichV Rn. 1 ff.) zu ermitteln. Bei der Gefährdungsbeurteilung nach § 3 BetrSichV ist die **Verwendung von Geräten nach § 1 Abs. 4 ArbStättV** (vgl. § 1 Rn. 12d ff.) einzubeziehen.

Im Hinblick auf **Handlungshilfen** zur Gefährdungsbeurteilung kann verwiesen werden auf (vgl. auch Rn. 3b):

- für **Bildschirmarbeitsplätze**: Der vom Sachgebiet »Büro« des Fachbereichs »Verwaltung« der *DGUV* und der *BAuA* erarbeitete Leitfaden »Bildschirm- und Büroarbeitsplätze« (Stand 9/2015) stellt die derzeit (11/2018) aktuellste, allerdings noch auf die 2016 aufgehobene BildscharbV verweisende Handlungshilfe dar (DGUV Information 215–410, früher: BGI 650). Dazu kommt die DGUV Regel 115–401 »Branche Bürobetriebe« (Mai 2018). Weiterhin kann auf das rechnergestützte Beurteilungs- und Gestaltungsinstrument BiFra für Bildschirmarbeitsplätze hingewiesen werden, das auch mobile Telearbeit erfasst (*www.institut-aser.de/out.php?idart=262*). Bereits im März 1995, d. h. noch vor Inkrafttreten der Ende 2016 aufgehobenen und inhaltlich in die ArbStättV integrierten BildscharbV im Dezember 1996, lag der Grundentwurf der Verwaltungs-BG für eine UVV »Arbeit an Bildschirmgeräten« (VBG 104) vor, der nicht mehr verwirklicht wurde (abgedruckt bei *RPW*, S. 237 ff.). Mit der Erarbeitung einer ASR A6 wurde 2017 begonnen.

- Für Arbeitsplätze i. S. der ArbStättV, an denen **tragbare Bildschirmgeräte für die ortsveränderliche Verwendung** zur Verfügung gestellt werden: Sicherheitskurzgespräch SKG 25 der BGRCI »Sichere Nutzung von Handy & Co.« (1/2018; dort auch zu mobiler Telearbeit) sowie Informationen auf den Internetseiten des BAuA und des IFA der DGUV (zur Anwendung in der Produktion vgl. die Beiträge in ZArbWiss 4/2018).

- Für fest eingerichtete **stationäre Telearbeitsplätze**: Leitfaden der VBG »Telearbeit: Gesundheit, Gestaltung, Recht« (2018).

- Bei **mobiler Telearbeit**, die nicht vom Anwendungsbereich der ArbStättV, aber von den allgemeinen Vorgaben des ArbSchG sowie insbesondere der BetrSichV erfasst ist (vgl. § 1 Rn. 12c): Anhang 1 DGUV Information 215–410 sowie *www.igmetall.de/online-ratgeber-mobiles-arbeiten-5527.htm* und *www.dguv.de/ifa/fachinfos/mobile-it-arbeit/index.jsp; www.prentimo.de/*

2h Im Hinblick auf **Telearbeit** und **Tätigkeiten mit tragbaren Bildschirmgeräten** ist bei der Gefährdungsbeurteilung gem. § 3 zu unterscheiden:

- Bei dem Einrichten von fest eingerichteten, d. h. **stationären Telearbeitsplätzen** i. S. von § 2 Abs. 7 hat der Arbeitgeber gem. § 1 Abs. 3 Nr. 1 eine **erstmalige Beurteilung** der Arbeitsbedingungen und des Arbeitsplatzes durchzuführen. Erstmalig heißt, dass die Beurteilung im Rahmen des Einrichtens des Telearbeitsplatzes und der Zurverfügungstellung der erforderlichen Arbeitsmittel durchzuführen ist. Damit wird ein Eingriff in die grundrechtlich geschützte Privatsphäre der Beschäftigten minimiert (Art. 13 GG). Der Arbeitgeber hat daher laut *BRat* nur begrenzte Rechte und Möglichkeiten, die Arbeitsumgebung im Privatbereich der Beschäftigten zu beeinflussen (vgl. BR-Drs. 506/16 [B], S. 35). Deshalb ist gem. § 1 Abs. 3 der Anwendungsbereich der ArbStättV in Bezug auf Telearbeitsplätze, neben einer erstmaligen Beurteilung gem. § 3 sowie der Unterweisung gem. § 6, auf die Gestaltungsanforderungen für Bildschirmarbeitsplätze gem. Nr. 6 Anhang ArbStättV beschränkt. Dabei steht laut *BRat* die Einrichtung und Ausstattung des Bildschirmarbeitsplatzes mit Mobiliar, sonstigen Arbeitsmitteln und Kommunikationsgeräten im Vordergrund (vgl. Nr. 6 Anhang ArbStättV Rn. 1 ff.). Im Rahmen der erstmaligen Beurteilung i. S. von § 2 Abs. 7 hat der Arbeitgeber dementsprechend zu ermitteln, welche Maßnahmen des Arbeitsschutzes im Privatbereich der Beschäftigten durchzuführen sind. Auf der Basis der Beurteilung sind für diese Arbeitsplätze die Vorschriften in Nr. 6 Anhang ArbStättV anzuwenden, soweit der Arbeitsplatz von dem im Betrieb abweicht. Dies gilt, soweit die entsprechenden Anforderungen unter Beachtung der Eigenart von Telearbeitsplätzen auf diese anwendbar sind (vgl. § 1 Abs. 3 Satz 2 ArbStättV 2016; § 1 Rn. 12b; Nr. 6 Anhang ArbStättV Rn. 1 ff.).

- Beim **Einrichten von Arbeitsplätzen, an denen tragbare Bildschirmgeräte für die ortsveränderliche Verwendung** gem. Nr. 6.4 Anhang ArbStättV durch den Arbeitgeber zur Verfügung gestellt werden, ist die Gefährdungsbeurteilung nach Maßgabe der Regelungen in § 3 vollständig durchzuführen. Neben den technischen Anforderungen in Nr. 6.4 Abs. 1 bis 3 ist dabei insbesondere die Forderung in Abs. 4 einzubeziehen, nach der tragbare Bildschirmgeräte mit alternativen Eingabemitteln den Arbeitsaufgaben angemessen und mit dem Ziel einer optimalen Entlastung der Beschäftigten zu betreiben sind. Diese Regelung gilt auch für Telearbeitsplätze i. S. der ArbStättV (s. o.).

- Für tragbare Bildschirmgeräte, die **nicht** an Arbeitsplätzen i. S. von § 2 Abs. 4 bzw. 7 ortsveränderlich, sondern außerhalb von Arbeitsstätten verwendet werden (**mobile Telearbeit**; vgl. § 1 Rn. 12c), und die vom Anwendungsbereich der ArbStättV ausgenommen sind, empfiehlt der *ASTA*, dass die Anforderungen gemäß Nr. 6 Anhang ArbStättV sowie dem dabei zu berücksichtigenden Stand der Technik durch den Arbeitgeber, soweit anwendbar, bei der Gefährdungsbeurteilung auf die mobile Telearbeit übertragen werden können (vgl. *ASTA*-Empfehlung v. 7. 11. 2017, S. 1).

An Bildschirm- und Telearbeitsplätzen i. S. der ArbStättV wie auch bei mobiler Telearbeit (vgl. § 1 Rn. 12c) können sich **Gefährdungen des Sehvermögens** i. S. von § 3 Abs. 2 Halbsatz 2 (Rn. 2g) aus **Belastungen der Augen**, die **2i** negative Beanspruchungsfolgen auslösen, ergeben, wie z. B. alle mit den Augen zusammenhängenden, ansonsten aber unspezifischen (asthenopischen) Augenbeschwerden oder Veränderungen der Augenfunktionen, insbesondere der Akkomodationsfähigkeit, d. h. des »Einstellens« zwischen »nah« und »fern« (vgl. DGUV Information 215–410, S. 13 f.; *RPW*, S. 120, m. w. N.; *LASI*-BildscharbV, S. 6, 8 f.).

Diese Gefährdungen können aus unterschiedlichen Arbeitsbedingungen resultieren (vgl. *Keller*, S. 24), z. B.:

- allgemein ungünstige Arbeitsplatzgestaltung, die das Sehvermögen beeinträchtigt,
- Darstellungsqualität der Informationen auf dem Bildschirm (unter Einbeziehung der verwendeten Software),
- Darstellungsqualität von Vorlagen und anderen Arbeitsgegenständen, die am Bildschirmarbeitsplatz verwendet werden,
- ungünstige Lichtverhältnisse, z. B. aufgrund ungenügender wie natürlicher/künstlicher Beleuchtung und deren eventuelle Störfaktoren wie Blendung und Spiegelung,
- unzureichende Korrektur des Sehvermögens.

2j **Physische Belastungen bei Tätigkeiten an Bildschirm- und Telearbeitsplätzen** i. S. von § 3 Abs. 1 Satz 3 Halbsatz 1 sind, über die Belastung der Augen oder die Gefährdung des Sehvermögens hinaus (Rn. 2i), alle Belastungen, die zur Gefährdung der physischen Gesundheit i. S. von § 4 Nr. 1 ArbSchG führen können und sich auf das Muskel-Skelett-System (Verspannungen, Rückenschmerzen, Veränderungen der Sehnenansätze im Hand-Arm-Schulter-Bereich) oder das vegetative Nervensystem (Kopfschmerzen) bei der Bildschirmarbeit beziehen (z. B. durch repetitive Bewegungsabläufe und erzwungene Körperhaltung bzw. statische Haltearbeit; vgl. *RPW*, S. 121; *LASI*-BildscharbV, 6, 8; DGUV Information 215–410, S. 13 f.). Auch das RSI-Syndrom fällt darunter: RSI bedeutet »Repetitive Strain Injury« und ist ein Sammelbegriff für Beschwerden im Hand-Arm-Schulter-Bereich (*RPW*, S. 121, m. w. N.). Physische Gefährdungen können an Bildschirmarbeitsplätzen dann auftreten, wenn die Komponenten des Arbeitsplatzes (vgl. § 2 Rn. 5, 6 ff.) keine optimale Gestaltungskombination zulassen, um es dem Beschäftigten zu ermöglichen, ergonomisch günstige Körperhaltungen einzunehmen (vgl. *Keller*, S. 24). Dazu treten einseitige Belastungen, unzureichende Arbeitsmittel sowie eine unzureichende Arbeitsorganisation samt fehlenden Unterbrechungen von Tätigkeiten oder Erholungszeiten (vgl. DGUV Information 215–410, S. 12).

2k **Psychische Belastungen bei Tätigkeiten an Bildschirm- und Telearbeitsplätzen** i. S. von § 3 Abs. 1 Satz 3 Halbsatz 1 ArbStättV sind alle Belastungen, aus denen sich Gefährdungen für die psychische Gesundheit i. S. von § 4 Nr. 1 ArbSchG ergeben können. An Bildschirmarbeitsplätzen können sich aus Belastungen, die durch neue Arbeitsformen, Arbeitsinhalte/Arbeitsaufgaben, Arbeitsumgebung, soziale Beziehungen bei der Arbeit, Arbeitsorganisation sowie durch Arbeitsmittel bestimmt sein können (z. B. Personalmangel, hohe Verantwortung, mangelnde Unterstützung, eintönige Aufgaben, hohe Mobilität; fehlende Entlastung bei ortsveränderlichen Verwendung tragbarer Bildschirmgeräte am Arbeitsplatz i. S. der ArbStättV), die folgenden psychischen Gefährdungen ergeben: psychische Ermüdung, Monotonie, psychische Sättigung und (negativer) Stress (vgl. DGUV Information 215–410, S. 14 ff.). Weitere Belastungen, die eine Quelle psychischer Gefährdungen bei Tätigkeiten an Bildschirmarbeitsplätzen sein können, können aus Über- oder Unterforderung, zu späten oder unvollständigen Informationen, zu häufigen Unterbrechungen, zu geringem Handlungsspielraum oder fehlenden sozialen Kontakten resultieren. Auch Arbeitsumgebungsbedingungen, wie extraauraler und auraler Lärm oder unangemessene Beleuchtung in der unmittelbaren Arbeitsumgebung, können Quellen für psychische Gefährdungen darstellen.

6. Durchführung der Gefährdungsbeurteilung

Zur Durchführung der Gefährdungsbeurteilung in § 3 beschreibt die ASR **3** V3 eine **Vorgehensweise** (vgl. Nr. 1 ASR V3). In Nr. 5.1 bis 5.8 ASR V3 werden hierzu folgende Prozessschritte empfohlen: Vorbereitung (vgl. Rn. 3a ff.), Ermitteln von Gefährdungen, Beurteilen von Gefährdungen (vgl. Rn. 4 ff.), Festlegen von Maßnahmen, Umsetzen von Maßnahmen (vgl. Rn. 5 ff.), Überprüfen der Wirksamkeit der Maßnahmen (vgl. Rn. 7b ff.), Dokumentation (vgl. Rn. 9 ff.), Fortschreiben (vgl. Rn. 7d ff.).

a) Vorbereitung, Informationsbeschaffung

Um die Gefährdungsbeurteilung gem. § 3 ArbStättV 2016 durchführen zu **3a** können, muss sich der Arbeitgeber die erforderlichen Informationen beschaffen (vgl. in Bezug auf die Verwendung von Arbeitsmitteln § 3 Abs. 4 BetrSichV; *Pieper*, ArbSchR, § 3 BetrSichV Rn. 45 ff.). **Informationsbeschaffung** und Ermittlung von Gefährdungen bilden zusammengenommen die Basis für die Beurteilung und die darauf basierenden Maßnahmen und sind konzeptionell miteinander verknüpft. Alle erforderlichen Informationen sind angemessen zu berücksichtigen. Die Informationsbeschaffung bezieht sich auf **alle möglichen Gefährdungen**, denen Beschäftigte in Bezug auf Einrichten und Betreiben von Arbeitsstätten ausgesetzt sind oder ausgesetzt sein können (vgl. Rn. 2 ff.).

Der Arbeitgeber muss sicherstellen, dass der für die Festlegung von Maßnahmen zu beachtende Stand der Technik, Arbeitsmedizin und Hygiene sowie die Berücksichtigung sonstiger gesicherter arbeitswissenschaftlicher Er-

kenntnisse gem. § 3 Abs. 1 Satz 4 und 5 im Rahmen der Informationsbeschaffung ermittelt wird (vgl. Rn. 5 ff.).

Bei der Informationsbeschaffung können folgende **Quellen** herangezogen
werden (vgl. Nr. 5.2.1 Abs. 2 ASR V3):

- das Vorschriften- und Regelwerk zu Einrichten und Betreiben von Arbeitsstätten,
- Erfahrungswerte vergleichbarer Arbeitsplätze, branchenspezifische Ge-
  fährdungs- und Belastungskataloge, gesicherte arbeitswissenschaftliche
  Erkenntnisse,
- Baugenehmigungen, Unterlagen für Wartungs- und Instandhaltungsarbeiten, »Unterlage für spätere Arbeiten« gem. RAB 32/BaustellV, ggf. weitere Informationen durch Vermieter oder Verpächter (vgl. Nr. 1.1 Anhang
  ArbStättV Rn. 3),
- Herstellerinformationen in Bezug auf die Ausstattung der Arbeitsstätte
  i. S. von § 2 Abs. 5 Nr. 2 ArbStättV (z. B. Betriebs- oder Bedienungsanlei-
  tungen, Gebrauchsanweisungen),
- Verfahrens-, Arbeits- und Betriebsanweisungen,
- Ergebnisse von Betriebsbegehungen, Informationen des Arbeitsschutz-
  ausschusses gem. § 11 ASiG, dokumentierte Befragungsergebnisse, Prüf-
  dokumente, Messungen,
- Erkenntnisse aus der arbeitsmedizinischen Vorsorge gem. ArbMedVV,
- Aufzeichnungen über Unfälle bei der Arbeit, arbeitsbedingte Erkrankungen, Beinahe-Unfälle, Schadensfälle sowie über Betriebsstörungen und
  Schadensereignisse.

3b **Allgemeine und spezielle Handlungshilfen**, die sich insbesondere auf die
Beurteilung der Arbeitsbedingungen bei der Arbeit an **Bildschirm- und Telearbeitsplätzen** beziehen (vgl. allg. *www.ergo-online.de*), sind z. B.:

a) allgemein:
  - DGUV Information 215–410 »Bildschirm- und Büroarbeitsplätze –
    Leitfaden für die Gestaltung«
  - zur Büroarbeit: DGUV Regel 115–401 »Branche Bürobetriebe«;
  - *Hahn/Lorenz* (Hrsg.: BAuA), Die systematische Beurteilung von Bild-
    schirmarbeit. Eine Arbeitshilfe für die Fachkraft für Arbeitssicher-
    heit, 1997;
  - *Hahn* u. a. (Hrsg.: BAuA), Arbeitssystem Bildschirmarbeit, 1995;

b) speziell auch zur Beurteilung der Software-Ergonomie:
  - *Martin/Prümper/von Harten*, Ergonomie-Prüfer zur Beurteilung von
    Büro- und Bildschirmarbeitsplätzen, 2008,
  - *Rudlof*, Handbuch Software-Ergonomie, 2006

c) speziell zur Beurteilung physischer Belastungen:
  - DGUV Information 215–410 »Bildschirm- und Büroarbeitsplätze –
    Leitfaden für die Gestaltung«, S. 12 ff.

d) speziell zur Beurteilung psychischer Belastungen:

- DGUV Information 215–410 »Bildschirm- und Büroarbeitsplätze – Leitfaden für die Gestaltung«, S. 14;

b) Ermittlung und Beurteilung der Gefährdungen beim Einrichten und Betreiben

Die Gefährdungsbeurteilung gem. § 3 ist – **eingebunden in die übergrei-** **4** **fende Beurteilung der Arbeitsbedingungen gem. § 5 ArbSchG** und somit i. V. m. den Regelungen in sonstigen Rechtsvorschriften (z. B. § 3 BetrSichV, § 6 GefStoffV, § 10 MuSchG) – systematisch und fachkundig (vgl. Rn. 8) durchzuführen. Zur systematischen Durchführung der Gefährdungsbeurteilung gehört es, dass diese vor **Aufnahme der Tätigkeiten** der Beschäftigten durchgeführt wird und die darauf basierenden Maßnahmen festgelegt und dokumentiert sind (Nr. 4 Abs. 3 ASR V3; vgl. dementsprechend auch § 3 Abs. 1 Satz 1 BetrSichV; *Pieper*, ArbSchR, § 3 BetrSichV Rn. 3).

Je nach **Art der Tätigkeiten** ist die Gefährdungsbeurteilung bezogen auf Ar- **4a** beitsbereiche oder Tätigkeitsgruppen durchzuführen. Führen Beschäftigte übergreifende Arbeitsaufgaben in wechselnden Arbeitsbereichen oder temporäre Tätigkeiten aus, ist dies entsprechend einzubeziehen (z. B. im Rahmen des Facility Managements bzw. der Instandhaltung). Dies gilt auch bei der Zusammenarbeit mit **Beschäftigten anderer Arbeitgeber** am Arbeitsplatz (z. B. Baustellen, Arbeitsgemeinschaften) bzw. bei Tätigkeiten von Fremdfirmenbeschäftigten in der Arbeitsstätte (insbesondere Beschäftigte im Rahmen von Dienst- und Werkverträgen).

Bei **gleichartigen Arbeitsbedingungen** können Arbeitsplätze oder Tätigkeiten innerhalb einer Arbeitsstätte zusammengefasst betrachtet werden (vgl. § 5 Abs. 2 ArbSchG; *Pieper*, ArbSchR, § 5 ArbSchG Rn. 11 ff.).

Tätigkeiten **besonderer bzw. besonders schutzbedürftiger Personengruppen** sind gem. § 4 Nr. 6 ArbSchG zu berücksichtigen (vgl. Rn. 4d). Dies gilt auch mit Blick auf **Dritte**, d. h. sonstige in der Arbeitsstätte anwesende Personen (z. B. Besucher, Kunden).

Bei der Durchführung der Beurteilung hat der Arbeitgeber gem. § 3 Abs. 1 **4b** Satz 2 ArbStättV 2016 **alle möglichen Gefährdungen** (Rn. 2d ff.) des Lebens sowie der physischen und psychischen Gesundheit der Beschäftigten, die mit dem Einrichten (Rn. 4c f.) und dem Betreiben (Rn. 4e) der Arbeitsstätte einschließlich Bildschirm- und Telearbeitsplätzen verbunden sein können, unabhängig voneinander zu ermitteln und zu beurteilen.

Mögliche **Wechselwirkungen** der Gefährdungen untereinander sind zu berücksichtigen. Gem. Nr. 3.4 ASR V3 ist Wechselwirkung die gegenseitige Beeinflussung von Gefährdungen oder Maßnahmen, wodurch sich Ausmaß und Art der Gefährdung verändern können. In Bezug auf die Verwendung von Arbeitsmitteln ist Wechselwirkung das räumliche und zeitliche Zusammenwirken von Gefährdungen oder von Maßnahmen, die Ausmaß und

Art der Gefährdung verändern können (vgl. Nr. 2.1 TRBS 1151). Derartige Wechselwirkungen können sich aus dem Einrichten und Betreiben der Arbeitsstätte im Zusammenwirken mit Arbeitsmitteln, Arbeitsabläufen bzw. der Arbeitsorganisation (Rn. 2b) sowie den in Rn. 2a ff. nicht abschließend aufgeführten Gefährdungen ergeben. Damit verknüpft fordert, in Bezug auf die Verwendung von Arbeitsmitteln (vgl. § 2 Rn. 8) § 3 Abs. 2 Satz 2 Nr. 2 BetrSichV vom Arbeitgeber, die sicherheitsrelevanten einschließlich der ergonomischen Zusammenhänge zwischen Arbeitsplatz, Arbeitsmittel, Arbeitsverfahren, Arbeitsorganisation, Arbeitsablauf, Arbeitszeit und Arbeitsaufgabe zu berücksichtigen (vgl. *Pieper*, ArbSchR, § 3 BetrSichV Rn. 24 ff.).

4c Im Hinblick auf das **Einrichten** von Arbeitsstätten einschließlich Bildschirm- und Telearbeitsplätzen ist, mit Blick auf die Durchführung der Gefährdungsbeurteilung gem. § 3 ArbStättV 2016, die Integration des Arbeitsschutzes in die **Planung** von Arbeitsstätten von grundlegender Bedeutung (vgl. auch § 3 Abs. 2 ArbSchG; *Pieper*, ArbSchR, § 3 ArbSchG Rn. 6 ff.). Arbeitsstätten sind – mit der Ausnahme von Baustellen – regelmäßig für eine längerfristige Nutzung vorgesehen. Bei sicherheits- und gesundheitsschutzrelevanten, d. h. **wesentlichen Veränderungen** (vgl. § 2 Rn. 17) sind bereits im Planungsprozess von Neu- oder Umbauten, Erweiterungen etc. die Bedingungen der Nutzung der Arbeitsstätte und der dafür relevante Stand der Technik zu ermitteln und als Anforderung an die Arbeitsstätte festzuhalten (zur Anpassung der Gefährdungsbeurteilung vgl. Rn. 7d).

Die **Festlegung von Arbeitsplätzen** gem. § 2 Abs. 4 sowie von Bildschirm- und Telearbeitsplätzen gem. § 2 Abs. 5, 7 dient der Festlegung arbeitsplatzbezogener Maßnahmen zum Schutz der Beschäftigten (z. B. Zugänge zu den Arbeitsplätzen, Bewegungsflächen, Beleuchtungsanordnung, Ergonomie, elektr. Sicherheit). Im Rahmen der Beurteilung nach § 3 ist dementsprechend eine **vorausschauende Ermittlung** der in der Arbeitsstätte durchzuführenden Tätigkeiten mit den dabei ggf. entstehenden Gefährdungen notwendig.

4d Im Rahmen der Planung zum Einrichten der Arbeitsstätte sowie in Bezug auf das Betreiben ist die Nutzung durch unterschiedliche Beschäftigtengruppen zu berücksichtigen. Dabei ist **besonders schutzbedürftigen Beschäftigtengruppen** i. S. von § 4 Nr. 6 ArbSchG, unter Beachtung der Antidiskriminierungsgebote des AGG, Rechnung zu tragen (z. B. Beschäftigte i. S. des JArbSchG, werdende oder stillende Mütter i. S. des MuSchG, Leiharbeitnehmer, Beschäftigte ohne ausreichende Sprachkenntnisse, Menschen mit Behinderungen; vgl. *Pieper*, ArbSchR, § 4 ArbSchG Rn. 19 ff.).

Beschäftigt der Arbeitgeber **Menschen mit Behinderung** hat er für sie die Maßnahmen in Bezug auf eine behindertengerechte Gestaltung der Arbeitsstätte und insbesondere die Barrierefreiheit nach § 3a Abs. 2 ArbStättV 2015 zu ermitteln (vgl. § 3a Rn. 7 ff.).

Im Hinblick auf ein **alterns- und alternsgerechte Einrichten** der Arbeitsstätte einschließlich Bildschirm- und Telearbeitsplätze ist auf die arbeitssystembezogenen, die Arbeitsumgebung einbeziehenden Regelungen der BetrSichV zu verweisen (vgl. § 3 Abs. 2 Satz 1 BetrSichV; *Pieper*, ArbSchR, § 3
BetrSichV Rn. 33). Danach hat der Arbeitgeber bei der Gefährdungsbeurteilung in Bezug auf die Verwendung von Arbeitsmitteln gem. § 3 Abs. 2 Satz 2
Nr. 1 BetrSichV deren Gebrauchstauglichkeit einschließlich der ergonomischen, alters- und alternsgerechten Gestaltung zu berücksichtigen (vgl. *Pieper*, ArbSchR, § 3 BetrSichV Rn. 30 ff.). Diese Grundsätze sind in Bezug auf
Einrichten und Betreiben von Arbeitsstätten bei der Gefährdungsbeurteilung gem. § 3 ArbStättV einzubeziehen und in der allgemeinen Beurteilung
nach § 5 ArbSchG zusammenzuführen.

Im Sinne einer übergreifenden, auf die menschengerechte Gestaltung der
Arbeit zielenden Prävention, bildet das Konzept der **Inklusion** eine pro-
grammatische Klammer (vgl. § 3a Rn. 7; *Pieper*, ArbSchR, § 4 ArbSchG
Rn. 19h).

Beim **Betreiben** auftretender **Verschleiß** bzw. Funktionsverluste an der Ein- **4e**
richtung bzw. bei den getroffenen Maßnahmen des Arbeitsschutzes sind im
Rahmen der Beurteilung einzubeziehen (z. B. Beleuchtung, Lüftung, Son-
nenschutz, Kennzeichnung). Dementsprechend sind die Maßnahmen für einen sicheren Betrieb der Arbeitsstätte auf ihre Wirksamkeit zu überprüfen
und anzupassen (zu Instandhaltung und Prüfung vgl. § 2 Rn. 13, 11).

Neben dem ungestörten und planmäßigen Betreiben der Arbeitsstätte **müssen auch besondere Situationen** berücksichtigt werden (z. B. Betriebsstörungen, Brände, Wartungsarbeiten). Weiterhin sind auch Gefährdungen zu
ermitteln und zu beurteilen, mit denen nach dem Eintritt von Schadenser-
eignissen zu rechnen ist (z. B. bei der Gestaltung von Fluchtwegen und Notausgängen und der Konzeption von Flucht- und Rettungsplänen; vgl. hierzu
auch § 9 Abs. 2 und 3 ArbSchG).

Ziel der **Ermittlung** der Gefährdungen ist deren systematische Identifizie- **4f**
rung unter Einbeziehung möglicher Quellen (vgl. Rn. 2d). Das Ermitteln beinhaltet die Erfassung des Ist-Zustandes (z. B. durch Beobachten, Befragen,
Messen) sowie die anschließende Benennung und Beschreibung der Gefährdungen. Zur Ermittlung aller möglichen Gefährdungen beim Einrichten
und Betreiben von Arbeitsstätten sind systematisch alle festgelegten Arbeitsbereiche, Tätigkeiten, Personengruppen sowie bereichsübergreifende Arbeitsaufgaben bezüglich der unter Rn. 2 aufgeführten Gefährdungen und
deren Wechselwirkungen (Rn. 4b) einzubeziehen. Dabei werden keine bestimmten Anforderungen an das Ausmaß oder die Eintrittswahrscheinlich-
keit eines Schadens oder einer gesundheitlichen Beeinträchtigung gestellt.
Zur Ermittlung der Gefährdungen können z. B. folgende **Methoden** einzeln
oder kombiniert angewandt werden (vgl. Nr. 5.2.1 Abs. 3 ASR V3):

• Prüfung von Planungsunterlagen, Bauzeichnungen und -plänen,

- Abschätzen von Messgrößen an Hand von technischen Dokumentationen und Informationen (z. B. Maschinenkennzahlen, Emissionskennzahlen),
- Durchführung von Modellrechnungen, Simulationen, Profilvergleichsverfahren u. ä.,
- Erfassung der betrieblichen Gegebenheiten (z. B. Arbeitsorganisation, Arbeitsabläufe, Arbeitszeiten, Tätigkeiten, Arbeitsmittel, Arbeitsverfahren, Arbeitsstoffe und Arbeitsumfeld),
- Messungen zur Feststellung von räumlichen Gegebenheiten, Ermittlung von Konzentrationen, Temperaturen, Emissionen usw. oder
- Befragungen von Führungskräften, Beschäftigten, Arbeitsschutzakteuren.

4g Auf der Basis der Informationsbeschaffung (Rn. 3a) und der Ermittlung der Gefährdungen hinsichtlich des Einrichtens und Betreibens von Arbeitsstätten hat der Arbeitgeber die ermittelten Gefährdungen systematisch dahingehend zu **beurteilen**, welche Maßnahmen des Arbeitsschutzes festzulegen sind (vgl. Nr. 5.3 ASR V3). Für die Beurteilung der Gefährdung sind **Maßstäbe** notwendig, z. B. Maßzahlen oder Bewertungsniveaus (vgl. Nr. 5.3.1 ff. ASR V3). Die Ermittlung bzw. Festlegung von Bewertungsmaßstäben kann wie folgt durchgeführt werden (vgl. Rn. 4h, 4i):

- Einbeziehung von Vorgaben der ArbStättV und der diese konkretisierende ASR oder
- Anwendung anderer Beurteilungsverfahren mit Grenz-, Schwellen- oder Richtwerten, die dem Stand der Technik, Arbeitsmedizin und Hygiene sowie sonstigen gesicherten arbeitswissenschaftlichen Erkenntnissen entsprechen oder
- Anwendung qualitativer Maßstäbe, die dem Stand der Technik, Arbeitsmedizin und Hygiene sowie sonstigen gesicherten arbeitswissenschaftlichen Erkenntnissen entsprechen (z. B. branchenbezogene Informationen, Forschungsberichte, Verbandsinformationen, Normen) oder
- Entwicklung und betriebliche Vereinbarung eigenständiger, betrieblicher Beurteilungsmaßstäbe, wenn vorhergehende Maßstäbe nicht verfügbar sind.

4h Insbesondere bei der Entwicklung und Vereinbarung betrieblicher **Beurteilungsmaßstäbe**, aber auch zur Bewertung anderer Maßstäbe (vgl. Rn. 4i), sind folgende **Kriterien** zu beachten (vgl. auch Rn. 5 zur Festlegung von Maßnahmen):

- die Schadensschwere, die von gesundheitlichen Beeinträchtigungen bis zu tödlichen Folgen reichen kann; dabei sind sowohl physische als auch psychische Gefährdungen zu berücksichtigen;
- die Wahrscheinlichkeit des Eintritts eines Schadens, die insbesondere durch folgende Faktoren beeinflusst wird:
  – Dauer bzw. Häufigkeit der Exposition gegenüber der Gefährdung,
  – Gefährdungen durch die Arbeitsumgebung, die Arbeitsabläufe oder die Arbeitszeitgestaltung,

- mangelhafte oder fehlende Maßnahmen, Prüfungen, Kennzeichnungen, organisatorische Regelungen im Hinblick auf besondere Gefahren i. S. von § 9 ArbSchG oder technisches Versagen und Verschleiß,
- eine fehlende oder mangelhafte Befähigung oder Unterweisung der Beschäftigten gem. §§ 7 bzw. 12 ArbSchG.

Die **Durchführung der Beurteilung** erfolgt hinsichtlich des ermittelten Planungs- oder Ist-Zustands anhand der festgelegten Beurteilungsmaßstäbe (Rn. 4g, 4h). Dabei sind insbesondere einzubeziehen (vgl. schon Rn. 4): **4i**
- alle den Gefährdungen ausgesetzten Beschäftigten einschließlich besonderer bzw. besonders schutzbedürftige Gruppen,
- die Anwesenheit weiterer Personen in der Arbeitsstätte,
- alle Betriebsarten, d. h. neben dem Normalbetrieb insbesondere auch Umbau, Reinigung, Wartung und Instandhaltung der Arbeitsstätte,
- die Erkennbarkeit und Möglichkeit zur Vermeidbarkeit einer Gefährdung (Merkmale: unmittelbare oder nur mittelbare – z. B. durch Messinstrumente oder Warneinrichtungen – Wahrnehmbarkeit der Gefährdung, beaufsichtigter oder unbeaufsichtigter Betrieb, plötzliches oder allmähliches Auftreten der Gefährdung, technisch oder organisatorisch bedingte Einschränkungen, sich der Gefährdung entziehen zu können, z. B. Behinderung durch PSA, Zwangsverriegelung von Schutztüren),
- Wechselwirkungen hinsichtlich der Gefährdungen, die ggf. sowohl einzeln als auch arbeitssystembezogen zu beurteilen sind (vgl. Rn. 4b).

c) Festlegung und Durchführung von Maßnahmen

Entsprechend dem Ergebnis der Gefährdungsbeurteilung hat der Arbeitgeber gem. § 3 Abs. 1 Satz 4 ArbStättV 2016 die **Durchführung** der Maßnahmen des Arbeitsschutzes aufgrund der Vorschriften der ArbStättV einschließlich des Anhangs nach dem Stand der Technik, Arbeitsmedizin und Hygiene **festzulegen** (zu den Begriffen vgl. *Pieper*, ArbSchR, § 4 ArbSchG Rn. 7 ff. sowie § 2 Rn. 13). **5**

Die Ergebnisse der Beurteilung können hinsichtlich einer **Priorisierung** in Bezug auf die jeweilige Ausprägung der Gefährdungen (vgl. Rn. 2a und 4h; *Pieper*, ArbSchR, § 4 ArbSchG Rn. 5 ff.; zur Anwendung des TOP-Ansatzes vgl. § 4 Abs. 2 BetrSichV; *Pieper*, ArbSchR, § 4 BetrSichV Rn. 10) nach den folgenden Risikostufen strukturiert werden (vgl. auch Nr. 5.3.3 ASR V3):
1. Das Ergebnis der Beurteilung erfordert **unverzüglich Maßnahmen**: Es bestehen besondere bzw. unmittelbare erhebliche Gefahren i. S. von § 9 ArbSchG, z. B. Absturz an ungesicherten Absturzkanten, erhebliche Gebäudeschäden, Brand- und Explosionsgefahren: Es müssen unverzüglich geeignete Maßnahmen zur Gefahrenabwehr und ggf. Rettungsmaßnahmen ergriffen werden.

2. Das Ergebnis der Beurteilung erfordert **umgehend Maßnahmen**: Es bestehen Gefahren für Unfälle bei der Arbeit und für arbeitsdingte Erkrankungen. Es müssen umgehend geeignete Maßnahmen zur Beseitigung der Gefahren, d. h. zur Gefahrenbekämpfung an der Quelle i. S. von § 4 Nr. 2 ArbSchG ergriffen werden.

3. Das Ergebnis der Beurteilung erfordert **Maßnahmen in angemessener Zeit**: Es bestehen Gefährdungen z. B. durch nicht menschengerechte gestaltete Bildschirm- und Telearbeitsplätze oder Anordnung der Arbeitsplätze (zur menschengerechten Gestaltung vgl. § 2 Abs. 1 ArbSchG; *Pieper*, ArbSchR, § 2 ArbSchG Rn. 8 f.), durch mangelhafte Arbeitsbedingungen wie z. B. Lüftung, Raumtemperatur, Beleuchtung, Schalldruckpegel. Geeignete Maßnahmen zur Vermeidung bzw. Minimierung verbleibender Gefährdungen i. S. von § 4 Nr. 1 ArbSchG müssen festgelegt werden. Die Bestimmung der Angemessenheit des Zeitraums zur Festlegung und Durchführung von Maßnahmen richtet sich nach dem ermittelten Risiko für das Leben und die physische und psychische Gesundheit der Beschäftigten.

4. Das Ergebnis der Beurteilung erfordert **keine zusätzlichen Maßnahmen**: Die ermittelten Beurteilungsmaßstäbe (Rn. 4g, 4h) werden eingehalten.

Der den Beurteilungsmaßstab bestimmende Stand der Technik, der Arbeitsmedizin der Hygiene und die sonstigen gesicherten arbeitswissenschaftlichen Erkenntnisse sind im Rahmen dieser Priorisierung gem. § 3 Abs. 1 Satz 4 und 5 ArbStättV 2016 zu berücksichtigen (vgl. Rn. 6 f.). Eine Optimierung der Arbeitsstätte i. S. von § 2 Abs. 9 ArbStättV sowie die allgemeine Verbesserung von Sicherheit und Gesundheitsschutz i. S. von § 3 Abs. 1 ArbSchG sind anzustreben (vgl. Rn. 7c und § 2 Rn. 10).

6   Der den festzulegenden Maßnahmen vom Arbeitgeber gem. § 3 Abs. 1 Satz 3 ArbStättV **verbindlich zugrunde zu legende Stand der Technik, der Arbeitsmedizin und der Hygiene** dokumentiert sich insbesondere in **Technischen Regeln für Arbeitsstätten** (ASR), welche die Regelungen der ArbStättV 2016 konkretisieren und gem. § 7 Abs. 3 vom *ASTA* erarbeitet werden. Die ASR erleichtern nach Ansicht der *BReg* dem Arbeitgeber die Durchführung der Gefährdungsbeurteilung und die Festlegung der geeigneten Maßnahmen für die Gesundheit und Sicherheit der Beschäftigten im Betrieb. Wendet der Arbeitgeber die ASR an, kann er gem. § 3a Abs. 1 Satz 3 ArbStättV davon ausgehen, dass er in Bezug auf den Anwendungsbereich der ASR die Vorgaben der ArbStättV einhält (Vermutungswirkung). In Bezug auf die Dokumentation der Gefährdungsbeurteilung reicht dann in der Regel der Hinweis auf die Anwendung und Einhaltung der entsprechenden technischen Regeln aus. Eine Verpflichtung zur Anwendung der ASR sieht die ArbStättV jedoch nicht vor. Der Arbeitgeber kann eigenständig von den Vorgaben der ASR **abweichen** und die Schutzzielvorgaben der ArbStättV

einschließlich des Anhangs auch auf andere Weise erfüllen. In diesem Fall muss er die ermittelten Gefährdungen, denen die Beschäftigten ausgesetzt sind, auf andere Weise so beseitigen oder verringern, dass dabei das gleiche Schutzniveau wie in der ASR erreicht wird (»Stand der Technik«). Das Erreichen der Schutzziele der ArbStättV muss der Arbeitgeber auch in diesem Fall im Rahmen von § 3 Abs. 3 schriftlich dokumentieren (vgl. Rn. 9).

Insofern Regelungen der ArbStättV und dazu veröffentlichte ASR offen lassen, welche Maßnahmen ergriffen werden sollen, bestimmt diese der Arbeitgeber und löst damit die **Mitbestimmungsmöglichkeit** gem. § 87 Abs. 1 Nr. 7 BetrVG für den **Betriebsrat** aus (vgl. Einl. Rn. 8 ff.). Der Betriebsrat kann auch weitergehende Maßnahmen als die bereits vom Arbeitgeber ergriffenen verlangen; ob er sie in der Einigungsstelle durchsetzen kann, wenn die Anforderungen einer ASR bereits erfüllt sind, spielt für die Entscheidung keine Rolle. Ausgeschlossen wäre das Mitbestimmungsrecht nur dann, wenn es bereits eine mitbestimmte Regelung im Betrieb gäbe (vgl. *LAG Schleswig-Holstein* 1.10.2013 – 1 TaBV 33/13).

Sonstige gesicherte arbeitswissenschaftliche Erkenntnisse muss der Arbeitgeber auch im Hinblick auf Einrichtung und Betreiben von Arbeitsstätten **berücksichtigen** (§ 3 Abs. 1 Satz 4 ArbStättV 2004/2010; vgl. *Pieper*, ArbSchR, § 4 ArbSchG Rn. 12 ff.).   **7**

Zu den **Aufgaben des ASTA** gehört es gem. § 7 Abs. 1 Nr. 1 ArbStättV, dem Stand der Technik, Arbeitsmedizin und Hygiene entsprechende Regeln und sonstige gesicherte wissenschaftliche Erkenntnisse für die Sicherheit und Gesundheit der Beschäftigten in Arbeitsstätten zu ermitteln.

Bei der Festlegung von Maßnahmen sind insbesondere die folgenden **Grundsätze** zu beachten (vgl. im Übrigen die allgemeinen Grundsätze gem. § 4 ArbSchG, *Pieper, ArbSchR*, § 4 ArbSchG Rn. 1 ff.):   **7a**

- Die durch die Beurteilung der Gefährdungen gewonnenen Erkenntnisse sind bei der Festlegung der erforderlichen Maßnahmen zu beachten, geeignete Anweisungen sind gem. § 4 Nr. 7 ArbSchG zu erteilen.

- Die Maßnahmen müssen geeignet sein, um die ermittelten Gefahren an der Quelle zu bekämpfen, die besonderen und mittelbaren erheblichen Gefahren unverzüglich zu vermeiden und Gefährdungen zu vermeiden bzw. verbleibende Gefährdungen so weit wie möglich zu reduzieren, um Leben und physische und psychische Gesundheit der Beschäftigten zu schützen, (vgl. § 4 Nr. 1, 2, § 9 ArbSchG; vgl. Rn. 5).

- Die Unterweisung der Beschäftigten hinsichtlich der Durchführung der Maßnahmen und der ggf. verbleibenden Gefährdungen ist integraler Bestandteil der jeweiligen Maßnahme (vgl. § 6 ArbStättV i.V.mit § 12 ArbSchG).

- Bei der Festlegung der Maßnahmen sind die Zusammenhänge bzw. die Wechselwirkungen zwischen Arbeitsstätte, Arbeitsplatz, Arbeitsmittel, Arbeitsorganisation, Arbeitsaufgabe zu beachten (vgl. Rn. 4b).

d) Wirksamkeitsüberprüfung und Anpassung von Maßnahmen, kontinuierliche Verbesserung

7b   Gem. § 3 Abs. 1 ArbSchG muss der Arbeitgeber die von ihm im Hinblick auf Einrichten und Betrieb der Arbeitsstätten festgelegten Maßnahmen des Arbeitsschutzes auf ihre **Wirksamkeit** überprüfen (vgl. auch § 4 Abs. 5 BetrSichV im Hinblick auf die Verwendung von Arbeitsmitteln; *Pieper*, ArbSchR, § 4 BetrSichV Rn. 15 ff.). Im Rahmen dieser Überprüfung ist festzustellen, ob die Maßnahmen vollständig umgesetzt wurden und Gefährdungen beseitigt bzw. verbleibende Gefährdungen, soweit wie nach dem Stand der Technik, der Arbeitsmedizin und Hygiene sowie der sonstigen gesicherten arbeitswissenschaftlichen Erkenntnisse möglich, minimiert worden sind. Die Überprüfung der Wirksamkeit der Maßnahmen nach ArbStättV kann z. B. durch Methoden der Beobachtung, Messung oder Befragung erfolgen.

7c   Die im Rahmen der Gefährdungsbeurteilung nach § 3 Abs. 1 ArbStättV ermittelten **Maßnahmen** sind entsprechend dem Ergebnis der Wirksamkeitsüberprüfung (vgl. Rn. 7b) sowie der Entwicklung des betrieblichen Arbeitsschutzes und neuen bzw. geänderten Erkenntnissen **anzupassen** (zur Anpassung der Gefährdungsbeurteilung vgl. Rn. 7d). Gem. § 2 Abs. 9 ArbStättV hat der Arbeitgeber das **Betreiben** von Arbeitsstätten zu **optimieren** (vgl. § 2 Rn. 10). Die sicherheits- und gesundheitsgerechte Arbeitsgestaltung und -organisation einschließlich der Arbeitsabläufe in Arbeitsstätten sind dabei einzubeziehen, auch vor dem Hintergrund des Hinweises in § 5 Abs. 3 Nr. 4 ArbSchG auf mögliche Gefährdungen aufgrund der Gestaltung von Arbeits- und Fertigungsverfahren, Arbeitsabläufen, Arbeitszeit und deren Zusammenwirken (vgl. BR-Drs. 509/14, S. 25 f., BR-Drs. 506/16 [B], S. 40), die im Rahmen der Beurteilung der Arbeitsbedingungen gem. § 5 ArbSchG und im Hinblick auf festzulegende Maßnahmen des Arbeitsschutzes zu ermitteln und zu bewerten sind. Dementsprechend wurde die in der ArbStättV 2010 auf die Benutzung und das Instandhalten begrenzte Definition des »Betreibens« der Arbeitsstätte 2016 ergänzt (vgl. § 2 Rn. 10a). Es gilt die Bestimmung des § 3 Abs. 1 ArbSchG, wonach der Arbeitgeber eine **kontinuierliche Verbesserung** von Sicherheit und Gesundheitsschutz der Beschäftigten anzustreben hat (vgl. *Pieper*, ArbSchR, § 3 ArbSchG Rn. 5).

e) Anpassung der Gefährdungsbeurteilung

7d   Die Gefährdungsbeurteilung nach § 3 ArbStättV ist zu **wiederholen**, wenn sich das Einrichten und Betreiben der Arbeitsstätte gegenüber der letzten Beurteilung wesentlich verändern (vgl. § 2 Rn. 17). Gem. Nr. 4 Abs. 4 ASR V3 ist im Übrigen eine Überprüfung und ggf. Aktualisierung in folgenden Fällen erforderlich:

- bei wesentlichen Veränderungen in der Arbeitsstätte, z. B.:
  - Umgestaltung der bestehenden Arbeitsstätte,
  - Festlegung von Arbeitsplätzen,
  - Änderung von Arbeitsverfahren,
  - Änderung der Arbeitsabläufe und der Arbeitsorganisation,
  - im Zusammenhang mit dem Einsatz anderer Arbeitsmittel oder Arbeitsstoffe,
  - im Zusammenhang mit der Änderung oder Beschaffung von Maschinen, Geräten und Einrichtungen,
  - im Zusammenhang mit Instandhaltung,
- bei der Änderung von relevanten Rechtsvorschriften oder von Technischen Regeln,
- bei neuen arbeitswissenschaftlichen Erkenntnissen bzw. Veränderungen des Standes der Technik, Arbeitsmedizin und Hygiene,
- nach dem Erkennen von kritischen Situationen (z. B. Beinahe-Unfällen, Fehlzeiten infolge arbeitsbedingter Gesundheitsbeeinträchtigungen sowie Erkenntnissen aus der arbeitsmedizinischen Vorsorge),
- nach Bekanntwerden einer Behinderung bei Beschäftigten oder
- nach Arbeitsunfällen und Berufskrankheiten.

7. Fachkunde

Die Forderung nach einer fachkundigen Durchführung der Gefährdungsbe- **8** urteilung sind in § 3 Abs. 2 ArbStättV 2016 verankert. Der Begriff »**Fachkunde**« selbst ist in § 2 Abs. 12 definiert. Demnach ist fachkundig, wer über die zur Ausübung einer in der ArbStättV bestimmten Aufgabe erforderlichen Fachkenntnisse verfügt. Die Anforderungen an die Fachkunde sind abhängig von der jeweiligen Art der Aufgabe. Zu den Anforderungen zählen eine entsprechende Berufsausbildung, Berufserfahrung oder eine zeitnah ausgeübte entsprechende berufliche Tätigkeit. Die Fachkenntnisse sind durch Teilnahme an Schulungen auf aktuellem Stand zu halten. Bei Erfüllung dieser Kriterien können z. B. Fachkräfte für Arbeitssicherheit und Betriebsärzte die Fachkunde für sich in Anspruch nehmen (vgl. BR-Drs. 506/16, S. 41). Die Unterstützung des Arbeitgebers bei der Durchführung der Beurteilung der Arbeitsbedingungen gehört gem. § 3 Abs. 1 Nr. 1 Buchst. g bzw. § 6 Nr. 1 Buchst. e ASiG zu deren Aufgaben (vgl. *Pieper*, ArbSchR, ASiG Rn. 68).

8. Dokumentation

Die Dokumentation der Gefährdungsbeurteilung gem. § 3 Abs. 3 ArbStättV **9** 2016 ist Bestandteil der übergreifenden Dokumentation der Beurteilung der Arbeitsbedingungen (§ 5 ArbSchG) und der hieraus resultierenden Gefährdungsbeurteilung nach § 6 ArbSchG. Gem. § 3 Abs. 3 Satz 2 ArbStättV 2016 ist in der Dokumentation der Gefährdungsbeurteilung anzugeben, welche Gefährdungen am Arbeitsplatz (zum Begriff vgl. § 2 Rn. 3 ff.) auftreten können und welche Maßnahmen nach § 3 Abs. 1 Satz 3 durchgeführt werden müssen. Sie muss dementsprechend die Ermittlung und Beurteilung der Gefährdungen, die Festlegung der erforderlichen Maßnahmen, deren Wirksamkeitsüberprüfung und ggf. ihre Anpassung/Änderung aufzeichnen.

10 Wie die Gefährdungsbeurteilung selbst (Rn. 4) ist auch die Dokumentation der Beurteilung **vor Aufnahme der Tätigkeit** von Beschäftigten durchzuführen (vgl. § 3 Abs. 3 Satz 1 ArbStättV 2016; vgl. Nr. 4 Abs. 3 ASR V3) und entsprechend der Entwicklung der Gefährdungen in Bezug auf Einrichtung und Betrieb der Arbeitsstätte fortzuschreiben. Die Dokumentation erfolgt schriftlich und kann in Papier- oder elektronischer Form vorliegen. Sie dient auch als Nachweis gegenüber den prüfenden staatlichen Behörden und den Unfallversicherungsträgern.

Werden **standardisierte Hilfen** zur Dokumentation der Gefährdungsbeurteilung verwendet, so sind diese hinsichtlich der spezifischen Bedingungen des Betriebs ggf. anzupassen. Insbesondere ist sicherzustellen, dass alle Arbeitsbereiche und Tätigkeiten sowie besondere Betriebszustände, z. B. in Zusammenhang mit Instandhaltungsmaßnahmen, erfasst werden.

Die Anforderungen an den **Umfang** der Dokumentation richten sich insbesondere nach Betriebsgröße, Betriebsstruktur oder Art und Ausmaß der Gefährdungen in Bezug auf Einrichtung und Betrieb der Arbeitsstätte. Mindestens muss die Dokumentation Angaben zu folgenden Aspekten umfassen:

- die Bezeichnung von Arbeitsplätzen, Bildschirmarbeitsplätzen, Telearbeitsplätzen, Arbeitsbereichen und Tätigkeiten sowie ggf. zusammengefassten gleichartigen Arbeitsplätzen oder Tätigkeiten,
- die ermittelten und beurteilten Gefährdungen,
- die entsprechenden Maßnahmen,
- das Ergebnis der Wirksamkeitsüberprüfung,
- ggf. die erforderlichen Maßnahmen zur Anpassung der Maßnahmen.

Bei Arbeitsstätten größerer Betriebe, komplexeren Betriebsstruktur und erhöhtem Gefährdungspotential, muss die Dokumentation zusätzliche Angaben beinhalten (zusätzliche Planungsunterlagen, ergänzende Beurteilungsmaßstäbe, besondere Maßnahmen).

Aus der Dokumentation und den ggf. dazu kommenden Unterlagen (z. B. Organigramme, Arbeitsplatz- oder Tätigkeitsbeschreibungen, Pflichtenübertragung) müssen die Verantwortlichkeiten für die Durchführung der Gefährdungsbeurteilung und die Wirksamkeitsüberprüfung sowie das Datum der Erstellung bzw. der Aktualisierung hervorgehen.

11 Die Dokumentation dient der **systematischen Unterstützung** der Planung und Durchführung der im Hinblick auf die Einrichten und Betreiben von Arbeitsstätten erforderlichen Maßnahmen. Maßnahmen, Verantwortliche

und Abläufe im Hinblick auf die Durchführung des betrieblichen Arbeitsschutzes sind in ihr nachvollziehbar festzuhalten. Dies unterstützt eine ef-
fektive und effiziente Aufgabenerfüllung der betrieblichen Arbeitsschutzakteure bzw. -verantwortlichen (Arbeitgeber und neben dem Arbeitgeber verantwortliche Personen, Betriebs- bzw. Personalräte, Fachkräfte für Arbeitssicherheit, Betriebsärzte, Sicherheitsbeauftragte, sonstige betriebliche Beauftragte) sowie deren Zusammenarbeit im Arbeitsschutzausschuss gem.
§ 11 ASiG.

Der Arbeitgeber hat sicherzustellen, dass alle betrieblichen Akteure im Arbeitsschutz (insbesondere Führungskräfte, Betriebs- oder Personalrat, Fachkräfte für Arbeitssicherheit, Betriebsärzte, Sicherheitsbeauftragte) auf die
Dokumentation zugreifen können, soweit es zur Erfüllung ihrer gesetzlichen
Aufgaben erforderlich ist.

Anhand der Dokumentation der Gefährdungsbeurteilung sind den Beschäftigten ausreichende und angemessene Informationen zu den festgelegten
Maßnahmen in einer für die Beschäftigten verständlichen Form und Sprache zur Verfügung zu stellen. Die Dokumentation stellt eine wichtige
Grundlage für die Durchführung der Unterweisung nach § 6 ArbStättV 2016
dar.

§ 3a   Einrichten und Betreiben von Arbeitsstätten

**(1) Der Arbeitgeber hat dafür zu sorgen, dass Arbeitsstätten so eingerich-
tet und betrieben werden, dass Gefährdungen für die Sicherheit und die
Gesundheit der Beschäftigten möglichst vermieden und verbleibende Gefährdungen möglichst gering gehalten werden. Beim Einrichten und Betreiben der Arbeitsstätten hat der Arbeitgeber die Maßnahmen nach § 3
Absatz 1 durchzuführen und dabei den Stand der Technik, Arbeitsmedizin und Hygiene, die ergonomischen Anforderungen sowie insbesondere
die vom Bundesministerium für Arbeit und Soziales nach § 7 Absatz 4 bekannt gemachten Regeln und Erkenntnisse zu berücksichtigen. Bei Einhaltung der bekannt gemachten Regeln ist davon auszugehen, dass die in
dieser Verordnung gestellten Anforderungen. diesbezüglich erfüllt sind.
Wendet der Arbeitgeber diese Regeln nicht an, so muss er durch andere
Maßnahmen die gleiche Sicherheit und den gleichen Schutz der Gesundheit der Beschäftigten erreichen.**

**(2) Beschäftigt der Arbeitgeber Menschen mit Behinderungen, hat er die
Arbeitsstätte so einzurichten und zu betreiben, dass die besonderen Belange dieser Beschäftigten im Hinblick auf die Sicherheit und den Schutz
der Gesundheit berücksichtigt werden. Dies gilt insbesondere für die barrierefreie Gestaltung von Arbeitsplätzen, Sanitär-, Pausen- und Bereit-
schaftsraumen, Kantinen, Erste-Hilfe-Räumen und Unterkünften sowie
den zugehörigen Türen, Verkehrswegen, Fluchtwegen, Notausgängen,**

Treppen und Orientierungssystemen, die von den Beschäftigten mit Behinderungen benutzt werden.

(3) Die zuständige Behörde kann auf schriftlichen Antrag des Arbeitgebers Ausnahmen von den Vorschriften dieser Verordnung einschließlich ihres Anhangs zulassen, wenn

1. der Arbeitgeber andere, ebenso wirksame Maßnahmen trifft oder

2. die Durchführung der Vorschrift im Einzelfall zu einer unverhältnismäßigen Härte führen würde und die Abweichung mit dem Schutz der Beschäftigten vereinbar ist.

Der Antrag des Arbeitgebers kann in Papierform oder elektronisch übermittelt werden. Bei der Beurteilung sind die Belange der kleineren Betriebe besonders zu berücksichtigen.

(4) Anforderungen in anderen Rechtsvorschriften, insbesondere im Bauordnungsrecht der Länder, gelten vorrangig, soweit sie über die Anforderungen dieser Verordnung hinausgehen.

1. Allgemeines, Regeln

1   Ausgehend von der Zielsetzung des ArbStättV (vgl. § 1 Rn. 1) sind in § 3a Abs. 1 ArbStättV 2016, i. S. einer Generalklausel, **allgemeine Anforderungen** an Arbeitsstätten festgelegt worden, die durch die speziellen Anforderungen der Verordnung weiter konkretisiert werden. § 3a Abs. 1 ArbStättV 2016 enthält die grundlegende, an den Arbeitgeber gerichtete Verpflichtung, Sicherheit und Gesundheit der Beschäftigten beim Einrichten und Betreiben von Arbeitsstätten zu gewährleisten. Die Verordnung einschließlich ihres Anhangs enthält dazu die konkretisierenden Anforderungen.

Sofern vom *Ausschuss für Arbeitsstätten* (ASTA) Regeln für Arbeitsstätten durch das *BMAS* bekannt gegeben worden sind (vgl. § 7 Rn. 7ff.), konkretisieren diese die in der ArbStättV genannten Schutzziele. Die **Einhaltung des Regelwerkes** gem. § 3a Abs. 1 Satz 2 ArbStättV 2016 bewirkt die Vermutung zugunsten des Rechtsanwenders, dass die in der Verordnung diesbezüglich gestellten Anforderungen erfüllt sind (vgl. Rn. 4).

Ausgangspunkt für die genauere Bestimmung der Verpflichtung nach § 3a Abs. 1 ArbStättV 2016 ist die **Gefährdungsbeurteilung** nach § 3, eingebunden in die Beurteilung der Arbeitsbedingungen nach § 5 ArbSchG.

Maßnahmen, d. h. Maßnahmen des Arbeitsschutzes i. S. von § 2 Abs. 1 ArbSchG, gemäß den Vorschriften der ArbStättV einschließlich ihres Anhangs hat der Arbeitgeber nach dem Stand der Technik, Arbeitsmedizin und Hygiene festzulegen. Sonstige gesicherte arbeitswissenschaftliche Erkenntnisse sind zu berücksichtigen (vgl. § 3 Rn. 4e, 5). Dabei muss der Arbeitgeber physische und psychische Belastungen übergreifend (vgl. § 3 Rn. 2c) sowie bei Bildschirm- und Telearbeitsplätzen (vgl. § 3 Rn. 2j, 2k) berücksichtigen. Ebenso müssen gem. § 3 Abs. 2 Satz 2 Halbsatz 2 ArbStättV 2016 die Auswirkungen der Organisation und Gestaltung der Arbeit und der Arbeitsabläufe in der Arbeitsstätte berücksichtigt werden (§ 2 Rn. 10a; § 3 Rn. 2b). Das Betreiben der Arbeitsstätte ist zu optimieren, d. h. die Maßnahmen des Arbeitsschutzes sind kontinuierlich zu verbessern (vgl. § 2 Rn. 10, § 3 Rn. 7c).

Allgemein ist der Arbeitgeber verpflichtet, dafür zu sorgen, dass Arbeitsstätten so eingerichtet und betrieben werden, dass gem. § 3a Abs. 1 Satz 1 ArbStättV 2016 **Gefährdungen** für die Sicherheit und Gesundheit der Beschäftigten **möglichst vermieden und verbleibende Gefährdungen möglichst gering gehalten werden** (zur Ermittlung der Gefährdungen im Rahmen der Beurteilung nach § 3 vgl. Rn. 1). **2**

Um dieses Ziel zu erreichen, hat der Arbeitgeber gem. § 3a Abs. 1 Satz 2 ArbStättV 2016 die **Maßnahmen nach § 3 Abs. 1 ArbStättV 2016** durchzuführen. Dies sind Maßnahmen zum Schutz der Beschäftigten gemäß den Vorschriften der ArbStättV einschließlich des Anhangs, die nach dem Stand der Technik, Arbeitsmedizin und Hygiene festzulegen und bei denen gesicherte arbeitswissenschaftliche Erkenntnisse zu berücksichtigen sind (§ 3 Abs. 1 Satz 4 und 5 ArbStättV 2016; vgl. § 3 Rn. 1 ff.).

Hierbei geht es um eine ergonomische Gestaltung von Arbeitsplätzen zum Schutz der Gesundheit der Beschäftigten. Dieses Ziel geht laut *BRat* über die Anordnung der einzelnen Arbeitsmittel (Bewegungsfreiheit am Arbeitsplatz, Türmaße, Gangbreiten, Geländerhöhen, Fluchtwegbreiten, Anordnung der Schreibtische, Bildschirmgeräte, Maschinen etc.) hinaus und bezieht sich auf die **gesamte Gestaltung** der Arbeitsumgebung, des Arbeitsplatzes und des Arbeitsraumes in Arbeitsstätten. Die geeignete Beleuchtung, das gesundheitsgerechte Raumklima und die geeignete Arbeitsorganisation spielen ebenso eine bedeutende Rolle. Die Arbeitsplatzergonomie ist ein wichtiger Teilaspekt des betrieblichen Gesundheitsschutzes (vgl. BR-Drs. 506/16 [B], S. 42).

Die Vorschriften der ArbStättV enthalten seit der Novellierung 2004, im Unterschied zur ArbStättV 1976/1996, Rahmenvorschriften, in denen nur das **Schutzziel** vorgegeben ist und die durch Regeln (ASR) und sonstige gesicherte arbeitswissenschaftliche Erkenntnisse ggf. konkretisiert werden (Rn. 4). **2a**

Diese Flexibilisierung des rechtlichen Rahmens ist auch für die **Mitbestimmung** des Betriebs- bzw. Personalrats nach § 87 Abs. 1 Nr. 7 BetrVG bzw. § 75 Abs. 3 Nr. 11 u. 16 BPersVG entscheidend (vgl. Einl. Rn. 8 ff.). Durch Betriebs- bzw. Personalrat mitbestimmbar sind danach diejenigen Anforderungen, die einen Regelungsspielraum für den Arbeitgeber eröffnen (vgl. *Pieper*, ArbSchR, BetrVG Rn. 14 ff.; BPersVG Rn. 8 ff.).

3   Der Arbeitgeber ist, über die Anforderungen der ArbStättV samt ihres Anhangs hinaus, verpflichtet, Arbeitsstätten nach den **sonstigen Rechtsvorschriften** einzurichten und zu betreiben (vgl. § 1 Abs. 3 ArbSchG; dies ist unmittelbar aus dem Grundsatz in § 3a Abs. 4 ArbStättV 2010 abzuleiten, nach dem Anforderungen in anderen Rechtsvorschriften, insbesondere im Bauordnungsrecht der Länder, vorrangig gelten, soweit sie über die Anforderungen der ArbStättV 2016 hinausgehen; vgl. Rn. 30 ff.). Weitere Anforderungen an Einrichten und Betreiben von Arbeitsstätten können sich dementsprechend aus staatlichen Vorschriften, z. B. Vorschriften des sozialen Arbeitsschutzes, aber auch aus Gesetzen oder Verordnungen zum Umwelt- und Verbraucherschutz ergeben (vgl. *Opfermann/Streit*, 2004, § 3 Rn. 140 ff.).

Verdeutlicht werden können die damit verbundenen, **übergreifenden Gestaltungsprinzipien** wie folgt:

- auf allgemeiner Ebene anhand des Grundsatzes in § 4 Nr. 4 ArbSchG, wonach Maßnahmen des Arbeitsschutzes mit dem Ziel zu planen sind, Technik, Arbeitsorganisation, sonstige Arbeitsbedingungen, soziale Beziehungen und Einfluss der Umwelt auf den Arbeitsplatz sachgerecht zu verknüpfen (vgl. *Pieper*, ArbSchR, § 4 ArbSchG Rn. 17 ff.);
- auf spezieller Ebene ist insbesondere § 3 Abs. 2 Nr. 1–3 BetrSichV 2015 einschlägig. Danach bezieht sich die Beurteilung der Arbeitsbedingungen bei der Verwendung von Arbeitsmitteln auf das Arbeitsmittel selbst, die Arbeitsumgebung sowie auf die Arbeitsgegenstände, an denen Tätigkeiten mit Arbeitsmitteln durchgeführt werden (vgl. *Pieper*, ArbSchR, § 3 BetrSichV 2015 Rn. 24 ff.).

4   Der Arbeitgeber hat bei den erforderlichen Maßnahmen den **Stand der Technik** (§ 2 Abs. 11 ArbStättV; § 2 Rn. 9e), **Arbeitsmedizin und Hygiene sowie sonstige gesicherte arbeitswissenschaftliche Erkenntnisse** zu berücksichtigen (vgl. § 4 Nr. 3 ArbSchG; *Pieper*, ArbSchR, § 4 ArbSchG Rn. 7 ff.).

Dieser allgemeine Grundsatz zur Berücksichtigung des Regelwerks wird arbeitsstättenspezifisch in § 3a Abs. 1 Satz 2 ArbStättV 2016 so konkretisiert, dass der Arbeitgeber die vom *BMAS* nach § 7 Abs. 4 bekannt gemachten Technischen **Regeln für Arbeitsstätten** (ASR) zu berücksichtigen hat. Diese vom Ausschuss für Arbeitsstätten (*ASTA*) erarbeiteten Regeln konkretisieren beispielhaft die in der ArbStättV genannten Schutzziele auf der Grundlage gesicherter arbeitswissenschaftlicher Erkenntnisse (vgl. § 7 Rn. 7). Je nach Bearbeitungsstand müssen diese Regeln aber nicht zwingend der Stand der Technik und wissenschaftlichen Erkenntnisse gem. § 4 Nr. 3 ArbSchG wiedergeben.

Hält der Arbeitgeber beim Einrichten und Betreiben einer Arbeitsstätte die   **5** ASR gem. § 3a Abs. 1 Satz 1 ArbStättV 2016 ein, so tritt die so genannte »**Vermutungswirkung**« ein (vgl. Satz 3 und 4; § 7 Rn. 8), d. h. es kann davon ausgegangen werden, dass die diesbezüglich in der Verordnung gestellten Anforderungen eingehalten werden. Das Regelwerk des *ASTA* hat insoweit die Wirkung eines »antizipierten Sachverständigengutachtens«, d. h. bei der nachweislichen Einhaltung der Regeln bedarf es keiner weiteren Sachverhaltsaufklärung durch die Behörde (vgl. LASI-ArbStättV 2010, D 1; zur Frage der Abweichung von technischen Regeln vgl. Rn. 28).

Die **technischen Regeln für Arbeitsstätten** (ASR) haben die bisherigen   **6** **Arbeitsstätten-Richtlinien** (Alt-ASR) abgelöst. Die Alt-ASR hatten den Zweck, dem Arbeitgeber die Orientierung bei der Gestaltung der Arbeitsstätten gem. den Anforderungen nach den o. a. Regeln und Erkenntnissen zu erleichtern (vgl. § 3 Abs. 2 Satz 1 ArbStättV 1976/1996). Die Alt-ASR wurden vom *BMA/BMWA* aufgestellt und bekannt gegeben (vgl. *Doll*, SichIng 1/2008, S. 38; MünchArbR-*Wlotzke*, § 212 Rn. 21; *Opfermann/Streit*, § 3 ArbStättV 1976/1996 Rn. 85; ausführlich unter Einbeziehung der bisherigen Rspr. *Kollmer*, § 3 ArbStättV, Rn. 24 ff.). Die Aufstellung der Alt-ASR erfolgte unter Hinzuziehung der fachlich beteiligten Kreise einschließlich der Spitzenorganisationen der Arbeitnehmer und Arbeitgeber (vgl. *Opfermann/ Streit*, ArbStättV 1976/1996, Rn. 96 ff.; *Kollmer*, a. a. O.); die Bekanntmachung im Benehmen mit den für den Arbeitsschutz zuständigen obersten Landesbehörden im BArbBl. (vgl. a. a. O., Rn. 99; zum früheren Verfahren vgl. a. a. O., Rn. 100 ff.; das BArbBl. hat zwischenzeitlich sein Erscheinen eingestellt).

2. Organisation

Der Arbeitgeber hat im Rahmen von § 3 Abs. 2 ArbSchG die Belange des Ar-   **6a** beitsschutzes in Bezug auf das Einrichten und Betreiben von Arbeitsstätten in seine **betriebliche Organisation** einzubinden und hierfür die erforderlichen personellen, finanziellen und organisatorischen Voraussetzungen zu schaffen. Dazu gehört auch die Bereitstellung einer den betrieblichen Erfordernissen entsprechenden Arbeitsschutzorganisation (vgl. *Pieper*, ArbSchR, § 3 ArbSchG Rn. 6 ff.; ASiG Rn. 1 ff.).

Im Rahmen der Gefährdungsbeurteilung gem. § 3 ArbStättV 2016 hat der Arbeitgeber im Fall von Gefährdungen der Beschäftigen gem. § 3 Abs. 1 Satz 2 die **Auswirkungen der Arbeitsorganisation und der Arbeitsabläufe** in der Arbeitsstätte zu berücksichtigen (vgl. § 3 Rn. 2b, § 2 Rn. 10a: Organisation und Gestaltung der Arbeit und der Arbeitsabläufe). Bereits im Kontext der übergreifenden Beurteilung der Arbeitsbedingungen gem. § 5 ArbSchG hat der Arbeitgeber sicherzustellen, dass bei Einrichten und Betreiben von Arbeitsstätten in Verbindung mit der Gestaltung der Arbeitsorganisation und des Arbeitsverfahrens sowie bei der Auswahl und Zurverfügungstellung der Arbeitsmittel alle mit der Sicherheit und Gesundheit der Beschäftigten zusammenhängenden Faktoren, einschließlich der psychischen, ausreichend berücksichtigt werden (vgl. § 5 Abs. 3 ArbSchG; *Pieper*, ArbSchR, § 5 ArbSchG Rn. 13 ff.).

Maßnahmen, die auf dieser Basis in Bezug auf Einrichten und Betreiben von Arbeitsstätten festzulegen sind, ergeben sich im Hinblick auf Bildschirm- und Telearbeitsplätze aus Nr. 6.2 Abs. 2 Anhang ArbStättV, wonach der Arbeitgeber dafür zu sorgen hat, dass die Tätigkeiten der Beschäftigten an Bildschirmgeräten insbesondere durch andere Tätigkeiten oder regelmäßige Erholungszeiten unterbrochen werden. Da sich aus den Vorschriften der ArbStättV 2016 einschließlich des Anhangs keine weiteren Maßnahmen in Bezug auf die Berücksichtigung von Arbeitsorganisation und Arbeitsablauf ergeben, sind diese allgemein auf der Basis der übergreifenden Beurteilung nach § 5 ArbSchG sowie der speziellen Beurteilung nach § 3 BetrSichV 2015 festzulegen (vgl. §§ 3 und 6 BetrSichV). Mögliche systematische Vorgehensweisen ergeben sich aus Konzepten für **betriebliche Managementsysteme für Sicherheit und Gesundheitsschutz** (vgl. *Pieper*, ArbSchR, § 3 ArbSchG Rn. 11).

Zu den allgemeinen Maßnahmen des Arbeitgebers gehört es in diesem Zusammenhang, dass dieser dafür zu sorgen hat, dass die Beschäftigten oder ihre Vertretungen (Betriebs- bzw. Personalrat) im Rahmen der betrieblichen Möglichkeiten **beteiligt** werden, wenn Veränderungen bei der Einrichtung und Betrieb der Arbeitsstätte erfolgen sollen, die Einfluss auf die Sicherheit und Gesundheit der Beschäftigten haben (zu Informations-, Beteiligungs- und Mitbestimmungsrechten vgl. Einl. Rn. 8 ff.).

Der Arbeitgeber hat im Kontext der Einbindung des Arbeitsschutzes in die betriebliche Aufbau- und Ablauforganisation außerdem geeignete Maßnahmen zu ergreifen, um bei den Beschäftigten ein **Sicherheitsbewusstsein** zu schaffen und den innerbetrieblichen Arbeitsschutz in Bezug auf das Einrichten und Betreiben von Arbeitsstätten fortzuentwickeln. Zu diesen Maßnahmen gehören insbesondere die betriebliche Ausgestaltung des Vorschlagsrechts in § 17 Abs. 1 ArbSchG sowie der Unterweisung nach § 6 ArbStättV 2016 (vgl. § 6 Rn. 1 ff.).

3. Barrierefreies Einrichten und Betreiben

7   Der Arbeitgeber, der **Menschen mit Behinderungen** beschäftigt, ist verpflichtet, beim Einrichten und Betreiben von Arbeitsstätten die besonderen Belange dieser Beschäftigten im Hinblick auf Sicherheit und Gesundheitsschutz zu berücksichtigen (§ 3a Abs. 2 Satz 1 ArbStättV 2016). Diese allgemeine Forderung wird für den besonders hervorgehobenen Aspekt der Barrierefreiheit konkretisiert (vgl. Satz 2; Rn. 9 ff.). Die Regelung bezieht sich ausdrücklich auch auf ein barrierefreies Einrichten und Betreiben von Sanitär-, Pausen- und Bereitschaftsräume, Kantinen, Erste-Hilfe-Räumen und Unterkünften in der Arbeitsstätte bei Bedarf, sofern behinderte Menschen beschäftigt werden.

Darüber hinaus ist auf das umfassende Konzept der **Inklusion** zu verweisen, das gem. des Grundsatzes in § 4 Nr. 6 ArbSchG, wonach spezielle Gefahren für besonders schutzbedürftige Beschäftigtengruppen bei der Durchführung von Maßnahmen des Arbeitsschutzes zu berücksichtigen sind, auch bei Einrichten und Betreiben von Arbeitsstätten einzubeziehen ist (vgl. *Pieper*, ArbSchR, § 4 ArbSchG Rn. 19 ff.).

Menschen mit Behinderungen sind gem. § 2 Abs. 1 Satz 1 SGB IX Menschen, die körperliche, seelische, geistige oder Sinnesbeeinträchtigungen haben, die sie in Wechselwirkung mit einstellungs- und umweltbedingten Barrieren an der gleichberechtigten Teilhabe an der Gesellschaft mit hoher Wahrscheinlichkeit länger als sechs Monate hindern können (vgl. auch Rn. 8a).

Die Vorschrift des § 3a Abs. 2 ArbStättV 2016 **ergänzt** in Bezug auf Betrieb **8** und Einrichtung von Arbeitsstätten die in Umsetzung der EG-Arbeitsstättenrichtlinie (Anhang I Ziff. 20) und der EG-Baustellenrichtlinie (Anhang IV, Teil A, Ziff. 17) bereits getroffenen beschäftigungsfördernden Regelungen in § 164 Abs. 4 Nr. 4 und 5 SGB IX, wonach schwerbehinderte Menschen gegenüber dem Arbeitgeber Anspruch haben auf behinderungsgerechte Einrichtung und Unterhaltung der Arbeitsstätten einschließlich der Betriebsanlagen, Maschinen und Geräte sowie der Gestaltung der Arbeitsplätze, des Arbeitsumfeldes, der Arbeitsorganisation und der Arbeitszeit, unter besonderer Berücksichtigung der Unfallgefahr sowie auf Ausstattung ihres Arbeitsplatzes mit den erforderlichen technischen Arbeitshilfen (vgl. *Pieper*, ArbSchR, § 4 ArbSchG Rn. 19l).

Die Aufnahme dieser Klarstellung in der ArbStättV 2004 hatte die *BReg* bereits 2001 bei der Behandlung des Gesetzes zur Gleichstellung behinderter Menschen und zur Änderung anderer Gesetze (Bundesbehindertengleichstellungsgesetz – BGG) zugesagt (siehe BT-Drs. 14/7420 und 14/8043).

Eine **Behinderung** i. S. von § 3a Abs. 2 ArbStättV 2016 liegt gem. Nr. 3.1 ASR **8a** V3a.2 vor, wenn die körperliche Funktion, geistige Fähigkeit oder psychische Gesundheit mit hoher Wahrscheinlichkeit länger als sechs Monate von dem für das Lebensalter typischen Zustand abweicht und dadurch Einschränkungen am Arbeitsplatz oder in der Arbeitsstätte bestehen. Behinderungen können z. B. sein: eine Gehbehinderung, eine Lähmung, die die Benutzung einer Gehhilfe oder eines Rollstuhls erforderlich macht, Kleinwüchsigkeit oder eine starke Seheinschränkung, die sich mit üblichen Sehhilfen wie Brillen bzw. Kontaktlinsen nicht oder nur unzureichend kompensieren lässt. Zu Behinderungen zählen etwa auch Schwerhörigkeit oder erhebliche Krafteinbußen durch Muskelerkrankungen.

8b Die ASR V3a.2 »Barrierefreie Gestaltung von Arbeitsstätten« konkretisiert die allgemeine Verpflichtung des Arbeitgebers zur Gestaltung von Arbeitsstätten gem. § 3 Abs. 2 Satz 1 ArbStättV in Bezug auf das Gebot der **Barrierefreiheit** in § 3a Abs. 2 Satz 2. Diese ASR beinhaltet **konkretisierende Maßnahmen** zu:

- Anhang A1.2: Ergänzende Anforderungen zur ASR A1.2 »Raumabmessungen und Bewegungsflächen«
- Anhang A1.3: Ergänzende Anforderungen zur ASR A1.3 »Sicherheits- und Gesundheitsschutzkennzeichnung«
- Anhang A1.6: Ergänzende Anforderungen zur ASR A1.6 »Fenster, Oberlichter, lichtdurchlässige Wände«
- Anhang A1.7: Ergänzende Anforderungen zur ASR A1.7 »Türen und Tore«
- Anhang A1.8: Ergänzende Anforderungen zur ASR A1.8 »Verkehrswege«
- Anhang A2.3: Ergänzende Anforderungen zur ASR A2.3 »Fluchtwege und Notausgänge, Flucht- und Rettungsplan«
- Anhang A3.4/7: Ergänzende Anforderungen zur ASR A3.4/7 »Sicherheitsbeleuchtung, optische Sicherheitsleitsysteme«
- Anhang A4.3: Ergänzende Anforderungen zur ASR A4.3 »Erste-Hilfe-Räume, Mittel und Einrichtungen zur Ersten Hilfe«
- Anhang A4.4: Ergänzende Anforderungen zur ASR A4.4 »Unterkünfte«

Die ASR V3A2 soll fortlaufend ergänzt werden. Dies bezieht sich seit Ende 2016 grundsätzlich auch auf die Einrichtung und das Betreiben von **Bildschirm- bzw. Telearbeitsplätzen**, d. h. im Hinblick auf eine zukünftige ASR A6.

Generell sind bei der Planung von Maßnahmen des Arbeitsschutzes die Vorgaben gem. § 4 Nr. 6 ArbSchG zu beachten, wonach spezielle Gefahren für **besonders schutzbedürftige Beschäftigtengruppen** zu berücksichtigen sind (vgl. *Pieper*, ArbSchR, § 4 ArbSchG Rn. 19 ff.).

9 Der Begriff der **Barrierefreiheit** entspricht der Definition in § 4 BGG: Barrierefrei sind bauliche und sonstige Anlagen, Verkehrsmittel, technische Gebrauchsgegenstände, Systeme der Informationsverarbeitung, akustische und visuelle Informationsquellen und Kommunikationseinrichtungen sowie andere gestaltete Lebensbereiche, wenn sie für Menschen mit Behinderung in der allgemein üblichen Weise, ohne besondere Erschwernis und grundsätzlich ohne fremde Hilfe zugänglich und nutzbar sind (vgl. auch Nr. 3.2 ASR V3a.2; Rn. 9a).

9a Der Bezug auf die Begriffsdefinition des BGG beinhaltet die Forderung einer barrierefrei gestalteten Arbeitsstätte **für jede Art von Behinderung** (vgl. Rn. 8a). § 3a Abs. 2 ArbStättV 2016 stellt dabei auf die tatsächlich Beschäftigten mit ihren spezifischen Behinderungen ab (vgl. Rn. 9c; vgl. LASI-ArbStättV 2010, D2):

- Für Menschen, die auf einen Rollstuhl oder eine Gehhilfe angewiesen sind, bedeutet barrierefrei eine entsprechende Gestaltung von Verkehrs- und Fluchtwegen, Toiletten, Notausgängen und anderen baulichen Einrichtungen.
- Für einen gehörlosen oder gehörgeschädigten Menschen kann die Barriere sein, dass er im Gefahrfall keine akustischen Signale wahrnehmen kann, die ihm signalisieren, dass die Arbeitsstätte umgehend zu verlassen ist.
- Für blinde und sehschwache Menschen ist die Barriere die Nichterkennbarkeit von optischen Kennzeichen für Fluchtwege und Notausgänge.

Die Verpflichtung des Arbeitgebers zu einer generell barrierefreien Gestaltung der Arbeitsstätte kann aus § 3a Abs. 2 Satz 1 ArbStättV 2016 nicht abgeleitet werden. Die Forderung nach Barrierefreiheit gemäß ArbStättV ist andererseits keinesfalls auf die im Baurecht enthaltene Forderung nach »Zugänglichkeit« öffentlicher Gebäude zu beschränken.

Arbeitsplätze sind somit nach geltender Rechtslage dann barrierefrei zu gestalten, wenn Menschen mit Behinderungen **beschäftigt** werden (zu übergreifenden Konzepten der menschengerechten Gestaltung der Arbeit i. S. von Inklusion vgl. Rn. 7). Es sind dann mindestens die Bereiche der Arbeitsstätte barrierefrei zu gestalten, zu denen der Beschäftigte mit Behinderung auf Grund seiner Tätigkeit üblicherweise Zugang haben muss (vgl. LASI-ArbStättV 2010, D2).

Die Verpflichtung des Arbeitgebers bezieht sich gem. § 3a Abs. 2 Satz 2 Arb-StättV 2016 insbesondere auf die **barrierefreie Gestaltung von Arbeitsplätzen** (einschließlich Bildschirm- und Telearbeitsplätzen), Sanitär-, Pausen- und Bereitschaftsräumen, Kantinen, Erste-Hilfe-Räumen und Unterkünften sowie den zugehörigen Türen, Verkehrswegen, Fluchtwegen, Notausgängen, Treppen und Orientierungssystemen, die von den Beschäftigten mit Behinderungen benutzt werden. In allen Fällen sind **spezifische Gefährdungen** für die Sicherheit und den Gesundheitsschutz dieser Beschäftigten nach dem Grundsatz gem. § 4 Nr. 1 ArbSchG zu vermeiden bzw. zu minimieren. Diese spezifischen Gefährdungen sind im Rahmen der **Beurteilung** nach § 3 Arb-StättV 2016 zu ermitteln und zu bewerten (vgl. § 3 Rn. 1 ff.). **9b**

Gem. Nr. 4 Abs. 1 ASR V3a2 sind die Maßnahmen zur barrierefreien Gestaltung durch die **individuellen Erfordernisse** der Beschäftigten mit Behinderungen bestimmt. Hierbei sind auch technische Maßnahmen vorrangig durchzuführen. **9c**

Ist das Vorliegen der Behinderung und ihrer Auswirkungen auf die Sicherheit und den Gesundheitsschutz **nicht offensichtlich**, kann der Arbeitgeber gem. Nr. 4 Abs. 2 ASR V3a.2 Informationen über zu berücksichtigende Behinderungen von Beschäftigten z. B. direkt von den Beschäftigten mit Behinderungen, durch die Schwerbehindertenvertretung, im Rahmen des betrieblichen Eingliederungsmanagements (BEM), der Gefährdungsbeurteilung oder durch Erkenntnisse aus Begehungen durch die Fachkraft für Arbeitssicherheit oder den Betriebsarzt erhalten.

Zum Ausgleich einer nicht mehr ausreichend vorhandenen **Sinnesfähigkeit** (insbesondere Sehen oder Hören) ist gem. Nr. 4 Abs. 3 ASR V3a.2 das Zwei-Sinne-Prinzip zu berücksichtigen. Das **Zwei-Sinne-Prinzip** ist gem. Nr. 3.3 ein Prinzip der alternativen Wahrnehmung. Alle Informationen aus der Umwelt werden vom Menschen über die Sinne aufgenommen. Fällt ein Sinn aus, ist die entsprechende Informationsaufnahme durch einen anderen Sinn notwendig. Informationen müssen deshalb nach dem Zwei-Sinne-Prinzip mindestens für zwei der drei Sinne »Hören, Sehen, Tasten« zugänglich sein (z. B. gleichzeitige optische und akustische Alarmierung).

Zum Ausgleich nicht ausreichend vorhandener **motorischer Fähigkeiten** sind barrierefrei gestaltete alternative Maßnahmen vorzusehen (z. B. ergänzende Aufzüge, Rampen, behinderungsgerechte Türöffner; Nr. 4 Abs. 4).

4. Behördliche Ausnahmen von den Anforderungen der ArbStättV

10 Die Gestaltungsanforderungen der ArbStättV sind auf den »**Normalfall**« gerichtet. Sie enthalten daher im Wesentlichen **Schutzziele**, die den Ausgestaltungserfordernissen bei spezifischen betrieblichen Erfordernissen an Errichtung und Betreiben von Arbeitsstätten Rechnung tragen. Weiterhin enthält die ArbStättV ausdrückliche **Ausnahmeregelungen**, deren Voraussetzung bezogen auf § 3a Abs. 3 Nr. 1 und 2 ArbStättV 2016 ein Antrag bei der zuständigen Behörde ist:

- Treffen von ebenso wirksamen Maßnahmen in Bezug auf die Vorschriften der ArbStättV einschließlich des Anhangs (§ 3a Abs. 3 Nr. 1);
- Ausnahmeregelungen im Einzelfall aufgrund von unverhältnismäßigen Härten für den Arbeitgeber bei Vereinbarkeit mit dem Schutz der Beschäftigten (§ 3a Abs. 3 Nr. 2);
- Berücksichtigung der Belange kleiner Betriebe (§ 3a Abs. 3 Satz 2);
- Ausnahmeregelungen für Alt-Arbeitsstätten (§ 8).

11 **Voraussetzung** der Ausschöpfung jeder Alternativ- bzw. Ausnahmemöglichkeit ist die Beachtung des Grundsatzes, dass das durch die ArbStättV oder die Regeln und Erkenntnisse vorgegebene **Sicherheits- und Gesundheitsschutzniveau** nicht unterschritten werden darf. Dies wird dadurch gestützt, dass – auch wenn öffentliche Belange Ausnahmen von der ArbStättV einschließlich ihres Anhangs dies zwingend erfordern – gleichzeitig festzulegen ist, wie Sicherheit und Gesundheitsschutz der Beschäftigten nach der ArbStättV auf andere Weise gewährleistet werden können (§ 1 Abs. 6 ArbStättV 2016; vgl. § 1 Rn. 16). Mit *OSP* (S. 32) lässt sich aber kritisch die Frage stellen, ob das durch die Novellierung 2004 auf ein weitgehendes Mindestniveau in Übereinstimmung mit der EG-Arbeitsstättenrichtlinie zurückgeführte Set von Mindestvorschriften in der ArbStättV 2004 ff. überhaupt noch Ausnahmeregelungen ermöglicht.

Unabhängig von den ausdrücklichen Ausnahmeregelungen in § 3a Abs. 3   **12** ArbStättV 2016 enthalten die Anforderungen der ArbStättV selbst – aufgrund ihres überwiegenden Schutzzielcharakters – Bestimmungen, die **Abweichungen** bzw. eine alternative Arbeitsstättengestaltung durch den Arbeitgeber erlauben, **ohne** dass eine **Genehmigung durch die zuständige Behörde** vorliegen muss. Der Arbeitgeber muss jedoch in der Lage sein, gegenüber den zuständigen Behörden **nachzuweisen**, dass die Voraussetzungen für Abweichungen gegeben sind und dass der Unfall- und Gesundheitsschutz der Beschäftigten gewährleistet ist (*OSP*, S. 31), also das vorgegebene Schutzniveau der ArbStättV nicht unterschritten wird. Im Übrigen greift bei diesen Regelungen das Mitbestimmungsrecht des Betriebsrats gem. § 87 Abs. 1 Nr. 7 BetrVG bzw. der Personalrats gem. den entsprechenden Vorschriften im BPersVG bzw. in den Landespersonalvertretungsgesetzen (vgl. Rn. 16).

Eine weitere Flexibilität ergibt sich daraus, dass der Arbeitgeber von den   **13** rechtlich nicht zwingenden **ASR** abweichen kann (vgl. § 3a Abs. 1 Satz 3 ArbStättV 2016 und § 4 Nr. 3 ArbSchG; vgl. *Opfermann/Streit*, § 3 ArbStättV 2004, Rn. 110): Der Arbeitgeber muss dann aber gemäß § 3a Abs. 1 Satz 4 ArbStättV 2016 durch andere Maßnahmen die gleiche Sicherheit und den gleichen Gesundheitsschutz der Beschäftigten erreichen (vgl. LASI-ArbStättV 2010, D1). Das heißt: Der Arbeitgeber muss in der Lage sein, den Nachweis zu führen, dass die entsprechend ergriffenen Maßnahmen ebenso wirksam sind wie die, die in den Regeln bzw. Richtlinien vorgeschlagen werden, da diese eine Vermutungswirkung zugunsten des Rechtsanwenders entfalten (vgl. *OSP*, S. 31).

Dieser Grundsatz gilt nicht für gesicherte arbeitswissenschaftliche Erkenntnisse.

Um von ASR (vgl. Rn. 13) abzuweichen, ist – im Unterschied zu § 3a Abs. 3   **14** ArbStättV – ein vorheriger **schriftlicher Antrag** bei der zuständigen Behörde **nicht erforderlich**. Kommt die zuständige Behörde in diesem Fall, z. B. bei einer Revision, zu der Auffassung, dass durch die getroffenen anderen Maßnahmen nicht die gleiche Sicherheit und der gleiche Gesundheitsschutz der Beschäftigten erreicht werden, trifft den Arbeitgeber insoweit eine Mitwirkungspflicht. Dieser muss dann gegenüber der Behörde begründen, warum er seine Maßnahmen für gleichermaßen geeignet hält. Ein entsprechender Nachweis muss aus den Unterlagen zur Gefährdungsbeurteilung hervorgehen oder vom Arbeitgeber im Sinne einer Begründungspflicht erbracht werden (vgl. LASI-ArbStättV 2010, D1).

Nach dem Amtsermittlungsgrundsatz (§ 24 VwVfG) obliegt es jedoch der zuständigen Behörde, alle eine Gleichwertigkeit der Maßnahmen begründenden Umstände zu ermitteln (vgl. ebd.).

Gem. § 22 Abs. 3 Nr. 1 ArbSchG kann die zuständige Behörde im **Einzelfall anordnen**, welche Maßnahmen der Arbeitgeber und die verantwortlichen Personen oder die Beschäftigten zur Erfüllung der Pflichten zu treffen haben, die sich u. a. aus der ArbStättV und den diese konkretisierenden technischen Regeln ergeben (vgl. ebd.).

15   Ein **spezieller Fall** der Abweichungen von den Anforderungen der ArbStättV an Errichtung und Betreiben von Arbeitsstätten, bei dem die **Initiative** allerdings **nicht vom Arbeitgeber** ausgeht, bezieht sich auf die besondere **Anordnungsbefugnis** der zuständigen Behörden gem. § 22 Abs. 3 Nr. 2 ArbSchG zur **Abwendung besonderer Gefahren**. Die hierbei angeordneten Maßnahmen können über die Anforderungen der ArbStättV hinausgehen bzw. müssen dort, weil z. B. nicht auf Einrichten oder Betreiben von Arbeitsstätten ausgerichtet, auch nicht geregelt sein. Beispiele hierfür sind die Unfallverhütung, der Maschinenschutz, die Anlagensicherheit oder die Beseitigung gefährlicher chemischer Stoffkonzentrationen in der Innenraumluft. **Voraussetzung** ist in jedem Fall das Vorliegen einer besonderen bzw. dringenden, das Leben und die Gesundheit bedrohenden Gefahr (vgl. § 22 Abs. 3 Nr. 2 ArbSchG).

16   Allgemein unterliegen die Entscheidungen des Arbeitgebers, ob er von der ArbStättV abweichen und welche wirksamen Ersatzmaßnahmen er ergreifen möchte, der **Mitbestimmung** des Betriebs- bzw. Personalrats (§ 87 Abs. 1 Nr. 7 BetrVG bzw. § 75 Abs. 3 Nr. 11 BPersVG; vgl. *Opfermann/Streit* § 3 ArbStättV 2004, Rn. 112; *Pieper*, ArbSchR, BetrVG Rn. 14 ff.; BPersVG Rn. 8 ff.). Die Beantragung der Maßnahmen selbst unterliegt dagegen nicht der Mitbestimmung, wohl aber den sonstigen Informations- und Beteiligungsrechten nach dem BetrVG bzw. den Personalvertretungsgesetzen des Bundes und der Länder.

17   Die Ausnahmetatbestände in § 3a Abs. 3 ArbStättV 2016 sind außerdem an ein förmliches **Verfahren** gegenüber der zuständigen Behörde geknüpft (Rn. 19).

18   Darüber hinaus sieht § 3a Abs. 3 ArbStättV 2016 **ausdrückliche Möglichkeiten** vor, um durch behördlich genehmigte, den sich ggf. abweichend vom Anforderungsdurchschnitt der erfassten Arbeitsstätten ergebenden Besonderheiten Rechnung tragen zu können. Diese Regelungen beziehen sich auf die Anforderungen, die sich aus den allgemeinen und besonderen Gestaltungsanforderungen der ArbStättV ergeben.

19   Die Ausnahmen nach § 3a Abs. 3 ArbStättV 2016 haben einen schriftlichen Antrag des Arbeitgebers bei der zuständigen Behörde zur **formalen Voraussetzung** (zu Einzelheiten des Verfahrens vgl. *Opfermann/Streit*, § 3 ArbStättV 2004, Rn. 117).

20   Im Rahmen von § 3a Abs. 3 ArbStättV 2016 kann der Arbeitgeber andere, **ebenso wirksame Maßnahmen** treffen, wie sie die ArbStättV bei Errichtung und Betreiben von Arbeitsstätten vorsieht (vgl. § 3a Abs. 3 Nr. 1). Den Nachweis für die Wirksamkeit der Maßnahmen muss der Arbeitgeber erbringen. So kann z. B. das Schutzziel »Vermeidung von Kollisionen« durch durchsichtige oder mit einem Sichtfenster versehene Pendeltüren (Nr. 1.7 Abs. 3 Anhang ArbStättV) auch durch den Einbau von Lichtschranken sichergestellt werden (vgl. *Opfermann/Streit* § 3 ArbStättV 2004, Rn. 119).

Keine ebenso wirksame Maßnahme war auf der Basis der ArbStättV **21** 1976/1996 die »herausgehobene Atmosphäre« eines Juweliergeschäftes, um keine bautechnisch möglichen Sichtverbindungen nach außen i. S. von § 7 Abs. 1 ArbStättV 1976/1996 zu schaffen (*BVerwG* 31. 1. 1997, NZA 1997, 484). Dies gilt im Rahmen einer Schutzzielorientierung auch unter der Maßgabe von Nr. 3.4 Abs. 1 Anhang ArbStättV 2016 (vgl. Nr. 3.4 Anhang Rn. 1 ff.).

Ausnahmen von der ArbStättV können außerdem zugelassen werden, wenn **22** die Durchführung von Vorschriften der ArbStättV im Einzelfall zu einer **unverhältnismäßigen Härte** führen würde und die Abweichung mit dem Schutz der Beschäftigten vereinbar ist (vgl. § 3a Abs. 3 Nr. 2 ArbStättV 2016; vgl. *Opfermann/Streit*, § 3 ArbStättV 2004, Rn. 124). Die Vorschrift muss den Arbeitgeber in nicht vertretbarer Weise treffen (vgl. a. a. O.). Ausschließlich betriebswirtschaftliche oder Rentabilitätserwägungen können nicht anerkannt werden (a. a. O., Rn. 120).

Die Ausnahmemöglichkeiten beschränken sich in der Regel auf die Vor- **23** schriften der ArbStättV, die **nicht zwingende Schutzziele** enthalten. Auszuschließen sind daher Mindestvorschriften mit sicherheitstechnischem Inhalt (*Opfermann/Streit*, § 3 ArbStättV 2004, Rn. 122). Dabei sind die konkretisierenden Inhalte der ASR zu berücksichtigen.

Härtefälle i. S. von § 3a Abs. 3 Nr. 2 können sich insbesondere aus **betriebs- 24 technischen Gründen** ergeben, aber auch aus einer unverhältnismäßigen Relation zwischen Schutzziel und dem dafür erforderlichen **finanziellen Aufwand** (z. B. bei einer nicht mit Sichtverbindungen ausgestatteten großen Halle« wenn die Möglichkeit besteht, den »Bunkereffekt« [vgl. Nr. 3.4 Anhang Rn. 3] durch wechselnde Tätigkeiten der Beschäftigten in anderen Räumen oder im Freien zu minimieren) ergeben (vgl. *Opfermann/Streit,* § 3 ArbStättV 2004 Rn. 123 f., mit weiteren Beispielen).

Der Arbeitgeber muss den Nachweis darüber führen können, dass eine **Ver- 25 einbarkeit** der beabsichtigten Ausnahme mit der Sicherheit und dem Gesundheitsschutz der Beschäftigten besteht. Bei der Durchführung entsprechender alternativer Maßnahmen muss er die Grundsätze des Arbeitsschutzes in § 4 ArbSchG beachten.

Bei der Beurteilung eines Antrages gem. § 3a Abs. 3 ArbStättV 2016 müssen **26** die zuständigen Behörden die **Belange der kleineren Betriebe besonders berücksichtigen.** Das Schutzniveau muss dabei für die Beschäftigten, unabhängig von der Betriebsgröße, gleichwertig sein.

27 Der Begriff »**kleinerer Betrieb**« wird in der ArbStättV nicht definiert. Es dürfte sich um Betriebe mit 20 und weniger Beschäftigten handeln, die von bestimmten Regelungen in anderen Arbeitsschutzvorschriften ausgenommen werden (z. B. § 11 ASiG – Arbeitsschutzausschuss, § 22 SGB VII – Sicherheitsbeauftragte; vgl. *Opfermann/Streit*, § 3 ArbStättV 2004, Rn. 129f.).

28 Kleinere Betriebe sind **nicht generell** von den Anforderungen der ArbStättV einschließlich ihres Anhangs **ausgenommen**. Nur wenn ein Arbeitgeber eines kleineren Betriebs einen förmlichen Antrag bei einer zuständigen Behörde stellt, muss diese den Antrag entsprechend bewerten. Gem. § 40 VwVfG ist die Behörde bezüglich des entsprechenden Verwaltungsaktes ermächtigt, ihr Ermessen entsprechend dem Zweck der Ermächtigung auszuüben. Dabei muss sie die gesetzlichen Grenzen des Ermessens einhalten. Anträge von kleineren Betrieben, die im Ergebnis das Schutzniveau der ArbStättV, durch das ja ohnehin nur Mindestanforderungen festgelegt werden, unterschreiten würden, würden daher bei positivem Bescheid den Ermessensspielraum der zuständigen Behörde überschreiten und wären anfechtbar.

29 **Zweck** der Ermächtigung für die zuständigen Behörden in § 3a Abs. 3 ArbStättV soll es nach Auffassung des *BRat* (BR-Drs. 666/03 v. 12. 3. 2004) sein, dass nur mit einer Kleinbetriebsregelung dem »Verhältnismäßigkeitsgrundsatz« entsprochen würde, da jeder Arbeitsplatz in einem Kleinbetrieb »bisher mit 40-mal höheren Bürokratiekosten belastet sei als in einem Großunternehmen«. Deshalb seien weitgehende Ausnahmen für Kleinbetriebe mit bis zu 20 Beschäftigten von den Vorschriften der ArbStättV zu ermöglichen. Durch den ausdrücklichen Hinweis auf die besonderen Probleme dieser Betriebe solle die Aufsichtsbehörde angehalten werden, dies besonders zu würdigen. Die *BReg* hat sich im Ergebnis der Auffassung des *BRat* angeschlossen, ohne im RegE-ArbStättV 2004 (BR-Drs. 450/04) dessen kritisch zu hinterfragende Begründung aufzugreifen. Sie war im ersten RegE (BR-Drs. 627/03) nicht enthalten.

5. Andere Rechtsvorschriften

30 Das Verhältnis zwischen anderen Rechtsvorschriften mit Bezug zu Arbeitsstätten und der ArbStättV wird laut *BRat* in § 3a Abs. 4 ArbStättV 2016 »eindeutig klargestellt« (vgl. BR-Drs. 506/16, S. 43). Die jeweils weitergehende Rechtsvorschrift (z. B. in Bezug auf das Baurecht) ist vom Arbeitgeber einzuhalten, d. h. sie gilt **vorrangig**, soweit sie über die Anforderungen der ArbStättV hinausgeht. Umgekehrt gelten die Anforderungen der ArbStättV, wenn diese über die Anforderungen der anderen Rechtsvorschriften hinausgehen. Dies ersetzt die bisherige Regelung, wonach andere Rechtsvorschriften, insbesondere des Bauordnungsrechts der Länder, d. h. sonstige Rechtsvorschriften i. S. von § 2 Abs. 4 ArbSchG, von der ArbStättV unberührt blieben (§ 3a Abs. 4 ArbStättV 2016). Diese Vorschriften stellen für ihren jeweiligen Regelungsinhalt spezifische, zweckgebundene und teilweise weitergehende Anforderungen, die neben dem Arbeitsstättenrecht Anwendung finden.

Neben dem Bauordnungsrecht der Länder, das in § 3a Abs. 4 ArbStättV besonders hervorgehoben wird (*Kohte*, sis 6/2018, S. 269ff.; Kollmer/Klindt/Schucht-*Lorenz*, § 2 ArbStättV 2010 Rn. 11; *Opfermann/Streit*, § 3 ArbStättV 2004, Rn. 19f.), sind auch zu nennen: die FriseurVO der Länder, das Gaststättengesetz/die GaststättenVO der Länder, das Lebensmittelrecht/die LebensmittelVO der Länder, das Fleischhygienerecht oder das Tierkörperbeseitigungsrecht, Betriebsordnung für Arzneimittelgroßhandelsbetriebe, immissionsschutzrechtliche Bestimmungen (vgl. *OSP*, S. 22f.; vgl. *Opfermann/Streit*, § 3a ArbStättV 2010, Rn.140ff. mit Hinweis auf eine inzwischen erfolgte »Deregulierung und Straffung« des Bauordnungsrechts, a.a.O., Rn. 146). **31**

»Andere Rechtsvorschriften« sind auch weitere **Arbeitsschutzgesetze und -verordnungen** sowie **Unfallverhütungsvorschriften.** Arbeitssystembezogen, d.h. bezogen auf Arbeitsmittel, Arbeitsgegenstand und Arbeitsumgebung, korrespondieren diese Regelungen miteinander. Dementsprechend fordert § 1 Nr. 1 ASiG, dass die dem Arbeitsschutz und der Unfallverhütung dienenden Vorschriften den besonderen Betriebsverhältnissen entsprechend anzuwenden sind, wozu Betriebsärzte und Fachkräfte für Arbeitssicherheit zur Unterstützung zu bestellen sind (vgl. *Pieper*, ArbSchR, ASiG Rn. 7ff.). Im Hinblick auf die Übereinstimmung der ArbStättV mit anderen Arbeitsschutz- und Unfallverhütungsvorschriften sind allgemein hervorzuheben **32**

- das **ArbSchG**, in dessen Rahmen sich auch die ArbStättV einordnet (Einl. Rn. 4), die Bezüge der ArbStättV mit den auf dem ArbSchG gestützten **Arbeitsschutzverordnungen** (insbesondere der BetrSichV) sowie
- das **ASiG** im Hinblick auf die betriebliche Arbeitsschutzorganisation und die damit verbundene sicherheitstechnische und betriebsärztliche Unterstützung des Arbeitgebers durch Betriebsärzte und Fachkräfte für Arbeitssicherheit.

Die allgemeinen Pflichten des Arbeitgebers und die Pflichten und Rechte der Beschäftigten nach dem ArbSchG sind entsprechend der Zielsetzung in Bezug auf das Einrichten und das Betreiben von Arbeitsstätten umzusetzen; es gilt der Grundsatz der **Kohärenz mit dem ArbSchG** (vgl. § 1 Rn. 4). **33**

Bezogen auf Einrichten und Betreiben von Arbeitsstätten muss der Arbeitgeber – auf der Basis der Gefährdungsbeurteilung nach § 3 ArbStättV 2016 (vgl. Rn. 38f.) – gem. § 3a Abs. 1 Satz 1 ArbSchG die erforderlichen **Maßnahmen des Arbeitsschutzes** unter Berücksichtigung der Umstände treffen, die Sicherheit und Gesundheit der Beschäftigten am Arbeitsplatz beeinflussen. Konkretisiert wird diese Verpflichtung durch die entsprechenden, auf § 3 folgenden Regelungen der ArbStättV einschließlich des Anhangs. Hin- **34** sichtlich des Vorgehens bei der Durchführung der Maßnahmen bietet sich eine systemische Beurteilungs- und Vorgehensweise an, die nicht isoliert an Einzelfaktoren der Arbeitsbedingungen ansetzt, sondern ihren Zusammenhang in Bezug auf die Arbeitssysteme berücksichtigt (vgl. § 4 Nr. 4 ArbSchG; *Pieper*, ArbSchR, § 4 ArbSchG Rn. 13). Diese Methodik ergibt sich aus der arbeitswissenschaftlichen Erkenntnis, nach der das Arbeitssystem das Zusammenwirken von Mensch und Arbeitsmitteln im Arbeitsablauf beinhaltet, um die Arbeitsaufgabe am Arbeitsplatz in der Arbeitsumgebung unter den durch die Arbeitsaufgabe gesetzten Bedingungen zu erfüllen (vgl. ENV 26385; ArbWiss-*Luczak*, 13).

35   Bei Maßnahmen des Arbeitsschutzes im Hinblick auf das Einrichten und Betreiben von Arbeitsstätten sind durch den Arbeitgeber weiterhin die in § 4 ArbSchG festgelegten **Grundsätze** des Arbeitsschutzes zu beachten. Dazu gehören insbesondere:

- Beachtung einer Rangfolge von Maßnahmen (§ 4 Nr. 1 ArbSchG)
- Gefahrenbekämpfung an der Quelle (§ 4 Nr. 2 ArbSchG)
- Grundsatz der Planung von Maßnahmen mit dem Ziel, Technik, Arbeitsorganisation, sonstige Arbeitsbedingungen, soziale Beziehungen und Einfluss der Umwelt auf den Arbeitsplatz sachgerecht zu verknüpfen (§ 4 Nr. 4 ArbSchG)
- Berücksichtigung von allgemein anerkannten Regeln und gesicherten Erkenntnissen (vgl. § 4 Nr. 3 ArbSchG; zu den auf der ArbStättV basierenden ASR vgl. Rn. 4 ff.; *Pieper*, ArbSchR, § 4 ArbSchG Rn. 7 ff.)

36   Die **Wirksamkeit** der Maßnahmen im Hinblick auf die Errichtung und das Betreiben von Arbeitsstätten ist vom Arbeitgeber gem. § 3 Abs. 1 Satz 2 ArbSchG zu überprüfen; diese sind erforderlichenfalls an sich ändernde Gegebenheiten anzupassen. Dabei hat der Arbeitgeber eine Verbesserung von Sicherheit und Gesundheitsschutz der Beschäftigten anzustreben (§ 3 Abs. 1 Satz 3 ArbSchG; vgl. insgesamt *Pieper*, ArbSchR, § 3 ArbSchG Rn. 3).

37   Die **allgemeinen Verpflichtungen**, die sich aus §§ 3, 4 ArbSchG ergeben, sind vom Arbeitgeber bei der Einrichtung und beim Betreiben von Arbeitsstätten gem. § 3a ArbStättV 2016 i. V. m. den Maßnahmen zur Erfüllung der Anforderungen an Arbeitsstätten gemäß ArbStättV einschließlich des Anhangs zu beachten und umzusetzen.

38   Grundlage für die Festlegung von Maßnahmen des Arbeitsschutzes im Hinblick auf Einrichten und Betreiben von Arbeitsstätten ist – wie auch sonst – die **Beurteilung der Arbeitsbedingungen** (»Gefährdungsbeurteilung«) nach § 3 ArbStättV i. V. m. § 5 ArbSchG. Mittels der Gefährdungsbeurteilung sind die entsprechenden für die Beschäftigten mit der Arbeit verbundenen Gefährdungen zu ermitteln (vgl. umfassend *BAuA-Ratgeber*).

39   Ausgehend vom Grundsatz der Kohärenz der ArbStättV mit dem ArbSchG hat der Arbeitgeber neben den Pflichten aus §§ 3 bis 6 ArbSchG auch alle **übrigen Regelungen des ArbSchG**, die sich auf die Sicherheit und den Gesundheitsschutz bei Einrichtung und beim Betreiben von Arbeitsstätten beziehen lassen, zu erfüllen. Hierzu gehören insbesondere:

- Beachtung der Befähigung der Beschäftigten im Hinblick auf die Übertragung von Aufgaben (§ 7 ArbSchG) im Hinblick auf das Betreiben der Arbeitsstätte insbesondere in Bezug auf Bereich mit besonderen Gefahren;
- Zusammenarbeit mehrerer Arbeitgeber (§ 8 Abs. 1 ArbSchG), z. B. auf Baustellen oder im Rahmen von Projekt- oder Matrixorganisationen;
- Vergewisserung über den Stand der Arbeitsschutzqualifikation von Fremdfirmenbeschäftigten (§ 8 Abs. 2 ArbSchG), z. B. in Bezug auf die Instandhaltung oder Reinigung der Arbeitsstätte;
- Durchführung von Maßnahmen bei besonderen Gefahren (§ 9 ArbSchG);
- Durchführung von Maßnahmen in Bezug auf die Erste Hilfe und sonstige Notfallmaßnahmen (§ 10 ArbSchG, ergänzt durch die Regelungen in § 4 ArbStättV).

Ergänzend zu den Pflichten des Arbeitgebers in Bezug auf die Beurteilung **40** und das Betreiben von Arbeitsstätten ist auf **Pflichten und Rechte der Beschäftigten** hinzuweisen, die sich aus §§ 15–17 ArbSchG ergeben. Dazu kommen Aufgaben und Rechte der Vertretungen der Beschäftigten nach dem BetrVG und den PersVG (vgl. *Pieper*, ArbSchR, BetrVG Rn. 1 ff.; BPersVG Rn. 1 ff.; siehe auch Einl. Rn. 8 ff.).

Zur Erfüllung seiner Verpflichtungen nach der ArbStättV steht dem Arbeit- **41** geber, ausgehend von seiner allgemeinen Verpflichtung zur Bereitstellung einer geeigneten **Organisation** und der erforderlichen Mittel (vgl. § 3 Abs. 2 ArbSchG), die Sach- und Handlungskompetenz der von ihm zu bestellenden **Fachkräfte für Arbeitssicherheit** und **Betriebsärzte** zur Verfügung (vgl. *Pieper*, ArbSchR, ASiG Rn. 62 ff.). Dies gilt insbesondere auch für die Beratung im Hinblick auf die Beurteilung der Arbeitsbedingungen (vgl. Rn. 13). Ergänzend ist auf die Aufgaben der vom Arbeitgeber nach § 22 SGB VII zu bestellenden **Sicherheitsbeauftragten** hinzuweisen, die insbesondere dazu dienen, den Arbeitgeber bei der Durchführung der Maßnahmen zur Verhütung von Arbeitsunfällen und Berufskrankheiten »arbeitsplatznah« zu unterstützen (vgl. § 22 Abs. 2 SGB VII; *Pieper*, ArbSchR, SGB VII Rn. 29 ff.).

Kosten, die dem Arbeitgeber wegen Maßnahmen des Arbeitsschutzes bei **42** Einrichtung und Betreiben von Arbeitsstätten aufgrund der Anforderungen der ArbStättV oder sonstiger Rechtsvorschriften entstehen, dürfen nicht den Beschäftigten auferlegt werden (vgl. § 3 Abs. 3 ArbSchG; *Pieper*, ArbSchR, § 3 ArbSchG Rn. 14 f.).

Konkrete Anforderungen an Einrichten und Betreiben von Arbeitsstätten **43** können sich aus **anderen Rechtsvorschriften, Gesetzen und Verordnungen** ergeben (vgl. insbesondere §§ 11, 22, 28, 30 JArbSchG, §§ 9 ff. MuSchG, § 164 Abs. 4 SGB IX und WVO, LärmVibrationsArbSchV, DruckluftV, StörfallV, BetrSichV, AtomG und StrlSchV und RöV, SprengstoffG und VO, ChemG und GefStoffV; vgl. Rn. 45).

44   Bei Errichtung und Betreiben von Arbeitsstätten sind je nach Zugehörigkeit eines Betriebs zu einem Träger der gesetzlichen Unfallversicherung gem. SGB VII ggf. auch **UVV** zu beachten, die teilweise die Anforderungen der ArbStättV konkretisieren (z. B. UVV DGUV Vorschrift 1 »Grundsätze der Prävention«, UVV »Bauarbeiten« DGUV Vorschrift 38 oder für spezielle Arbeitsstätten wie Kohlenstaubanlagen, Wärmekraftwerke, Walzwerke, chemische Reinigungen, Fleischereien usw.; vgl. *Opfermann/Streit*, § 3 ArbStättV 2004, Rn. 147f.).

45   Neben den Regelungen des ArbSchG hat der Arbeitgeber bei Errichtung und beim Betreiben von Arbeitsstätten mit Blick auf **Wechselwirkungen** (vgl. § 3 Rn. 4b) Regelungen zu Maßnahmen des Arbeitsschutzes in **weiteren Arbeitsschutzverordnungen** ach §§ 18, 19 ArbSchG zu beachten (vgl. Rn. 32):
   • Einbeziehung der Arbeitsumgebung bei der Verwendung von Arbeitsmitteln (vgl. *Pieper*, ArbSchR, § 3 BetrSichV 2015 Rn. 29ff.) und Maßnahmen nach §§ 4ff. BetrSichV,
   • organisatorischen Verpflichtungen, die sich aus der BaustellV ergeben (vgl. *Pieper*, ArbSchR, § 1 BaustellV Rn. 3),
   • Maßnahmen zur Vermeidung bzw. Minimierung von Gefährdungen durch Lärm und Vibrationen, künstliche optische Strahlung bzw. elektromagnetische Felder auf Basis der LärmVibrationsArbSchV (vgl. §§ 7, 10 LärmVibrationsArbSchV), der OStrV bzw. der EMFV,
   • Durchführung von Maßnahmen bei der manuellen Handhabung von Lasten, von der Gefährdungen für die Beschäftigten ausgehen (vgl. *Pieper*, ArbSchR, § 2 LasthandhabV Rn. 7),
   • Bereitstellung und Benutzung von PSA durch Beschäftige bei der Arbeit gem. § 2f. PSA BV (vgl. *Pieper*, ArbSchR, § 2 PSA-BV Rn. 2f.),
   • Maßnahmen bei Gefährdungen durch Tätigkeiten mit biologischen Arbeitsstoffen (vgl. §§ 8ff. BioStoffV 2013),
   • Sicherheitsanforderungen an gentechnische Arbeiten in gentechnischen Anlagen einschließlich Tätigkeiten im Gefahrenbereich (vgl. §§ 1 Satz 1, 8ff. GenTSV),
   • Maßnahmen bei Gefährdungen durch Tätigkeiten mit Gefahrstoffen (vgl. §§ 7ff. GefStoffV 2010).

§ 4   Besondere Anforderungen an das Betreiben von Arbeitsstätten

(1) Der Arbeitgeber hat die Arbeitsstätte instand zu halten und dafür zu sorgen, dass festgestellte Mängel unverzüglich beseitigt werden. Können Mängel, mit denen eine unmittelbare erhebliche Gefahr verbunden ist, nicht sofort beseitigt werden, hat er dafür zu sorgen, dass die gefährdeten Beschäftigten ihre Tätigkeit unverzüglich einstellen.

(2) Der Arbeitgeber hat dafür zu sorgen, dass Arbeitsstätten den hygienischen Erfordernissen entsprechend gereinigt werden. Verunreinigungen und Ablagerungen, die zu Gefährdungen führen können, sind unverzüglich zu beseitigen.

(3) Der Arbeitgeber hat die Sicherheitseinrichtungen, insbesondere Sicherheitsbeleuchtung, Brandmelde- und Feuerlöscheinrichtungen, Signalanlagen, Notaggregate und Notschalter sowie raumlufttechnische Anlagen instand zu halten und in regelmäßigen Abständen auf ihre Funktionsfähigkeit prüfen zu lassen.

(4) Der Arbeitgeber hat dafür zu sorgen, dass Verkehrswege, Fluchtwege und Notausgänge ständig freigehalten werden, damit sie jederzeit benutzbar sind. Der Arbeitgeber hat Vorkehrungen so zu treffen, dass die Beschäftigten bei Gefahr sich unverzüglich in Sicherheit bringen und schnell gerettet werden können. Der Arbeitgeber hat einen Flucht- und Rettungsplan aufzustellen, wenn Lage, Ausdehnung und Art der Benutzung der Arbeitsstätte dies erfordern. Der Plan ist an geeigneten Stellen in der Arbeitsstätte auszulegen oder auszuhängen. In angemessenen Zeitabständen ist entsprechend diesem Plan zu üben.

(5) Der Arbeitgeber hat beim Einrichten und Betreiben von Arbeitsstätten Mittel und Einrichtungen zur Ersten Hilfe zur Verfügung zu stellen und diese regelmäßig auf ihre Vollständigkeit und Verwendungsfähigkeit prüfen zu lassen.

1.   Allgemeines

Die »besonderen Anforderungen an das Betreiben von Arbeitsstätten« (§ 4   **1**
ArbStättV 2016) richten sich in erster Linie an den Arbeitgeber, betreffen zum Teil aber auch Arbeitgeber und Beschäftigte gemeinsam. Der Arbeitgeber hat gem. § 3a Abs. 1 für die Umsetzung der »besonderen Anforderungen« zu sorgen. Inhaltlich handelt es sich um schon lange bestimmte Grundanforderungen, die Sicherheit und Gesundheitsschutz der Beschäftigten beim Betreiben der Arbeitsstätte gewährleisten sollen und bislang im siebten Kapitel der ArbStättV 1976/1996 »Betrieb der Arbeitsstätten« enthalten gewesen sind (§§ 52–55 ArbStättV 1976/1996). Die Regelungen zielen auf den alltäglichen »Gebrauch« der Arbeitsstätte ab und setzen eine rechtskon-

forme **Einrichtung** der Arbeitsstätte voraus, die sich insbesondere aus den Forderungen des Anhangs ergibt.

2.   Instandhaltung der Arbeitsstätte, Einstellung der Tätigkeit

2   Die Verpflichtung des Arbeitgebers, die Arbeitsstätte **instand zu halten** (vgl. § 2 Abs. 10 ArbStättV; § 2 Rn. 13) und dafür zu sorgen, dass festgestellte **Mängel** unverzüglich beseitigt werden (§ 4 Abs. 1 Satz 1 ArbStättV 2004/2010), greift die Regelung des § 53 Abs. 1 Satz ArbStättV 1976/1996 auf und setzt Art. 6 Anstrich 2 EG-Arbeitsstättenrichtlinie um. **Instandhaltung** ist die Gesamtheit aller Maßnahmen zur Erhaltung des sicheren Zustandes oder der Rückführung in diesen (vgl. § 2 Abs. 7 BetrSichV 2015; vgl. *Pieper*, ArbSchR, § 2 BetrSichV Rn. 30 ff.) und wird nach DIN 31051:2003–06 definiert als: »Kombination aller technischen und administrativen Maßnahmen sowie Maßnahmen des Managements während des Lebenszyklus einer Betrachtungseinheit zur Erhaltung des funktionsfähigen Zustandes oder der Rückführung in diesen, so dass sie die geforderte Funktion erfüllen kann.« Nach der DIN 31051 gliedert sich Instandhaltung in die vier Grundmaßnahmen: Wartung, Inspektion, Instandsetzung, Verbesserung. In Bezug auf das Betreiben von Arbeitsstätten ist deren Instandhalten die Wartung, Inspektion oder Instandsetzung zum Erhalt des baulichen und technischen Zustandes. **Mängel** liegen vor, wenn dieser Erhalt nicht gewährleistet wird und sich daraus Gefährdungen für Sicherheit und Gesundheitsschutz der Beschäftigten ergeben.

3   Die Verpflichtung des Arbeitgebers, dafür zu sorgen, dass die **Tätigkeit** der jeweils gefährdeten Person (vgl. BR-Drs. 506/16, S. 43) dann **eingestellt wird**, wenn Mängel, mit denen eine unmittelbare erhebliche Gefahr verbunden ist, nicht sofort beseitigt werden können, war nahezu wortgleich in § 53 Abs. 1 ArbStättV 1976/1996 enthalten. Als »**unmittelbare erhebliche Gefahr**« wird eine Sachlage bezeichnet, bei der der Eintritt des Schadens sehr wahrscheinlich ist oder sein Eintritt nicht mehr abgewendet werden kann und der Schaden nach Art oder Umfang besonders schwer ist (vgl. *Pieper*, ArbSchR, § 9 ArbSchG Rn. 1). Parallel zur Pflicht zur Einstellung der Arbeit gem. § 4 Abs. 1 ArbStättV ergibt sich das Recht der Beschäftigten, in einer solchen Situation den Arbeitsplatz zu verlassen aus § 9 Abs. 3 ArbSchG (vgl. *Pieper*, ArbSchR, § 9 ArbSchG Rn. 9 ff.).

3.   Reinigung der Arbeitsstätte

4   Der Arbeitgeber hat gem. § 4 Abs. 2 Satz 1 dafür zu sorgen, dass Arbeitsstätten den **hygienischen Erfordernissen** entsprechend gereinigt werden (vgl. auch § 4 Nr. 3 ArbSchG), wonach er u. a. den Stand der Hygiene bei der

Durchführung von Maßnahmen des Arbeitsschutzes zu berücksichtigen hat (*Pieper*, ArbSchR, § 4 ArbSchG Rn. 9 ff.).

Hervorgehoben wird die Verpflichtung, **Verunreinigungen und Ablagerungen**, die zu Gefährdungen führen können, unverzüglich zu beseitigen (§ 4 Abs. 2 Satz 2 ArbStättV 2004/2010).

Der Umfang dieser Verpflichtungen ergibt sich aus der Art der Tätigkeiten und ist im Rahmen der **Gefährdungsbeurteilung** gem. § 3 zu ermitteln.

Die Regelung in § 4 Abs. 2 ArbStättV ersetzt, in Übereinstimmung mit Art. 6 Anstrich 3 der EG-Arbeitsstättenrichtlinie, den inhaltsgleichen § 54 Arb-StättV 1976/1996.

4. Wartung und Prüfung von Sicherheitseinrichtungen

Der Arbeitgeber hat Sicherheitseinrichtungen zur **Verhütung oder Beseitigung von Gefahren**, insbesondere   **5**

- Sicherheitsbeleuchtungen,
- Brandmelde- und Feuerlöscheinrichtungen,
- Signalanlagen,
- Notaggregate und Notschalter sowie
- raumlufttechnische Anlagen (RLT)

in regelmäßigen Abständen sachgerecht **warten** und auf ihre Funktionsfähigkeit **prüfen** zu lassen (§ 4 Abs. 3 ArbStättV 2016). Darüber hinaus sind diese baulichen oder technischen Anlagen und Einrichtungen auch **instand zu halten**. Instandhalten beinhaltet neben dem Warten der Anlagen auch ihre Inspektion und Instandsetzung (vgl. § 2 Rn. 9d). Damit soll sichergestellt werden, dass die der Sicherheit der Beschäftigten dienenden Einrichtungen jederzeit funktionstüchtig sind.

In Zusammenhang mit der **Verwendung von Arbeitsmitteln** muss der Arbeitgeber personenbezogene, technische und organisatorische Maßnahmen ergreifen, damit Schutzeinrichtungen nicht **manipuliert** oder umgangen werden (vgl. § 6 Abs. 2 Satz 1 BetrSichV 2015; *Pieper*, ArbSchR, § 6 BetrSichV Rn. 22 ff.; vgl. auch § 9 Abs. 3 Satz 1 Nr. 6 BetrSichV: »… damit Schutzeinrichtungen nicht auf einfache Weise umgangen oder unwirksam gemacht werden können«; *Pieper*, ArbSchR, § 9 BetrSichV Rn. 6). Die Verpflichtung ist im arbeitssystembezogenen Kontext des Einrichtens und Betreibens von Arbeitsstätten zu beachten.   **5a**

Konkrete **Prüffristen** in Bezug auf Sicherheitseinrichtungen und raumlufttechnische Anlagen in Arbeitsstätten sind im Rahmen der ArbStättV nicht geregelt. Prüfintervalle unterliegen nach Auffassung der *BReg* dem jeweiligen Stand der Technik und sind in aktueller Form und sachbezogen Gegenstand des Regelwerks zur ArbStättV, der BetrSichV (Arbeitsmittel) und des sonstigen Vorschriften- und Regelwerks (vgl. umfassend *Opfermann/Streit*, § 4 Rn. 22 ff; *PTP*, Fn. 64). Zur Orientierung können die bisherigen Prüffris-   **6** ten der ArbStättV 1976/1996 dienen. Danach mussten die Prüfungen bei Sicherheitseinrichtungen, ausgenommen bei Feuerlöschern, mindestens jährlich und bei Feuerlöschern und lüftungstechnischen Anlagen mindestens alle zwei Jahre durchgeführt werden (vgl. § 53 Abs. 2 Satz 2 ArbStättV 1976/1996). Die Prüfung von Feuerlöschgeräten und Löschmittelbehältern richtet sich nach Nr. 6.13 Anhang 2 BetrSichV.

Die **Prüfung von Arbeitsmitteln** einschließlich Anlagen und ihre Verwendung auch in Arbeitsstätten richtet sich grundsätzlich nach den §§ 3 Abs. 6 und 14 ff. BetrSichV.

7   Die Regelungen in § 4 Abs. 3 ArbStättV **übernimmt** in Umsetzung von Art. 6 Anstrich 4 der EG-Arbeitsstättenrichtlinie sowie der Ziffer 4.2 Anhang IV Teil A EG-Baustellenrichtlinie die Vorschrift des § 53 Abs. 2 ArbStättV 1976/1996 und passt sie redaktionell an die neue Struktur der Verordnung an.

5.   Verkehrswege, Flucht- und Rettungsmöglichkeiten

8   Der Arbeitgeber hat die Verpflichtung zum **Freihalten** der verschiedenen **Verkehrswege** und muss Anforderungen zum jederzeitigen ungehinderten Passieren für Fluchtwege und Notausgänge beachten (vgl. § 4 Abs. 4 Satz 1).

9   Der Arbeitgeber ist verpflichtet, Vorkehrungen – ggf. unter Einbeziehung eines Flucht- und Rettungsplans (§ 4 Abs. 4 Satz 3; Rn. 14 ff.) – zu treffen, die im Gefahrenfall eine **unverzügliche Flucht oder Rettung** ermöglichen (Abs. 4 Abs. 4 Satz 2). Die Regelung soll über vorbeugende Maßnahmen hinaus gewährleisten, dass die Beschäftigten im Brand- oder Katastrophenfall wissen, wie sie sich schnell aus dem Gefahrenbereich in Sicherheit bringen bzw. von außen gerettet werden können.

Die von Arbeiten ausgehenden **spezifischen Gefährdungen** können weitergehende Sicherheitsvorkehrungen erforderlich machen, z. B. Vorkehrungen, die es Beschäftigten im Tunnelbau ermöglichen, sich beim Eindringen von Wasser oder Material in Sicherheit zu bringen.

Anforderungen an das **Einrichten** von Arbeitsstätten bezüglich **Flucht- und Rettungsmöglichkeiten** ergeben sich aus Nr. 2.3 Anhang ArbStättV (vgl. Nr. 2.3 Anhang ArbStättV Rn. 1 f.; vgl. die Verpflichtungen hinsichtlich **Feuerlöscheinrichtungen** aus Nr. 2.2 Anhang ArbStättV; vgl. Nr. 2.2 Anhang Rn. 2).

10   Eine allgemeine Verpflichtung zum **Treffen von Maßnahmen zur Evakuierung der Beschäftigten** neben der Ersten Hilfe (vgl. Rn. 19 ff.) und der Brandbekämpfung (vgl. Nr. 2.2 Anhang Rn. 1 ff.) ergibt sich bereits aus § 10 Abs. 1 Satz 1 ArbSchG.

Außerdem muss der Arbeitgeber gem. § 9 Abs. 1 ArbSchG dafür sorgen, dass alle Beschäftigten, die einer **unmittelbaren erheblichen Gefahr** ausgesetzt sind oder sein können, möglichst frühzeitig über diese Gefahr und die hierzu festgelegten oder festzulegenden Maßnahmen **unterrichtet** sind.

Bei unmittelbarer erheblicher Gefahr für die eigene Sicherheit oder die Sicherheit anderer Personen müssen die Beschäftigten die geeigneten Maßnahmen zur Gefahrenabwehr und Schadensbegrenzung **selbst treffen** können, wenn der zuständige Vorgesetzte nicht erreichbar ist; dabei sind die Kenntnisse der Beschäftigten und die vorhandenen technischen Mittel zu berücksichtigen. Den Beschäftigten dürfen aus ihrem Handeln keine Nachteile entstehen, es sei denn, sie haben vorsätzlich oder grob fahrlässig ungeeignete Maßnahmen getroffen (vgl. *Pieper*, ArbSchR, § 9 ArbSchG Rn. 7 ff.). Weiterhin hat der Arbeitgeber gem. § 9 Abs. 2 ArbSchG Maßnahmen zu treffen, die es den Beschäftigten bei unmittelbarer erheblicher Gefahr ermöglichen, sich durch sofortiges **Verlassen der Arbeitsplätze** in Sicherheit zu bringen. Den Beschäftigten dürfen hierdurch keine Nachteile entstehen. Hält die unmittelbare erhebliche Gefahr an, darf der Arbeitgeber die Beschäftigten nur in besonders begründeten Ausnahmefällen auffordern, ihre Tätigkeit wieder aufzunehmen (vgl. *Pieper*, ArbSchR, § 9 ArbSchG Rn. 9 ff.).

11 Der Arbeitgeber hat gem. § 10 Abs. 1 Satz 3 ArbSchG auch dafür zu sorgen, dass im Notfall die erforderlichen **Verbindungen** zu außerbetrieblichen Stellen, insbesondere in den Bereichen der Ersten Hilfe, der medizinischen Notversorgung, der Bergung und der Brandbekämpfung eingerichtet sind (*Pieper*, ArbSchR, § 10 ArbSchG Rn. 2).

12 Schließlich hat der Arbeitgeber diejenigen **Beschäftigten zu benennen**, die neben Aufgaben der Ersten Hilfe (vgl. Rn. 19 ff.) und zur Brandbekämpfung **Aufgaben zur Evakuierung der Beschäftigten** übernehmen (vgl. § 10 Abs. 2 ArbSchG). Anzahl, Ausbildung und Ausrüstung der benannten Beschäftigten müssen in einem angemessenen Verhältnis zur Zahl der Beschäftigten und zu den bestehenden besonderen Gefahren stehen. Vor der Benennung hat der Arbeitgeber den Betriebs- oder Personalrat zu hören. Weitergehende Beteiligungsrechte bleiben unberührt. Der Arbeitgeber kann die genannten Aufgaben auch selbst wahrnehmen, wenn er über die erforderliche Ausbildung und Ausrüstung verfügt (vgl. *Pieper*, ArbSchR, § 10 ArbSchG Rn. 3).

13 Maßnahmen entsprechend § 10 ArbSchG, die insbesondere für den Fall des Entstehens von Bränden, von Explosionen, des unkontrollierten Austretens von Stoffen und von sonstigen gefährlichen Störungen des Betriebsablaufs geboten sind, hat der Arbeitgeber/Unternehmer zu **planen, zu treffen und zu überwachen** (§ 22 Abs. 1 DGUV Vorschrift 1).

14 Die Verpflichtung des Arbeitgebers für den gem. § 4 Abs. 4 Satz 3 ArbStattV aufzustellenden **Flucht- und Rettungsplan** ergibt sich aus den Kriterien

- Lage,
- Ausdehnung und
- Art der Benutzung

der Arbeitsstätte.

15 Weitere **Konkretisierungen** für die Forderungen in § 4 Abs. 4 ArbStättV ergeben sich aus der ASR A2.3 **Fluchtwege, Notausgänge, Flucht- und Rettungsplan**. Die ASR A2.3 konkretisiert die Anforderungen gem. § 4 Abs. 4 sowie Nr. 2.3 Anhang ArbStättV an das Einrichten und Betreiben von Fluchtwegen und Notausgängen sowie an den Flucht- und Rettungsplan, um im Gefahrfall das sichere Verlassen der Arbeitsstätte zu gewährleisten. Mit der vorliegenden ASR wird auch die »Empfehlung des Bundesministeriums für Arbeit und Sozialordnung zur Aufstellung von Flucht- und Rettungsplänen nach § 55 Arbeitsstättenverordnung« (Bekanntmachung des BMA vom 10. 12. 1987 – IIIb 2 – 34507) übernommen.

Heranzuziehen ist weiterhin die ASR A1.3 »**Sicherheits- und Gesundheitsschutzkennzeichnung**«, die auch die Gestaltung von Flucht- und Rettungsplänen gem. § 4 Abs. 4 ArbStättV konkretisiert (vgl. Nr. 1.3 Anhang ArbStättV Rn. 5).

16 Die **Übung** des Plans in angemessenen Zeitabständen gem. Abs. 4 Satz 5 ArbStättV wird an der räumlichen Ausdehnung der Arbeitsstätte, der Zusammensetzung der Beschäftigten und der besonderen Gefahrenlage festgemacht (zu Übungen im Zusammenhang mit Betriebsstörungen, Notfällen und Unfällen bei Tätigkeiten mit Gefahrstoffen vgl. Rn. 17). Daneben hat der Arbeitgeber/Unternehmer eine ausreichende Anzahl von Beschäftigten durch Unterweisung und Übung im Umgang mit Feuerlöscheinrichtungen zur Bekämpfung von Entstehungsbränden vertraut zu machen (§ 22 Abs. 2 DGUV Vorschrift 1; vgl. Nr. 2.2 Anhang Rn. 1)

17 Konkretisiert und ergänzt werden die Regelungen in § 4 Abs. 4 ArbStättV im Hinblick auf die Zurverfügungstellung und Verwendung von **Arbeitsmitteln** sowie auf Tätigkeiten mit **Gefahrstoffen** in Bezug auf den Explosionsschutz sowie zu Betriebsstörungen, Notfällen und Unfällen durch die entsprechenden Bestimmungen der BetrSichV (§ 11 BetrSichV) sowie der GefStoffV 2010 (§§ 11, 13, Anhang I Nr. 1 GefStoffV 2010; vgl. dazu die entsprechenden Kommentierungen der GefStoffV 2010).

In Zusammenhang mit Tätigkeiten mit Gefahrstoffen hat der Arbeitgeber gem. § 13 Abs. 1 GefStoffV 2010 im Falle entsprechender Gefährdungen **Sicherheitsübungen** durchzuführen (vgl. *Pieper*, ArbSchR, § 13 GefStoffV 2010 Rn. 4).

Spezifische Bestimmungen zu Notfallplänen ergeben sich darüber hinaus aus dem technischen Regelwerk zur GefStoffV und der BetrSichV (Alarmpläne z. B. gem. Nr. 6. 3. 10 TRGS 520) sowie aus dem Störfallrecht (vgl. § 10 i. V. m. Anhang IV StörfallV).

18 Mit den Regelungen in § 4 Abs. 4 werden **umgesetzt**: Art. 6 Anstrich 1, die Ziff. 4.1 und 4.2 des Anhangs I der EG-Arbeitsstättenrichtlinie sowie die Ziff. 3.2 und 3.4 des Anhangs IV Teil A der EG-Baustellenrichtlinie. Die Regelung entspricht inhaltlich hauptsächlich den §§ 19 Satz 3, 52 Abs. 1 und 55 ArbStättV 1976/1996. Ferner werden mit der Bestimmung auch die Anforderungen der Ziffer 10.1 Buchst. d des Anhangs IV Teil B Abschnitt II der EG-Baustellenrichtlinie umgesetzt.

6. Erste Hilfe

Die Verpflichtung des Arbeitgebers, im Hinblick auf das Betreiben von Ar-   **19**
beitsstätten **Mittel und Einrichtungen** zur Ersten Hilfe zur Verfügung zu stellen und diese regelmäßig auf ihre Vollständigkeit und Verwendungsfähigkeit prüfen zu lassen (Abs. 5), korrespondiert mit der allgemeinen Verpflichtung nach § 10 ArbSchG (vgl. auch § 25 UVV DGUV Vorschrift 1; *Pieper*, ArbSchR, § 10 ArbSchG Rn. 2). Entsprechend der Art der Arbeitsstätte und der Tätigkeiten sowie der Zahl der Beschäftigten hat der Arbeitgeber danach u. a. **Maßnahmen** zur Sicherstellung der Ersten Hilfe zu treffen (vgl. § 24 UVV DGUV Vorschrift 1; *Pieper*, ArbSchR, § 10 ArbSchG Rn. 3).

Der Arbeitgeber muss auch in Bezug auf die Verpflichtungen nach § 4 Abs. 5   **20**
ArbStättV sicherstellen, dass

- im Notfall die erforderlichen **Verbindungen zu außerbetrieblichen Stellen** eingerichtet sind (§ 10 Abs. 1 ArbSchG; vgl. § 25 Abs. 1 UVV DGUV Vorschrift 1; *Pieper*, ArbSchR, § 10 ArbSchG Rn. 2) und
- nach Zahl, Ausbildung und Ausrüstung ausreichendes **Personal** für die Notfallmaßnahmen, hier die Erste Hilfe, im Betrieb zur Verfügung steht (§ 10 Abs. 2 ArbSchG; vgl. §§ 26, 27 DGUV Vorschrift 1; *Pieper*, ArbSchR, § 10 ArbSchG Rn. 3).

Bei der Benennung von Beschäftigten als Ersthelfer muss der Arbeitgeber gem. § 7 ArbSchG deren Befähigung prüfen. Ihre Anzahl, Ausbildung und Ausrüstung müssen in einem angemessenen Verhältnis zur Zahl der Beschäftigten und zu den bestehenden besonderen Gefahren stehen. Vor der Benennung der Beschäftigten hat der Arbeitgeber den **Betriebs- oder Personalrat anzuhören**; weitergehende Beteiligungsrechte bleiben ausdrücklich unberührt (vgl. § 10 Abs. 2 Satz 2 u. 3 ArbSchG; *Pieper*, ArbSchR, BetrVG Rn. 3 ff.; BPersVG Rn. 3 ff.).

Der **Arbeitgeber selbst** kann auch in Bezug auf § 4 Abs. 5 ArbStättV die Auf-   **21**
gaben der Ersten Hilfe, Brandbekämpfung und Evakuierung übernehmen, wenn er über die erforderliche Ausbildung und Ausrüstung verfügt. Dies kommt insbesondere für Kleinbetriebe bzw. für Betriebe mit geringem Gefährdungspotenzial in Betracht (vgl. § 10 Abs. 2 Satz 4 ArbSchG).

Mit der Regelung in § 4 Abs. 5 ArbStättV werden die grundlegenden Anfor-   **22**
derungen der §§ 39 Abs. 1 und 53 Abs. 3 ArbStättV 1976/1996 zusammengefasst und die Ziff. 19 des Anhangs I der EG-Arbeitsstättenrichtlinie und Ziff. 13 des Anhangs IV Teil A der EG-Baustellenrichtlinie **umgesetzt**.

Konkretisiert werden die Anforderungen durch die Technische Regel für   **23**
Arbeitsstätten ASR A4.3 Erste-Hilfe-Räume, Mittel und Einrichtungen zur Ersten Hilfe vom Dezember 2010 (vgl. Nr. 4.3 Anhang ArbStättV, Rn. 1 ff.).

§ 5   Nichtraucherschutz

(1) Der Arbeitgeber hat die erforderlichen Maßnahmen zu treffen, damit die nicht rauchenden Beschäftigten in Arbeitsstätten wirksam vor den Gesundheitsgefahren durch Tabakrauch geschützt sind. Soweit erforderlich, hat der Arbeitgeber ein allgemeines oder auf einzelne Bereiche der Arbeitsstätte beschränktes Rauchverbot zu erlassen.

(2) In Arbeitsstätten mit Publikumsverkehr hat der Arbeitgeber beim Einrichten und Betreiben von Arbeitsräumen der Natur des Betriebes entsprechende und der Art der Beschäftigung angepasste technische oder organisatorische Maßnahmen nach Absatz 1 zum Schutz der nicht rauchenden Beschäftigten zu treffen.

1.   Nichtraucherschutz in Arbeitsstätten

1   Die öffentlich-rechtliche Verpflichtung des Arbeitgebers gem. § 5 Abs. 1 ArbStättV, **die erforderlichen Maßnahmen zu treffen, damit die nicht rauchenden Beschäftigten in Arbeitsstätten wirksam vor den Gesundheitsgefahren durch Tabakrauch geschützt sind,** hat bereits im Oktober 2002 durch die Einfügung eines Art. 3a in die bisherige ArbStättV 1976/1996

- die bisherige spezielle Nichtraucherschutzregelung nur für Pausen-, Bereitschafts- und Liegeräume in § 32 ArbStättV 1976/1996 sowie
- nur unter dem Aspekt des Nichtraucherschutzes – auch die Regelung hinsichtlich der Sicherstellung einer gesundheitlich zuträglichen Luft in § 5 ArbStättV 1976/1996

obsolet werden lassen (vgl. hierzu noch *Kollmer*, § 5 ArbStättV 1976/1996 Rn. 6ff. sowie § 32 Rn. 1ff. u. Rn. 4 zur Feststellung der Verfassungsmäßigkeit dieser Regelungen durch den Nichtannahmebeschluss des *BVerfG* 9. 2. 1998, NJW 1998, 2961f.). Diese wurden dementsprechend aufgehoben. § 5 ArbStättV 2004/2010 ist folglich identisch mit dem bisherigen § 3a ArbStättV 1976/1996 und setzt die Ziffern 16.3, 16.4 des Anhangs I der EG-Arbeitsstättenrichtlinie und 15.5 des Anhangs IV Teil A der EG-Baustellenrichtlinie um.

Die Regelung geht auf eine interfraktionelle Initiative des Deutschen Bundestages für einen verbesserten Nichtraucherschutz am Arbeitsplatz zurück und übernahm in der Regelung des § 3a ArbStättV 1976/1996 den Wortlaut des Beschlusses vom 31. 5. 2001 (BT-Drs. 14/3231).

2   Die mit § 5 Abs. 1 beabsichtige **Verbesserung des Nichtraucherschutzes soll** der gesicherten arbeits- und gesundheitswissenschaftlichen Erkenntnis von der Gesundheitsschädlichkeit des Passivrauchens Rechnung tragen. In der TRGS 905 ist Passivrauchen dementsprechend unter der Rubrik »krebserzeugende Gefahrstoffe der Kategorie 1 mit gesicherter krebserzeugender Wirkung beim Menschen« eingestuft (vgl. *BZgA*, o. J., 11 ff.; Kollmer/Klindt/ Schucht-*Lorenz*, § 5 ArbStättV 2010 Rn. 5).

Die Vorschrift der ArbStättV zum Nichtraucherschutz **gilt** für   **3**
- alle zur Arbeitsstätte gehörenden Räume und Bereiche

und darüber hinaus auch
- im Reise- und Marktverkehr,
- in Straßen-, Schienen- und Luftfahrzeugen im öffentlichen Verkehr
- für Felder, Wälder und sonstige Flächen, die zu einem land- oder forstwirtschaftlichen Betrieb gehören, aber außerhalb seiner bebauten Fläche liegen sowie auf
- See und Binnenschiffen (vgl. § 1 Abs. 2; § 1 Rn. 14).

Durch Art. 2 ArtV-ArbStättV 2004 wurde sie auch auf den Bereich des Bergrechts übertragen.

Der Arbeitgeber kann seiner öffentlich-rechtlichen Schutzpflicht durch **bau**   **4** **liche, technische oder organisatorische Maßnahmen** nachkommen. Möglich sind beispielsweise Trennung von Rauchern und Nichtrauchern, Schaffung von Raucherzonen oder lüftungstechnische Maßnahmen. Er kann aber auch ein **allgemeines Rauchverbot** erlassen (vgl. § 5 Abs. 1 Satz 2 ArbStättV). Entscheidend ist die **Wirksamkeit** der Maßnahmen für den Schutz der nichtrauchenden Beschäftigten.

Eine uneingeschränkte zivilrechtliche Verpflichtung des Arbeitgebers, im Hinblick auf Maßnahmen eines wirksamen Nichtraucherschutzes einen ungestörten **Rauchgenuss** zu gewährleisten, besteht demgegenüber nicht (vgl. *BAG* 19. 1. 1999 – 1 AZR 499/98; vgl. Rn. 5).

Seit 2007 gelten **generelle Rauchverbote** für
- Einrichtungen des Bundes sowie der Verfassungsorgane des Bundes,
- Verkehrsmittel des öffentlichen Personenverkehrs und
- Personenbahnhöfe der öffentlichen Eisenbahnen (vgl. § 1 Abs. 1 BNichtrSchG).

Nichtrauchende Beschäftigte sind in entsprechenden Arbeitsstätten umfassend geschützt. Dies gilt entsprechend bezogen auf analoge Regelungen in gesetzlichen Vorschriften der Länder (vgl. Rn. 6).

Grundlegende **Informationen** zur betrieblichen Ausgestaltung des Nicht   **5** raucherschutzes sind unter *www.aktionsbuendnis-nichtrauchen.de/* zu finden. Einführende **Leitfäden** haben z. B. die BZgA (*BZgA*, o. J.) und die BDA herausgegeben (*BDA*, 2007).

2.   Ausnahmen

6   In Arbeitsstätten mit Publikumsverkehr hat der Arbeitgeber gem. § 5 Abs. 2
ArbStättV 2016 beim Einrichten und Betreiben von Arbeitsräumen der Natur des Betriebes entsprechende und der Art der Beschäftigung angepasste
technische oder organisatorische Maßnahmen nach § 5 Abs. 1 zum Schutz
der nicht rauchenden Beschäftigten zu treffen. Diese Einschränkung von
der öffentlich-rechtlichen Verpflichtung des Arbeitgebers zum Schutz der
Nichtraucher umfasst insbesondere **Gastronomiebetriebe**, bei denen das
Rauchen als eng mit dem Geschäftszweck verknüpfter Nebenzweck ange-
sehen werden kann. Wesentliche Änderungen hat hierzu die Gesetzgebung
von Bund und Ländern zum **Nichtraucherschutz** bewirkt (Bundesnichtraucherschutzgesetz und Landesnichtraucherschutzgesetze). Das *BVerfG* hat
diesbezüglich entschieden, dass der Gesetzgeber von Verfassungs wegen
nicht gehindert ist, dem Gesundheitsschutz gegenüber den damit beein-
trächtigten Freiheitsrechten, insbesondere der Berufsfreiheit der Gastwirte
und der Verhaltensfreiheit der Raucher, den Vorrang einzuräumen und ein
striktes Rauchverbot in Gaststätten zu verhängen. Entscheidet er sich aber
für eine Konzeption, bei der das Ziel des Gesundheitsschutzes mit vermin-
derter Intensität verfolgt und mit Rücksicht insbesondere auf die beruflichen Interessen der Gastwirte Ausnahmen vom Rauchverbot zugelassen
werden, so müssen diese Ausnahmen auch die durch das Rauchverbot
wirtschaftlich besonders stark belastete getränkegeprägte Kleingastronomie
(»Eckkneipen«) miterfassen (*BVerfG* 30. 7. 2008 – 1 BvR 3262/07 u. a. – sowie 6. 8. 2008 – 1 BvR 3198/07 und 1 BvR 1431/08). Die Rechtslage zum betrieblichen Nichtraucherschutz, bezogen auf Arbeitsstätten mit Publikumsverkehr i. S. von § 5 Abs. 2 ArbStättV 2004/2010, ist daher für jedes Bundes-
land gesondert zu prüfen.
Die bisherige Formulierung, wonach in Arbeitsstätten mit Publikumsverkehr die Maßnahmen nach § 5 Abs. 1 ArbStättV 2004/2010 nur insoweit zu
treffen waren, als die Natur des Betriebs und die Art der Beschäftigung es zulassen (§ 5 Abs. 2 ArbStättV 2004/2010) ist insofern klargestellt worden, als
der Arbeitgeber auch in Bereichen der Arbeitsstätte mit Publikumsverkehr
geeignete Vorkehrungen bzw. angepasste technische oder organisatorische
Maßnahmen zum Schutz der nicht rauchenden Beschäftigten (z. B. Bedienpersonal) treffen muss. Aus der früheren Fassung war nicht eindeutig erkennbar, dass der Arbeitgeber auch in Arbeitsstätten mit Publikumsverkehr
Maßnahmen zum Schutz der nicht rauchenden Beschäftigten treffen muss.
Im Sinne des Gewollten war § 5 ArbStättV laut *BRat* insgesamt immer schon
so auszulegen, dass dieser in Verbindung mit Nr. 3.6 (Lüftung) Anhang Arb-
StättV gesehen werden musste. Mit der neuen Formulierung wird der Arbeitgeber grundsätzlich und ausdrücklich zu wirksamen Maßnahmen zum
Schutz der nicht rauchenden Beschäftigten bei der Arbeit angehalten. Damit

wird laut *BRat* größere Rechtssicherheit geschaffen und bundesweit ein einheitliches Schutzniveau für Bedienpersonal in Gaststätten festgelegt. Die Bestimmung gibt dem Arbeitgeber angesichts der Vielgestaltigkeit der betrieblichen Verhältnisse aber den notwendigen Handlungsspielraum in Bezug auf die konkret zu veranlassenden Maßnahmen (vgl. BR-Drs. 506/16 [B], S. 43).

Auch bei Anerkennung der Erkenntnis, dass Passivrauchen gesundheits- 7
schädlich ist, hatte das *BAG* mit Urteil vom 8.5.1996 (DB 1996, S. 1042) entschieden, dass der Arbeitnehmer bei rechtlich erlaubter Tätigkeit i.d.R. **keine** Maßnahmen des Gesundheitsschutzes verlangen kann, wenn diese zu einer **Einschränkung der unternehmerischen Betätigung** führen würden. Dies ist der Fall im Hinblick auf gesetzliche Bestimmungen zum Schutz der nicht rauchenden Fluggäste und Arbeitnehmer in Flugzeugen. Es gehört danach zum Berufsbild der Stewardess, auch in den Raucherzonen von Flugzeugen tätig zu werden. Die Behauptung der Klägerin, dass ein Rauchverbot nicht zu Umsatzeinbußen führen würde, sei unerheblich, da die Arbeitsgerichte unternehmerische Entscheidungen nicht hinsichtlich ihrer Zweckmäßigkeit und Notwendigkeit überprüfen dürfen. Zu beachten ist allerdings, dass zum Zeitpunkt der damaligen *BAG*-Entscheidung das ArbSchG noch nicht in Kraft war und der Nichtraucherschutz bei der Arbeit in der ArbStättV noch nicht geregelt war. Mit Blick auf die Regelung in § 5 Abs. 2 ArbStättV hätte die Entscheidung aber wohl kaum anders ausfallen können. Durch die Gesetzgebung von Bund und Ländern (Bundesnichtraucherschutzgesetz 2007 und Landesnichtraucherschutzgesetze) gilt nunmehr ein generelles **Rauchverbot** in Luftfahrzeugen, die für die gewerbsmäßige oder entgeltliche Beförderung von Personen oder für gewerbsmäßige Rundflüge eingesetzt werden (vgl. § 1 Nr. 2, § 2 Nr. 2 Buchst. c BNichtrSchG).

Im Urteil v. 10.5.2015 (9 AZR 347/15) entschied das *BAG* in Bezug auf die Arbeitsbedingungen eines Croupiers, dass die Reglungen nach § 5 Abs. 2 ArbStättV 2004/2010 dazu führen können, dass der Arbeitgeber nur verpflichtet sei, die Belastung durch Passivrauchen zu **minimieren**, nicht aber sie gänzlich auszuschließen.

Umgekehrt hatte das *LAG Hessen* mit Urteil vom 11.8.2000 (2 Sa 1000/99) 8
entschieden, dass ein **dienstliches Rauchverbot** keinen unzulässigen Eingriff in die private Lebensführung der Arbeitnehmer darstelle, weil es die unvermeidliche Folge einer unternehmerischen Entscheidung sei: Eine Fluggesellschaft bot aus Wettbewerbsgründen weltweit nur noch Nichtraucherflüge an. In einer früheren Entscheidung war die Anwendung des § 5 ArbStättV 1976/1996 (zuträgliche Atemluft) für Arbeitsplätze in Flugzeugkabinen mit Hinweis auf den bis dato beschränkten sachlichen Anwendungsbereich der ArbStättV 1976/1996 ohnehin noch zurückgewiesen worden (*LAG Hessen* 13.6.1995, AuR 1995, 285ff.; vgl. *Kollmer*, § 1 ArbStättV 1976/1996, S. 77f., m.w.N.). Nunmehr gilt § 5 ArbStättV 2016 ausdrücklich für die sonst vom Anwendungsbereich der ArbStättV ausgeschlossenen

Transportmittel im öffentlichen Verkehr (vgl. § 1 Rn. 10). Seit 2007 gilt zudem ein generelles **Rauchverbot** in Luftfahrzeugen, die für die gewerbsmäßige oder entgeltliche Beförderung von Personen oder für gewerbsmäßige Rundflüge eingesetzt werden (vgl. § 1 Nr. 2, § 2 Nr. 2 Buchst. c BNichtrSchG).

3.   Rechte der betrieblichen Interessenvertretung

9   Hinsichtlich der **Handlungsspielräume** des Arbeitgebers und der dementsprechenden Handlungsmöglichkeiten von **Betriebs- oder Personalrat** im Rahmen der Mitbestimmung (§ 87 Abs. 1 Nr. 7 BetrVG bzw. § 75 Abs. 3 Nr. 11 BPersVG bzw. der PersVG der Länder) hat das *BAG* noch vor dem Inkrafttreten der Regelungen des § 3a ArbStättV 1976/1996 bzw. § 5 ArbStättV 2004/2010 sowie des Bundesnichtraucherschutzgesetzes 2007 und der Landesnichtraucherschutzgesetze (vgl. Rn. 6) die folgenden Grundsätze vorgegeben (*BAG* 19.1.1999 – 1 AZR 499/98):

1. *Die Betriebspartner sind befugt, durch Betriebsvereinbarung ein betriebliches Rauchverbot zu erlassen, um Nichtraucher vor den Gesundheitsgefahren und Belästigungen des Passivrauchens zu schützen; jedoch müssen sie dabei gemäß § 75 Abs. 2 BetrVG in Verbindung mit Art. 2 Abs. 1 GG den Verhältnismäßigkeitsgrundsatz beachten, weil ihre Regelung die allgemeine Handlungsfreiheit der Raucher beeinträchtigt.*

2. *Die erforderliche Abwägung der Belange des Betriebes sowie der Raucher und der Nichtraucher hängt weitgehend von den betrieblichen Gegebenheiten und Besonderheiten der jeweiligen Belegschaft ab. Diese zu beurteilen, ist in erster Linie Sache der Betriebspartner, denen deshalb ein weiter Gestaltungsfreiraum zukommt.*

3. *Ein generelles Rauchverbot im Freien kann in der Regel nicht mit dem Gesundheitsschutz der Nichtraucher begründet werden.*

4. *Ein Rauchverbot mit dem Ziel, Arbeitnehmer von gesundheitsschädlichen Gewohnheiten abzubringen, überschreitet die Regelungskompetenz der Betriebspartner.*

§ 6   Unterweisung der Beschäftigten

(1) Der Arbeitgeber hat den Beschäftigten ausreichende und angemessene Informationen anhand der Gefährdungsbeurteilung in einer für die Beschäftigten verständlichen Form und Sprache zur Verfügung zu stellen über

1. **das bestimmungsgemäße Betreiben der Arbeitsstätte,**
2. **alle gesundheits- und sicherheitsrelevanten Fragen im Zusammenhang mit ihrer Tätigkeit,**

3. Maßnahmen, die zur Gewährleistung der Sicherheit und zum Schutz der Gesundheit der Beschäftigten durchgeführt werden müssen, und

4. arbeitsplatzspezifische Maßnahmen, insbesondere bei Tätigkeiten auf Baustellen oder an Bildschirmgeräten,

und sie anhand dieser Informationen zu unterweisen.

(2) Die Unterweisung nach Absatz 1 muss sich auf Maßnahmen im Gefahrenfall erstrecken, insbesondere auf

1. die Bedienung von Sicherheits- und Warneinrichtungen,

2. die Erste Hilfe und die dazu vorgehaltenen Mittel und Einrichtungen und

3. den innerbetrieblichen Verkehr.

(3) Die Unterweisung nach Absatz 1 muss sich auf Maßnahmen der Brandverhütung und Verhaltensmaßnahmen im Brandfall erstrecken, insbesondere auf die Nutzung der Fluchtwege und Notausgänge. Diejenigen Beschäftigten, die Aufgaben der Brandbekämpfung übernehmen, hat der Arbeitgeber in der Bedienung der Feuerlöscheinrichtungen zu unterweisen.

(4) Die Unterweisungen müssen vor Aufnahme der Tätigkeit stattfinden. Danach sind sie mindestens jährlich zu wiederholen. Sie haben in einer für die Beschäftigten verständlichen Form und Sprache zu erfolgen. Unterweisungen sind unverzüglich zu wiederholen, wenn sich die Tätigkeiten der Beschäftigten, die Arbeitsorganisation, die Arbeits- und Fertigungsverfahren oder die Einrichtungen und Betriebsweisen in der Arbeitsstätte wesentlich verändern und die Veränderung mit zusätzlichen Gefährdungen verbunden ist.

1. Allgemeines

In § 6 sowie Anhang ArbStättV 2004/2010 waren bis 2016 Anforderungen   **1** zu Arbeits-, Sanitär- und Sozialräumen geregelt. Im Rahmen der ArbStättV 2016 wurden diese Vorschriften vollständig im Anhang der Verordnung zusammengeführt. Diese Zusammenführung von Sachinhalten in der ArbStättV dient laut *BRat* auch der Vermeidung von Doppelregelungen und der Förderung von Verständlichkeit und Rechtsklarheit (vgl. BR-Drs. 506/16 [B], S. 44).

In § 6 ArbStättV 2016 wurden stattdessen Regelungen zur **Unterweisung** der Beschäftigten aufgenommen. Damit wird Art. 12 der EG-Rahmenrichtlinie 89/391/EWG umgesetzt, der gem. deren Art. 16 Abs. 3 auch für Arbeitsstätten gilt. Mit der Aufnahme entsprechender Vorschriften zur Unterweisung der Beschäftigten wird die ArbStättV laut *BRat* inhaltlich und konzeptionell an die anderen Arbeitsschutzverordnungen, wie die GefStoffV, die BioStoffV, die BetrSichV, die LärmVibrationsArbSchG oder die OStrV angepasst. Für den Arbeitgeber und die Arbeitsschutzakteure in den Betrieben bedeutet dies laut *BRat* eine erhebliche Erleichterung und Vereinfachung, da sich nunmehr die Systematik des betrieblichen Arbeitsschutzes in allen wesentlichen Arbeitsschutzverordnungen einheitlich wiederfindet (vgl. BR-Drs. 506/16 [B], S. 44).

2   Die **übergreifende, arbeitssystembezogene Grundlage** für die Durchführung der Unterweisung ergibt sich aus den Regelungen in § 12 ArbSchG (vgl. *Pieper*, ArbSchR, § 12 ArbSchG Rn. 1 ff.), weiterführende Hinweise und Konkretisierungen aus der DGUV-Information 211–005 sowie aus den Erläuterungen zu § 4 DGUV-Vorschrift 1 in der DGUV-Regel 100–001. Je nach den konkreten Arbeitsbedingungen sind die o.g., weiteren Unterweisungsverpflichtungen, insbesondere nach Arbeitsschutzverordnungen gem. §§ 18, 19 ArbSchG systematisch einzubinden.

Laut *BRat* wurde durch die Aufnahme der **Gefährdungsbeurteilung** – im Rahmen der Änderung der ArbStättV im Jahr 2010 (vgl. § 3) – die **Voraussetzung** für die systematische Informationsermittlung und die Festlegung von Maßnahmen für die Sicherheit und Gesundheit der Beschäftigten in der ArbStättV geschaffen (vgl. BR-Drs. 506/16 [B], S. 44). Dies war durch den Arbeitgeber zuvor im Rahmen der übergreifenden Beurteilung der Arbeitsbedingungen gem. § 5 ArbSchG durchzuführen. Die spezielle Beurteilung nach § 3 ArbStättV ist integraler Bestandteil dieser übergreifenden, arbeitssystembezogenen Beurteilung (vgl. *Pieper*, ArbSchR, § 5 ArbSchG Rn. 1 ff.). Die **Unterweisung** der Beschäftigten gehört laut *BRat* zu diesem umfassenden, gefährdungsbezogenen Arbeitsschutzkonzept (vgl. a.a.O.). Unterweisungen sind danach Instrumente, um Beschäftigte in die Lage zu versetzen, sich sicherheits- und gesundheitsgerecht zu verhalten (ebd.). Die Forderungen in § 6 ArbStättV stellen in Kombination mit § 12 ArbSchG sowie § 4 DGUV Vorschrift 1 die Grundlage für **ein belastungs- und gefährdungsbezogenes Qualifizierungskonzept** zur Verbesserung von Sicherheit und Gesundheitsschutz dar.

2.   Inhalte der Unterweisung

3   Die Ergebnisse der Beurteilung nach § 3 ArbStättV 2016, eingebettet in die allgemeine Beurteilung nach § 5 ArbSchG, bilden laut *BRat* die Grundlage dafür, welche **Informationen** im Rahmen der Unterweisung an die Beschäftigten weitergegeben werden müssen. Erst mit diesem Informationstransfer werden danach die Beschäftigten in die Lage versetzt, durch aktives Handeln

und Anwendung der Maßnahmen den Gefährdungen bei der Arbeit zu begegnen (vgl. BR-Drs. 506/16 [B], S. 44 f.).

Die Informationen beziehen sich **allgemein** auf das **bestimmungsgemäße Betreiben** der Arbeitsstätte, alle gesundheits- und sicherheitsrelevanten Fragen im Zusammenhang mit ihrer **Tätigkeit** sowie auf **Maßnahmen**, die zur Gewährleistung der Sicherheit und zum Schutz der Gesundheit der Beschäftigten durchgeführt werden müssen (vgl. § 6 Abs. 1 Nr. 1–3 ArbStättV 2016).

Voraussetzung für ein sicherheits- und gesundheitsgerechtes Verhalten der Beschäftigten bei der Arbeit ist insoweit nicht die Unterweisung als isolierte Maßnahme, sondern ihre Einbindung in die verhältnispräventiven Maßnahmen des Arbeitsschutzes, d. h. die Zurverfügungstellung der erforderlichen Ressourcen. Dies setzt voraus, das der Arbeitgeber auf der Basis der Beurteilung der Arbeitsbedingungen gem. § 5 ArbSchG in Verknüpfung mit den spezifischen Beurteilungen z. B. nach § 3 ArbStättV 2016 oder § 3 Betr-SichV 2015 die Maßnahmen des Arbeitsschutzes ermittelt und festgelegt hat, sie einer den Belastungen und Gefährdungen angemessenen Wirksamkeitsüberprüfung unterzieht und ggf. anpasst, um Sicherheit und Gesundheitsschutz zu gewährleisten und zu verbessern. Hierzu gehören technische, organisatorische und personenbezogene Maßnahmen (vgl. die entsprechenden Vorgaben in § 3 Abs. 1 Satz 2 und 3 ArbStättV 2016; § 3 Rn. 2 ff.).

Die Pflicht zur gefährdungsbezogenen Informationen und Unterweisung **4** der Beschäftigten durch den Arbeitgeber erstreckt sich gem. § 6 Abs. 1 Nr. 4 ArbStättV 2016 auch auf **arbeitsplatzspezifische Maßnahmen**, die die allgemeinen Maßnahmen und damit Unterweisungsinhalte ergänzen. Hervorgehoben werden dabei **insbesondere** Tätigkeiten auf Baustellen oder an Bildschirmgeräten:

• In Bezug auf Tätigkeiten auf **Baustellen** sind die speziellen Bestimmungen in Nr. 5.2 Anhang ArbStättV 2016 sowie die Bestimmungen der BaustellV einzubeziehen. Hinweise hierzu ergeben sich teilweise aus der »Handlungsanleitung für die Bauwirtschaft und baunahe Dienstleistungen zur Umsetzung der Unfallverhütungsvorschrift Grundsätze der Prävention – BGI/GUV-I 5080« zu § 4 BGV A1/DGUV Vorschrift 1. Als Unterweisungsinhalte werden dort aufgeführt: die konkreten arbeitsplatzbezogenen Gefährdungen (z. B. Lärm an der Kreissäge), die getroffenen Schutz- und Notfallmaßnahmen (Verwendung eines lärmarmen Sägeblattes), die vom Mitarbeiter zu beachtenden Maßnahmen des Arbeitsschutzes (Tragen eines Gehörschutzes), die für das Arbeiten auf Baustellen einschlägigen Inhalte der Vorschriften und Regeln. Schon aufgrund des zuletzt genannten Hinweises sind auch organisatorische Maßnahmen des Arbeitsschutzes einzubeziehen. Diese können sich auch aus den Vorgaben der Koordinierung von Sicherheit und Gesundheitsschutz auf Baustellen gem. BaustellV ergeben (vgl. *Pieper*, ArbSchR, § 3 BaustellV Rn. 1 ff.).

- In Bezug auf die Arbeit an **Bildschirmgeräten** ist auf die besonderen Bestimmungen in Nr. 6 Anhang ArbStättV als spezieller Gegenstand von Unterweisungen hinzuweisen. Nach Nr. 8 DGUV Information 215–410 gilt ein entsprechender Arbeitsplatz erst dann als ergonomisch eingerichtet, wenn der Beschäftigte am Bildschirmarbeitsplatz im Umgang mit seinen Arbeitsmitteln unterwiesen ist und diese sinnvoll nutzen kann (vgl. hierzu auch *Pieper*, ArbSchR, § 12 BetrSichV Rn. 1 ff.). Um den Arbeitsplatz mit allen erforderlichen Arbeitsmitteln richtig und effizient nutzen zu können, müssen die Beschäftigten über den richtigen Umgang mit den Arbeitsmitteln informiert und unterwiesen werden. Hierzu gehört neben der Anleitung zur ergonomisch korrekten Einstellung des Arbeitsstuhles, ggf. des Arbeitstisches und der Anordnung der Arbeitsmittel – z. B. Bildschirm, Tastatur, Fußstütze – auch eine Unterweisung zum Umgang mit der eingesetzten Software. Die Unterweisung ist in regelmäßigen Zeitabständen, bei wesentlichen Änderungen bzw. Veränderungen am Arbeitsplatz (vgl. § 2 Rn. 17) sowie bei Beschwerden, die auf die Tätigkeit am Bildschirmarbeitsplatz zurückgeführt werden können, zu wiederholen. Verantwortlich für die Unterweisung im Betrieb ist der Unternehmer nach SGB VII bzw. der Arbeitgeber nach § 3 ArbSchG. Diese Prinzipien gelten grundsätzlich auch für **Telearbeitsplätze i. S. von § 2 Abs. 7 ArbStättV**, soweit diese von denen im Betrieb abweichen und die Unterweisung gem. § 6 dementsprechend zu ergänzen ist (vgl. § 1 Abs. 3 Nr. 2; § 1 Rn. 12b). Dabei sollen die Beschäftigten laut *VBG*-Leitfaden Telearbeit in die Lage versetzt werden, eigenverantwortlich ihre Arbeitsmittel richtig einzustellen und auf ihre richtige Arbeitshaltung zu achten. Außerdem sollten sie befähigt werden, einfache EDV-Probleme zu beheben. Besondern hingewiesen wird auf ein gesundheitsgerechtes **Zeitmanagement** (vgl. *VBG*, 2018, S. 7). Weiterhin ist auf **mobiles Arbeiten/mobile Telearbeit** hinzuweisen (z. B. Tätigkeiten mit tragbaren Bildschirmgeräten im Privatbereich der Beschäftigten oder während Reisetätigkeiten, Abrufen von E-Mails nach Feierabend außerhalb des Betriebs, Arbeit zuhause ohne fest eingerichteten Bildschirmarbeitsplatz usw.), d. h. Tätigkeiten, bei denen es sich nicht um (stationäre) Telearbeit i. S. der ArbStättV handelt (vgl. § 2 Rn. 12e). So wie die Beurteilung der Arbeitsbedingungen bei derartigen Tätigkeiten nach § 3 BetrSichV i. V. m. § 5 ArbSchG durchzuführen ist, erfolgt dies in Bezug auf die Unterweisung nach § 14 BetrSichV i. V. m. § 12 ArbSchG (zu möglichen Inhalten vgl. Anhang 1 DGUV Information 215–410, *www.igmetall.de/online-ratgeber-mobiles-arbeiten-5527.htm* sowie *www.dguv.de/ifa/fachinfos/mobile-it-arbeit/index.jsp*).

Unabhängig von den in § 6 Abs. 1 Nr. 4 ArbStättV 2016 beispielhaft hervorgehobenen Arbeitsplätzen, sind auch für **weitere spezielle Arbeitsplätze** spezifische Unterweisungsinhalte zu ermitteln und in geeignete Qualifizierungskonzepte einzubinden. Hinweise zu den mit diesen Arbeitsplätzen verbundenen erforderlichen Unterweisungsinhalten ergeben sich insbesondere aus dem Vorschriften- und Regelwerk sowie Informationen der Träger der gesetzlichen Unfallversicherung (*www.dguv.de/de/praevention/vorschriften_regeln/regeln_infos/index.jsp*).

Besondere Bestandteile für die Unterweisung nach § 6 Abs. 1 ArbStättV   **5**
2016 sind:
- **Maßnahmen im Gefahrenfall** gem. § 6 Abs. 2 ArbStättV sowie
- **Maßnahmen der Brandverhütung** und Verhaltensmaßnahmen im Brandfall gem. § 6 Abs. 3 ArbStättV.

Grundlage für die Ermittlung eines entsprechenden Unterweisungsbedarfs ist die Beurteilung der Arbeitsbedingungen gem. § 5 ArbSchG bzw. die Gefährdungsbeurteilung nach § 3 ArbStättV 2016. Maßnahmen gegenüber besonderen Gefahren sowie im Hinblick auf Maßnahmen der Ersten Hilfe, des Brandschutzes sowie sonstiger Notfallmaßnahmen ergeben sich allgemein aus §§ 9, 10 ArbSchG. § 4 ArbStättV 2016 regelt diesbezügliche arbeitsstättenspezifische Pflichten des Arbeitgebers.

Die Regelungen in § 6 Abs. 2 und 3 ArbStättV 2016 werden zudem durch Bestimmungen zu Maßnahmen des Arbeitgebers in Bezug auf vorhersehbare **Betriebsstörungen** und die Gefährdung bei Maßnahmen zu deren Beseitigung bei der **Verwendung von Arbeitsmitteln** flankiert (vgl. § 3 Abs. 2 Nr. 4 BetrSichV 2015). Maßnahmen im Falle nicht vorhersehbarer Betriebsstörungen fordert insbesondere § 11 BetrSichV 2015 (vgl. *Pieper*, ArbSchR, § 11 BetrSichV 2015 Rn. 4 ff.). Im Rahmen der Unterweisung nach § 12 BetrSichV 2015 sind Betriebsstörungen und Maßnahmen zu ihrer Beherrschung einzubeziehen (vgl. *Pieper*, ArbSchR, § 12 BetrSichV 2015 Rn. 5). Gem. § 12 Abs. 1 Satz 1 Nr. 3 BetrSichV 2015 hat der Arbeitgeber den Beschäftigten ausreichende und angemessene Informationen anhand der Ergebnisse und dem aktuellen Stand der Beurteilung gem. § 3 BetrSichV 2015 in einer für die Beschäftigten verständlichen Form und Sprache über Maßnahmen bei Betriebsstörungen, Unfällen und zur Ersten Hilfe bei Notfällen zur Verfügung zu stellen, bevor diese die Arbeitsmittel erstmalig verwenden. Auf der Basis dieser Informationen ist die Unterweisung gem. § 12 Abs. 1 Satz 2 Nr. 3 BetrSichV 2015 durchzuführen (vgl. *Pieper*, ArbSchR, § 12 BetrSichV 2015 Rn. 5) und im Rahmen der übergreifenden Unterweisung nach § 12 ArbSchG mit der Unterweisung nach 6 ArbStättV zu verknüpfen.

3. Durchführung der Unterweisung

Die für die Unterweisung bei der Durchführung zu beachtenden **Kriterien**   **6**
sind gem. § 6 Abs. 4 ArbStättV 2016 (vgl. auch § 12 Abs. 1 Satz 2 BetrSichV 2015, *Pieper*, ArbSchR, § 12 BetrSichV Rn. 7 sowie § 12 ArbSchG Rn. 4):
- Durchführung vor Aufnahme der Tätigkeit,

- inhaltlicher Bezug zur Tätigkeit auf Basis der Informationen gem. § 6 Abs. ArbStättV 2016,
- Durchführung in verständlicher Form und Sprache (vgl. hierzu § 7 ArbSchG),
- regelmäßige Wiederholung (mindestens einmal jährlich),
- unverzügliche Wiederholung bei wesentlichen Veränderungen (vgl. § 2 Rn. 17), die mit zusätzlichen Gefährdungen verbunden sind (bezogen auf Tätigkeiten der Beschäftigten, die Arbeitsorganisation, die Arbeits- und Fertigungsverfahren oder die Einrichtungen und Betriebsweisen in der Arbeitsstätte).

Sinnvoll ist die Dokumentation des Datums und der Namen der unterwiesenen Beschäftigten (vgl. auch § 12 Abs. 1 Satz 4 BetrSichV 2015). Die Dokumentation der Unterweisung ist im Rahmen der Dokumentation des Ergebnisses der Gefährdungsbeurteilung nach § 3 Abs. 3 ArbStättV durchzuführen (vgl. auch § 3 Abs. 8 BetrSichV 2015; *Pieper*, ArbSchR, § 3 BetrSichV Rn. 85 ff.).

Die konkrete Umsetzung dieser Kriterien ist im Rahmen der Beurteilung nach § 3 BetrSichV 2015, d. h. bezogen auf den Grad der Gefährdung zu ermitteln.

7   Analog zu den Forderungen in § 10 Abs. 2 Satz 2 BetrSichV, wonach **Instandhaltungsmaßnahmen** in Bezug auf die Verwendung von Arbeitsmitteln nur von fachkundigen, beauftragten und unterwiesenen Beschäftigten oder von sonstigen für die Durchführung der Instandhaltungsarbeiten geeigneten Auftragnehmern mit vergleichbarer Qualifikation durchgeführt werden dürfen, sind diese Forderungen auch in Bezug auf die Instandhaltungsverpflichtungen gem. § 4 ArbStättV 2016 entsprechend der besonderen Gefährdungspotentiale bei Instandhaltungsmaßnahmen umzusetzen.

8   Als Maßnahme des Arbeitsschutzes ist die Unterweisung auf ihre **Wirksamkeit** zu überprüfen (vgl. § 3 Abs. 1 ArbSchG sowie § 4 Abs. 5 BetrSichV 2015; *Pieper*, ArbSchR, § 4 BetrSichV Rn. 15 ff.). Dies kann z. B. durch Lernerfolgskontrollen gewährleistet werden, die in ein entsprechendes Qualifizierungskonzept eingebunden sind (vgl. hierzu, *Pieper*, ArbSchR, § 12 ArbSchG Rn. 5). Hierbei ist auf die mit dem Einrichten und Betreiben von Arbeitsstätten arbeitssystembezogen korrespondierende Verpflichtung des Arbeitgebers gem. § 4 Abs. 6 BetrSichV 2015 hinzuweisen, wonach dieser die Belange des Arbeitsschutzes und damit auch die Unterweisung in Bezug auf die Verwendung von Arbeitsmitteln angemessen in seine betriebliche Organisation einzubinden und hierfür die erforderlichen personellen, finanziellen und organisatorischen Voraussetzungen zu schaffen hat.

§ 7   Ausschuss für Arbeitsstätten

(1) Beim Bundesministerium für Arbeit und Soziales wird ein Ausschuss für Arbeitsstätten gebildet, in dem fachkundige Vertreter der Arbeitgeber, der Gewerkschaften, der Länderbehörden, der gesetzlichen Unfallversicherung und weitere fachkundige Personen, insbesondere der Wissenschaft, in angemessener Zahl vertreten sein sollen. Die Gesamtzahl der Mitglieder soll 16 Personen nicht überschreiten. Für jedes Mitglied ist ein stellvertretendes Mitglied zu benennen. Die Mitgliedschaft im Ausschuss für Arbeitsstätten ist ehrenamtlich.

(2) Das Bundesministerium für Arbeit und Soziales beruft die Mitglieder des Ausschusses und die stellvertretenden Mitglieder. Der Ausschuss gibt sich eine Geschäftsordnung und wählt den Vorsitzenden aus seiner Mitte. Die Geschäftsordnung und die Wahl des Vorsitzenden bedürfen der Zustimmung des Bundesministeriums für Arbeit und Soziales.

(3) Zu den Aufgaben des Ausschusses gehört es,

1. dem Stand der Technik, Arbeitsmedizin und Hygiene entsprechende Regeln und sonstige gesicherte wissenschaftliche Erkenntnisse für die Sicherheit und Gesundheit der Beschäftigten in Arbeitsstätten zu ermitteln,

2. Regeln und Erkenntnisse zu ermitteln, wie die Anforderungen dieser Verordnung erfüllt werden können, sowie Empfehlungen für weitere Maßnahmen zur Gewährleistung der Sicherheit und zum Schutz der Gesundheit der Beschäftigten auszuarbeiten und

3. das Bundesministerium für Arbeit und Soziales in allen Fragen der Sicherheit und der Gesundheit der Beschäftigten in Arbeitsstätten zu beraten.

Bei der Wahrnehmung seiner Aufgaben soll der Ausschuss die allgemeinen Grundsätze des Arbeitsschutzes nach § 4 des Arbeitsschutzgesetzes berücksichtigen. Das Arbeitsprogramm des Ausschusses für Arbeitsstätten wird mit dem Bundesministerium für Arbeit und Soziales abgestimmt. Der Ausschuss arbeitet eng mit den anderen Ausschüssen beim Bundesministerium für Arbeit und Soziales zusammen. Die Sitzungen des Ausschusses sind nicht öffentlich. Beratungs- und Abstimmungsergebnisse des Ausschusses sowie Niederschriften der Untergremien sind vertraulich zu behandeln, soweit die Erfüllung der Aufgaben, die den Untergremien oder den Mitgliedern des Ausschusses obliegen, dem nicht entgegenstehen.

(4) Das Bundesministerium für Arbeit und Soziales kann die vom Ausschuss nach Absatz 3 ermittelten Regeln und Erkenntnisse sowie Empfehlungen im Gemeinsamen Ministerialblatt bekannt machen.

(5) **Die Bundesministerien sowie die zuständigen obersten Landesbehörden können zu den Sitzungen des Ausschusses Vertreter entsenden. Diesen ist auf Verlangen in der Sitzung das Wort zu erteilen.**
(6) **Die Geschäfte des Ausschusses führt die Bundesanstalt für Arbeitsschutz und Arbeitsmedizin.**

Inhaltsübersicht

1.   Allgemeines

1   § 7 ist i. V. m. § 3 Abs. 1 ArbStättV 2016 ist eine der **zentralen Regelungen** der 2004 im Kern novellierten Verordnung, insbesondere im Hinblick auf die weitere Konkretisierung der unbestimmten Regelungen der ArbStättV durch technische Regeln (ASR). Die Vorschrift bestimmt insoweit die Einsetzung eines mit sachverständigen Mitgliedern pluralistisch besetzten Gremiums der im Arbeitsschutz wesentlich Verantwortung tragenden Akteure (vgl. RegE-ArbStättV 2004, S. 28).

2.   Bildung des Ausschusses, Zusammensetzung

2   Der *Ausschuss für Arbeitsstätten* (*ASTA*) wurde, analog zu bereits bestehenden Ausschüssen z. B. für Gefahrstoffe (*AGS*), auf der Grundlage von § 7 ArbStättV 2004 eingesetzt (§ 7 Abs. 1). Die Einrichtung des *ASTA* sichert nach Auffassung der *BReg* die **Mitwirkung** der betroffenen Kreise und gewährleistet dadurch eine breite **Akzeptanz** der von ihm ermittelten Technischen Regeln für Arbeitsstätten (vgl. RegE-ArbStättV 2004, S. 28).

3   Die Arbeit des *ASTA* nach dem Vorbild bereits bestehender Ausschüsse sollte nach Auffassung der *BReg* durch **Verzicht auf die Erarbeitung besonderer Verwaltungsvorschriften** zu einer Entlastung des Verordnungsgebers sowie der zuständigen Behörden der Länder und der Unfallversicherungsträger führen. Durch die Mitgliedschaft der betroffenen Kreise im Ausschuss wird, so die *BReg* weiter, ein ausgewogenes und streng am Bedarf ausgerichtetes Regelwerk sichergestellt, dass die früheren Arbeitsstättenrichtlinien abgelöst hat (vgl. RegE-ArbStättV 2004, S. 28 f.).

4   Die Begrenzung der **Gesamtzahl** der Mitglieder auf 15 gewährleistet nach Auffassung der *BReg* die Arbeitsfähigkeit des Gremiums (RegE-ArbStättV 2004, S. 29). Daneben wird es Vertreterinnen und Vertretern der Bundesministerien und der zuständigen obersten Landesbehörden ermöglicht, an den Sitzungen des Ausschusses teilzunehmen (§ 7 Abs. 5).

3. Berufung des Ausschusses, Geschäftsordnung, Geschäftsführung

Es werden die auch für vergleichbare Ausschüsse üblichen **Verfahrensregeln**   5
über die Berufung der Ausschussmitglieder, die Wahl des Vorsitzenden und
die Geschäftsordnung getroffen (§ 7 Abs. 2).

Die **Geschäfte des Ausschusses** werden, wie bei den bereits bestehenden   6
Ausschüssen, durch die *BAuA* geführt, um den dort vorhandenen Sachver-
stand und die Erfahrungen zu nutzen (§ 7 Abs. 6; vgl. *www.baua.de/Aus
schüsse*).

4. Aufgaben des Ausschusses, Technische Regeln für Arbeitsstätten

Der Ausschuss für Arbeitsstätten soll das *BMAS* beraten und dem Stand der   7
Technik, der Arbeitsmedizin und der Hygiene entsprechende Regeln und
Erkenntnisse ermitteln, die die ausfüllungsbedürftigen Anforderungen der
Verordnung konkretisieren sowie Empfehlungen für weitere Maßnahmen
zur Gewährleistung der Sicherheit und zum Schutz der Gesundheit der Beschäftigten auszuarbeiten (vgl. § 7 Abs. 3 ArbStättV 2016). Bei der Wahrnehmung seiner **Aufgaben** soll der Ausschuss die allgemeinen Grundsätze des
Arbeitsschutzes nach § 4 ArbSchG berücksichtigen. Dies betont nochmals
den erforderlichen Praxisbezug der Tätigkeit des Ausschusses. Bei der Ermittlung der Regeln und Erkenntnisse sowie der Empfehlungen soll kon-
sensorientiert vorgegangen werden (vgl. RegE-ArbStättV 2004, S. 29).

Bei der Erarbeitung eines umfassenden Regelwerkes hat der Ausschuss auf   8
die vorhandenen Arbeitsstättenrichtlinien zurückgegriffen (vgl. RegE-Arb-
StättV 2004, S. 29). Die Technischen Regeln für Arbeitsstätten (ASR) sollten
die bisherigen **Arbeitsstätten-Richtlinien** (Alt-ASR) ablösen. Die Alt-ASR
hatten den Zweck, dem Arbeitgeber die Orientierung bei der Gestaltung der
Arbeitsstätten gem. den Anforderungen nach den Regeln und Erkenntnissen
zu erleichtern (vgl. § 3 Abs. 2 Satz 1 ArbStättV 1976/1996). Sie wurden vom
BMA/BMWA aufgestellt und bekannt gegeben (vgl. Münch*ArbR-Wlotzke*,
§ 212 Rn. 21; *Opfermann/Streit*, § 3 ArbStättV 1976/1996 Rn. 85).

Zielsetzung des *ASTA* war die zeitnahe Überführung der bisherigen Alt-ASR   9
in Regeln für Arbeitsstätten, da die Alt-ASR am 31.12.2012 ihre Gültigkeit
verloren haben. Solange sie nicht überführt waren bzw. gegenstandslos geworden sind, handelte es sich bei den Alt-ASR um **Regeln** i. S. von § 4 Nr. 3
ArbSchG. Sie entfalteten insofern – wie die künftigen Regeln für Arbeitsstätten – auch keine rechtlich bindende Wirkung (keine Rechtsnorm), aber eine
Vermutungswirkung zugunsten des Rechtsanwenders (*BVerwG* 31.1.1997,
NZA 1997, 482). Bei Maßnahmen zum sicheren und gesundheitsgerechten
Einrichten und Betreiben hatte der Arbeitgeber von den Alt-ASR auszugehen, wenn und soweit keine Anhaltspunkte für in ihnen enthaltene Fehlbe-
urteilungen vorlagen (vgl. *BVerwG*, a. a. O.).

10 Die **Aufstellung** der Alt-ASR erfolgte unter Hinzuziehung der fachlich beteiligten Kreise einschließlich der Spitzenorganisationen der Arbeitnehmer
und Arbeitgeber (vgl. *Opfermann/Streit*, § 3 ArbStättV 1976/1996, Rn. 96 ff.);
die Bekanntmachung im Benehmen mit den für den Arbeitsschutz zuständigen obersten Landesbehörden im BArbBl. (vgl. a. a. O., Rn. 99; zum Verfahren vgl. a. a. O., Rn. 100 ff.; *Kollmer*, § 3 ArbStättV 1976/1996 Rn. 27 ff.).

11 Die **Initiative** zur Erstellung von Regeln geht von den Mitgliedern des Ausschusses aus, der daraufhin seine Arbeit aufnimmt. Die Arbeit der Fachaus-
schüsse der Unfallversicherungsträger ist mit der des Ausschusses für Arbeitsstätten verzahnt. Ziel ist dabei, Arbeitgebern, Beschäftigten sowie den
Aufsichtsdiensten der Länder und Unfallversicherungsträgern ein abge-
stimmtes Regelwerk an die Hand zu geben und Doppelarbeit zu vermeiden
(vgl. RegE-ArbStättV 2004, S. 29).

12 Die vom Ausschuss für Arbeitsstätten ermittelten Regeln und Erkenntnisse
sowie Empfehlungen können vom *BMAS* **amtlich bekannt gegeben** werden
(vgl. § 7 Abs. 4 ArbStättV 2016). Quelle ist hierfür zum einen das Gemeinsame Ministerialblatt und zum anderen die Homepage der *BAuA*
(*www.baua.de*).

§ 8   Übergangsvorschriften

(1) Soweit für Arbeitsstätten,

1. **die am 1. Mai 1976 eingerichtet waren oder mit deren Einrichtung vor
    diesem Zeitpunkt begonnen worden war oder**

2. **die am 20. Dezember 1996 eingerichtet waren oder mit deren Einrich-
    tung vor diesem Zeitpunkt begonnen worden war und für die zum
    Zeitpunkt der Einrichtung die Gewerbeordnung keine Anwendung
    fand,**

in dieser Verordnung Anforderungen gestellt werden, die umfangreiche
Änderungen der Arbeitsstätte, der Betriebseinrichtungen, Arbeitsverfahren oder Arbeitsabläufe notwendig machen, gelten hierfür bis zum 31. Dezember 2020 mindestens die entsprechenden Anforderungen des Anhangs II der Richtlinie 89/654/EWG des Rates vom 30. November 1989
über Mindestvorschriften für Sicherheit und Gesundheitsschutz in Arbeitsstätten (ABl. EG Nr. L 393 S. 1). Soweit diese Arbeitsstätten oder ihre
Betriebseinrichtungen wesentlich erweitert oder umgebaut oder die Arbeitsverfahren oder Arbeitsabläufe wesentlich umgestaltet werden, hat
der Arbeitgeber die erforderlichen Maßnahmen zu treffen, damit diese
Änderungen, Erweiterungen oder Umgestaltungen mit den Anforderungen dieser Verordnung übereinstimmen.
(2) Bestimmungen in den vom Ausschuss für Arbeitsstätten ermittelten
und vom Bundesministerium für Arbeit und Soziales im Gemeinsamen
Ministerialblatt bekannt gemachten Regeln für Arbeitsstätten, die Anfor-

derungen an den Arbeitsplatz enthalten, gelten unter Berücksichtigung der Begriffsbestimmung des Arbeitsplatzes in § 2 Absatz 2 der Arbeitsstättenverordnung vom 12. August 2004 (BGBl. I S. 2179), die zuletzt durch Artikel 282 der Verordnung vom 31. August 2015 (BGBl. I S. 1474) geändert worden ist, solange fort, bis sie vom Ausschuss für Arbeitsstätten überprüft und erforderlichenfalls vom Bundesministerium für Arbeit und Soziales im Gemeinsamen Ministerialblatt neu bekannt gemacht worden sind.

Inhaltsübersicht

1. »Alt-Arbeitsstätten«, wesentliche Umgestaltung von »Alt-Arbeitsstätten«

Um dem nach Auffassung von *BReg* und *BRat* schutzwürdigen Interesse **1** an **Bestandsschutz** einmal getroffener Verwaltungsentscheidungen für Arbeitsstätten Rechnung zu tragen,

- die schon vor dem Inkrafttreten der bisherigen Arbeitsstättenverordnung im Mai 1976 errichtet waren bzw. mit deren Errichtung zu diesem Zeitpunkt bereits begonnen worden war (vgl. § 56 Abs. 1 ArbStättV 1976/1996) oder
- die erst seit der Ausdehnung des Geltungsbereichs im Dezember 1996 den Vorschriften der Arbeitsstättenverordnung unterliegen und die zu diesem Zeitpunkt bereits errichtet waren, oder mit deren Errichtung zu diesem Zeitpunkt bereits begonnen worden war (vgl. § 56 Abs. 3 ArbStättV 1976/1996),

wurden entsprechende Übergangsregelungen getroffen (§ 8 Abs. 1 Satz 1 2004/2010/2016).

Die Übergangsvorschrift in § 8 Abs. 1 Satz 1 ArbStättV entstammt noch der ArbStättV aus dem Jahr 1975 (§ 56), die im Mai 1976 in Kraft getreten ist. Der § 56 der alten ArbStättV regelte in eingeschränkter Form den Bestandsschutz für bestimmte bereits errichtete Arbeitsstätten. Diese »Übergangsvorschrift« in der ursprünglichen Verordnung galt nur für existierende Arbeitsstätten, die vor Mai 1976 (im öffentlichen Dienst vor 1996) bereits eingerichtet und betrieben wurden. Die Anforderungen für Arbeitsstätten in diesen betroffenen Betrieben wurden aus der EG-Arbeitsstättenrichtlinie aus dem Jahr 1989 übernommen. Die Übergangsvorschrift steht auch heute noch in der aktuellen Fassung der ArbStättV. Sie gilt jedoch nur noch für die Betriebe, die seit 1976 (1996) keinen Umbau oder keine Renovierung der Arbeitsstätte oder keine Umstellungen der Arbeitsverfahren sowie der Arbeitsabläufe durchgeführt haben. Sofern es solche Betriebe überhaupt noch gibt, gelten für diese Betriebe nur die leicht reduzierten Anforderungen des Anhangs II der EG-Arbeitsstättenrichtlinie. In der Praxis dürfte es aber kaum noch Betriebe geben, die seit 1976 (seit 1996 öffentlicher Dienst) nicht die Arbeitsstätte, ihre Betriebseinrichtungen oder die Arbeitsverfahren modernisiert haben. Die Innovationszyklen in der Wirtschaft (früher rund 15 Jahre) haben sich in den letzten Jahren drastisch verkürzt. Deshalb ist davon auszugehen, dass diese Übergangsvorschrift in der Praxis keine Rolle mehr spielt.

Die überholten und komplizierten Ausnahmevorschriften des § 8 Abs. 1 können somit mittelfristig aus der ArbStättV ersatzlos entfallen. Wie in solchen Fällen üblich, soll die Ausnahme noch für eine Übergangszeit bis zum Ende des Jahres 2020 gültig bleiben und dann automatisch außer Kraft treten. Nach dieser Frist kann in begründeten Einzelfällen auch weiterhin eine Ausnahmegenehmigung nach § 3 Abs. 3 bei den zuständigen Länderbehörden beantragt werden.

2   Für Arbeitsstätten mit Bestandsschutz gem. § 8 Abs. 1 ArbStättV 2016 gelten bis zum 31.12.2020 mindestens die Anforderungen des **Anhangs II der EG-Arbeitsstättenrichtlinie**.

3   Weitere Übergangsvorschriften für i. S. von § 8 Abs. 1 ArbStättV 2016 bereits errichtete Arbeitsstätten sind laut *BReg* nicht erforderlich. In **Härtefällen** können die Behörden Ausnahmegenehmigungen nach § 3 Abs. 3 erteilen (vgl. RegE-ArbStättV 2004, S. 30; vgl. § 3 Rn. 36 ff.).

4   Auch bei Arbeitsstätten mit Bestandsschutz gem. § 8 Abs. 1 muss im Rahmen ggf. durchgeführter **wesentlicher Änderungen** (vgl. § 2 Rn. 17), z. B. bei Erweiterungen oder Umgestaltungen der Arbeitsstätte, der Arbeitsverfahren oder der Arbeitsabläufe, durch den Arbeitgeber sichergestellt werden, dass diese mit den Anforderungen der ArbStättV 2016 im Einklang stehen (vgl. § 8 Abs. 1 Satz 2). Auf Basis der **Gefährdungsbeurteilung** gem. § 3 ArbStättV, eingebunden in die Beurteilung der Arbeitsbedingungen gem. § 5 ArbSchG, hat der Arbeitgeber daher die entsprechenden Maßnahmen durchzuführen.

5   Umfangreiche und damit u. U. unzumutbare Änderungen i. S. von § 8 Abs. 1 ArbStättV 2016 können allgemein dann vorliegen, wenn die Kosten einer Anpassungsmaßnahme für den Arbeitgeber wirtschaftlich unzumutbar sind (vgl. *Opfermann/Streit*, § 56 ArbStättV 1976/1996 Rn. 10a). Dies kann insbesondere der Fall sein, wenn zur Anpassung der Alt-Arbeitsstätte an die Anforderungen der ArbStättV **bauliche Maßnahmen** größeren Umfangs erforderlich sind. Ein wichtiges Kriterium für den Umfang ist hierbei das Erfordernis einer baurechtlichen Genehmigung für eine Anpassungsmaßnahme (vgl. a. a. O.). Umfangreiche Änderungen können auch im Hinblick auf die Anpassung von **Betriebseinrichtungen** (Beschaffung kostenintensiver Arbeitsmittel), **Arbeitsverfahren** (kostenintensive Umstellung von Produktionsverfahren) und **Arbeitsablauf** (kostenintensive Umstellung z. B.

von Fließbandarbeit) an die Anforderungen der ArbStättV gegeben sein (vgl. a. a. O., Rn. 8 ff.). Das Kriterium einer wirtschaftlichen Unzumutbarkeit gilt nicht absolut: In Zusammenhang mit der Regelung zur Sichtverbindung nach Außen in Nr. 3.4 Abs. 3 Anhang ArbStättV 2016 wird darauf hingewiesen, dass *»der finanzielle Aufwand der Erweiterungs- oder Umbauarbeiten allein … kein entscheidendes Kriterium für die Bestimmung der ›Wesentlichkeit‹ (ist)«* (vgl. BR-Drs. 506/16 [B], S. 50; vgl. Nr. 3.4 Anhang ArbStättV Rn. 8).

Im Umkehrschluss aus § 8 Abs. 1 gelten die Anforderungen der ArbStättV **6** 2016 auch für alle jene Alt-Arbeitsstätten, bei denen **keine umfangreichen Änderungen** notwendig sind (vgl. im Einzelnen *Opfermann/Streit*, § 56 ArbStättV 1976/1996 Rn. 11).

Die Anwendung einzelner oder sämtlicher Vorschriften der ArbStättV auf **7** Alt-Arbeitsstätten, die keine umfangreichen Änderungen i. S. von § 8 Abs. 1 bewirken, muss bezogen auf den **Einzelfall** entschieden werden (vgl. *Opfermann/Streit*, § 56 ArbStättV 1976/1996, Rn. 15).

Maßnahmen zur Anwendung von Vorschriften der ArbStättV, die einen Re- **8** gelungsspielraum enthalten, unterfallen der **Mitbestimmung** des Betriebs- bzw. Personalrats gem. § 87 Abs. 1 Nr. 7 BetrVG bzw. § 75 Abs. 3 Nr. 11 BPersVG (vgl. *Opfermann/Streit*, § 56 ArbStättV 1976/1996 Rn. 15; vgl. Einl. Rn. 8). Dementsprechend kann der Betriebs- bzw. Personalrat zur Anpassung von Alt-Arbeitsstätten an den Standard der ArbStättV auch von seinem **Initiativrecht** Gebrauch machen (vgl. *Pieper*, ArbSchR, BetrVG Rn. 38; BPersVG Rn. 5).

Weiterhin kann die zuständige Behörde gem. § 22 Abs. 3 ArbSchG ent- **9** sprechende **Anordnungen** erlassen (vgl. *Opfermann/Streit*, § 56 ArbStättV 1976/1996 Rn. 15).

Soweit die Arbeitsstätten gem. § 8 Abs. 1 Nr. 1 und 2 oder ihre Betriebsein- **10** richtungen nach dem 1. 5. 1976 bzw. nach dem 20. 12. 1996 wesentlich **erweitert** oder **umgebaut** oder die Arbeitsverfahren oder Arbeitsabläufe wesentlich **umgestaltet** werden, hat der Arbeitgeber die erforderlichen Maßnahmen zu treffen, damit diese Änderungen, Erweiterungen oder Umgestaltungen mit den Anforderungen der ArbStättV übereinstimmen. Es gibt daher keinen »ewigen Bestandsschutz« für »Alt«-Arbeitsstätten.

Über Planungen zu Anpassungsmaßnahmen oder zu wesentlichen Ände- **11** rungen hat der Arbeitgeber den Betriebs- bzw. Personalrat gem. § 90 BetrVG bzw. § 75 Abs. 3 BPersVG zu **unterrichten** (vgl. *Opfermann/Streit*, § 56 ArbStättV 1976/1996 Rn. 29; *Pieper*, ArbSchR, BetrVG Rn. 7; BPersVG Rn. 4). Die bei der Durchführung der Anpassungsmaßnahmen (auch zur Abwehr von Gefahren nach § 56 Abs. 2 Nr. 3) nach dem Grundsatz der Kohärenz der ArbStättV mit dem ArbSchG (vgl. § 3 Rn. 8 ff.) zu beachtenden Regelungen des ArbSchG (insbesondere §§ 3 bis 6 ArbSchG) lösen entsprechende **Mitbestimmungsrechte** nach § 87 Abs. 1 Nr. 7 BetrVG bzw. § 75 Abs. 3 BPersVG aus (vgl. Einl. Rn. 8).

2.   Fortgeltung des Regelwerks

12   Bis zu ihrer Überarbeitung und zur Bekanntgabe entsprechender Technischer Regeln für Arbeitsstätten (vgl. § 3 Rn. 4 ff. und § 7 Rn. 7 ff.) galten die früheren Arbeitsstättenrichtlinien auf Basis der ArbStättV 1976/1996 als Stand der Technik, Arbeitsmedizin und Hygiene i. S. des § 4 Nr. 3 ArbSchG fort (vgl. die bisherige Regelung in § 8 Abs. 2 ArbStättV 2004/2010). Die Fortgeltung der Arbeitsstättenrichtlinien in der bisherigen Regelung war auf sechs Jahre nach Inkrafttreten der ArbStättV 2004 beschränkt und sollte sicherstellen, dass die angestrebte Straffung und Aktualisierung der Richtlinien kurzfristig erfolgt (RegE-ArbStättV 2004, S. 30). Der Ausschuss für Arbeitsstätten (*ASTA*) hatte 2004 mit seiner Berufung u. a. die Aufgabe erhalten, die zur ArbStättV 1976/1996 vom BMA im BArbBl. bekannt gemachten Arbeitsstättenrichtlinien zu überarbeiten. Trotz intensiver Arbeit im Ausschuss für Arbeitsstätten waren bis Auslaufen der bisherigen Übergangsregelung zum 10. 8. 2010 nicht alle Arbeitsstättenrichtlinien in Technische Regeln für Arbeitsstätten (ASR) überführt worden. Hintergrund war u. a., dass gem. § 7 Abs. 3 Nr. 1 ArbStättV 2004 in den Regeln für Arbeitsstätten der Stand der Technik, Arbeitsmedizin und Arbeitshygiene sowie sonstige gesicherte wissenschaftliche Erkenntnisse dokumentiert werden müssen. Mit einer Verlängerung der Übergangszeit um zwei Jahre bis zum **31. 12. 2012** sollte sichergestellt werden, dass bis dahin alle in der ArbStättV 2004/2010 gestellten Anforderungen durch entsprechende, die Vermutungswirkung nach § 3 Abs. 1 ArbStättV auslösende Regeln für Arbeitsstätten vorliegen werden. Damit wurde laut *BRat* einer möglichen Verunsicherung in der betrieblichen Praxis vorgebeugt (BR-Drs. 262/10 [B], S. 7; zum Stand vgl. *www.baua.de/de/Themen-von-A-Z/Arbeitsstaetten/ASR/ASR.html*).

13   Wegen der am 31. 12. 2012 abgelaufenen Frist ist § 8 Abs. 2 ArbStättV 2004/2010 durch eine neue Übergangsregelung abgelöst worden. Dies bezieht sich auf seit 2004 veröffentlichte ASR, in denen noch der zeitlich eingeschränkte Begriff »**Arbeitsplatz**« verwendet wird. Grund für die erforderliche Übergangsregelung ist die rechtliche Klarstellung der Definition »Arbeitsplatz« (vgl. § 2 Abs. 4 ArbStättV 2016; § 2 Rn. 3, 3a). In § 8 Abs. 2 ArbStättV 2016 wird nunmehr geregelt, dass die ASR, die die bisherige Arbeitsplatzdefinition der ArbStättV 2004/2010 mit zeitlicher Einschränkung noch verwenden, so lange weiterhin angewendet werden können, bis der *ASTA* die entsprechenden ASR überprüft und ggf. entsprechend angepasst hat. Damit soll laut *BRat* verhindert werden, dass es für die Betriebe durch die Anpassung der Arbeitsplatzdefinition zu höheren Aufwendungen kommt. Sobald die ASR vom *ASTA* geprüft und erforderlichenfalls an das neue Recht angepasst sind, greift die Übergangsregelung nicht mehr (vgl. BR-Drs. 506/16, S. 45 f.). Danach sind laut *ASTA* bei acht ASR keine Änderungen hinsichtlich der Verwendung des Begriffes »Arbeitsplatz« erforderlich (Stand: 11/2018):

ASR V3 »Gefährdungsbeurteilung«, ASR A1.3 »Sicherheits- und Gesundheitsschutzkennzeichnung«, ASR A1.7 »Türen und Tore«, ASR A1.8 »Verkehrswege«, ASR A3.5 »Raumtemperatur«, ASR A3.6 »Lüftung«, ASR A4.2 »Pausen- und Bereitschaftsräume« sowie ASR A4.4 »Unterkünfte« (dazu kommt die ASR A3.7 vom Mai 2018). Für alle übrigen ASR gelten laut *ASTA* die Regelungen zum Fortbestand der ASR bis zur Bekanntmachung neuer Fassungen gem. § 8 Abs. 2 der ArbStättV 2016 (vgl. Erkenntnisse des Ausschusses für Arbeitsstätten (*ASTA*) zur Definition des Begriffes Arbeitsplatz in den Technischen Regeln für Arbeitsstätten (ASR), Ausgabe: Mai 2018, GMBl. 2018, S. 475).

§ 9 Straftaten und Ordnungswidrigkeiten

(1) **Ordnungswidrig im Sinne des § 25 Absatz 1 Nummer 1 des Arbeitsschutzgesetzes handelt, wer vorsätzlich oder fahrlässig**

1. entgegen § 3 Absatz 3 eine Gefährdungsbeurteilung nicht richtig, nicht vollständig oder nicht rechtzeitig dokumentiert,
2. entgegen § 3a Absatz 1 Satz 1 nicht dafür sorgt, dass eine Arbeitsstätte in der dort vorgeschriebenen Weise eingerichtet ist oder betrieben wird,
3. entgegen § 3a Absatz 1 Satz 2 in Verbindung mit Nummer 4.1 Absatz 1 des Anhangs einen dort genannten Toilettenraum oder eine dort genannte mobile, anschlussfreie Toilettenkabine nicht oder nicht in der vorgeschriebenen Weise zur Verfügung stellt,
4. entgegen § 3a Absatz 1 Satz 2 in Verbindung mit Nummer 4.2 Absatz 1 des Anhangs einen dort genannten Pausenraum oder einen dort genannten Pausenbereich nicht oder nicht in der vorgeschriebenen Weise zur Verfügung stellt,
5. entgegen § 3a Absatz 2 eine Arbeitsstätte nicht in der dort vorgeschriebenen Weise einrichtet oder betreibt,
6. entgegen § 4 Absatz 1 Satz 2 nicht dafür sorgt, dass die gefährdeten Beschäftigten ihre Tätigkeit unverzüglich einstellen,
7. entgegen § 4 Absatz 4 Satz 1 nicht dafür sorgt, dass Verkehrswege, Fluchtwege und Notausgänge freigehalten werden,
8. entgegen § 4 Absatz 5 ein Mittel oder eine Einrichtung zur Ersten Hilfe nicht zur Verfügung stellt,
9. entgegen § 6 Absatz 4 Satz 1 nicht sicherstellt, dass die Beschäftigten vor Aufnahme der Tätigkeit unterwiesen werden.

(2) Wer durch eine in Absatz 1 bezeichnete vorsätzliche Handlung das Leben oder die Gesundheit von Beschäftigten gefährdet, ist nach § 26 Nummer 2 des Arbeitsschutzgesetzes strafbar.

1   Sanktionsbestimmungen zu Verstößen gegen Vorschriften der ArbStättV waren in der Neufassung von 2004 nicht enthalten und wurden erstmals in § 9 ArbStättV 2010 geregelt. Bis dahin fehlte in der ArbStättV eine unmittelbare Sanktionsmöglichkeit bei Verstößen gegen die dort festgelegten Vorschriften. Ein solches **Instrument** für die Verfolgung von vorsätzlichen oder fahrlässigen Gefährdungen von Beschäftigten ist nach Auffassung der *BReg* für die Aufsichtsbehörden und die betrieblichen Arbeitsschutzakteure von großer Bedeutung (RegE-OStrV, S. 29). Auch in der europäischen Gemeinschaftsstrategie zum Arbeitsschutz wurde gefordert, neben der beratenden Tätigkeit der Aufsichtsdienste dem Einsatz von Sanktionsmitteln bei Verstößen wieder mehr Aufmerksamkeit zu widmen. Die Ergänzungen und Modifikationen in § 9 ArbStättV 2016 sind teilweise Folgeänderungen zu den 2016 in den §§ 3 ff. vorgenommenen Änderungen. Neu aufgenommen sind z. B. die Ordnungswidrigkeiten bei nicht zur Verfügung gestellten Mitteln oder Einrichtungen zur Ersten Hilfe nach § 4 Abs. 5 oder nicht durchgeführter Unterweisung nach § 6 Abs. 4.

2   Bestimmte Verstöße gegen die Bestimmungen der ArbStättV sind gem. § 9 Abs. 1 ArbStättV 2016 als **Ordnungswidrigkeit** bezeichnet, die gem. § 25 ArbSchG mit einer Geldbuße geahndet werden können.

3   Wird durch einen solchen Verstoß vorsätzlich das Leben oder die Gesundheit eines Beschäftigten gefährdet, kann dies durch § 9 Abs. 2 ArbStättV 2016 i. V. m. § 26 ArbSchG **bestraft** werden.

Anhang
(Anforderungen und Maßnahmen für Arbeitsstätten nach § 3 Abs. 1)

Vor Anhang ArbStättV

1   Der Anhang zur ArbStättV beinhaltet **Anforderungen und Maßnahmen** für das Einrichten und Betreiben von Arbeitsstätten nach § 3 Abs. 1 ArbStättV 2016.

§ 3 Abs. 1 ArbStättV verpflichtet den Arbeitgeber, bei der **Beurteilung der Arbeitsbedingungen** nach § 5 ArbSchG zunächst festzustellen, ob die Beschäftigten Gefährdungen beim Einrichten und Betreiben von Arbeitsstätten ausgesetzt sind oder ausgesetzt sein können. Ist dies der Fall, hat der Arbeitgeber alle möglichen Gefährdungen der Sicherheit und der Gesundheit der Beschäftigten zu beurteilen und dabei die Auswirkungen der Arbeitsorganisation und der Arbeitsabläufe in der Arbeitsstätte zu berücksichtigen. Bei der Gefährdungsbeurteilung hat er die physischen und psychischen Belastungen sowie bei Bildschirmarbeitsplätzen insbesondere die Belastungen der Augen oder die Gefährdung des Sehvermögens der Beschäftigten zu berücksichtigen. Entsprechend dem Ergebnis der Gefährdungsbeurteilung hat der Arbeitgeber **Maßnahmen** zum Schutz der Beschäftigten gemäß den Vorschriften der ArbStättV einschließlich ihres Anhangs nach dem Stand der Technik, Arbeitsmedizin und Hygiene **festzulegen**. Sonstige gesicherte arbeitswissenschaftliche Erkenntnisse sind zu berücksichtigen (vgl. im Einzelnen § 3 Rn. 1 ff.).

Auf der Grundlage der Beurteilung nach § 3 ArbStättV 2016, die fachkundig durchgeführt und vor Aufnahme der Tätigkeiten dokumentiert wird (vgl. § 3 Abs. 2 und 3), hat der Arbeitgeber gem. § 3a Abs. 1 dafür sorgen, dass Arbeitsstätten so eingerichtet und betrieben werden, dass **Gefährdungen für die Sicherheit und die Gesundheit der Beschäftigten möglichst vermieden und verbleibende Gefährdungen möglichst gering gehalten werden**. Beim Einrichten und Betreiben der Arbeitsstätten hat der Arbeitgeber die nach § 3 Abs. 1 ermittelten und festgelegten Maßnahmen nach ArbStättV und damit auch die erforderlichen **Maßnahmen des Anhangs** durchzuführen und dabei den Stand der Technik, Arbeitsmedizin und Hygiene, die ergonomischen Anforderungen sowie insbesondere die vom *ASTA* erarbeiteten und vom

BMAS nach § 7 Abs. 4 bekannt gemachten Regeln und Erkenntnisse zu berücksichtigen (vgl. im Einzelnen § 3a Rn. 1 ff.).

Die formale Aufteilung in Paragrafenteil und Anhang bewirkt **keine unterschiedliche rechtliche Verbindlichkeit** der Regelungen. Alle in der ArbStättV aufgeführten Verpflichtungen des Arbeitgebers sind verbindlich und durch die zuständigen Behörden sowie die Träger der gesetzlichen Unfallversicherung im Rahmen ihres jeweiligen Vollzugauftrags zu überwachen. Gleiches gilt für die Rechte der betrieblichen Interessenvertretung der Beschäftigten (Betriebs- bzw. Personalrat).

Die Anforderungen und Maßnahmen des Anhangs **gelten** immer dann, **2** wenn es für die **Sicherheit und den Gesundheitsschutz** im Hinblick auf das Errichten und Betreiben von Arbeitsstätten **erforderlich** ist (vgl. Nr. 1 Anhang I der EG-Arbeitsstättenrichtlinie; RegE-ArbStättV 2004, S. 30). Die Oder-Verknüpfung der vier Bedingungen – Eigenschaft der Arbeitsstätte, Art der Tätigkeit, Umstände und Gefährdung – macht deutlich, dass die Vorschriften des Anhangs immer verbindlich gelten, wenn sich die Notwendigkeit ihrer Anwendung aus einem der Kriterien ergibt. Im Umkehrschluss ist zu folgern, dass Vorschriften, bei denen sich entweder kein Bezug zur jeweiligen Arbeitsstätte oder zu der in dieser verrichteten Tätigkeit herstellen lässt oder deren Nichtbeachtung nicht mit Gefährdungen für die Sicherheit und Gesundheit der Beschäftigten verbunden ist, außer Betracht bleiben können (vgl. LASI-ArbStättV 2010, I 1). Ermittelt wird dies im Rahmen der Gefährdungsbeurteilung nach § 3 ArbStättV (Rn. 1, 2a).

Die Anwendung der Vorschriften des Anhangs ist jeweils auf der Grundlage **2a** der **Gefährdungsbeurteilung** nach § 3 ArbStättV 2016 durchzuführen. Dabei sind alle möglichen Gefährdungen zu ermitteln (§ 3 Rn. 2d ff.). Physische und psychische Belastungen sind übergreifend (§ 3 Rn. 2c) sowie bei Bildschirm- und Telearbeitsplätzen (§ 3 Rn. 2j, 2k) zu berücksichtigen. Weiterhin muss der Arbeitgeber die Auswirkungen der Arbeitsorganisation und der Arbeitsabläufe in der Arbeitsstätte berücksichtigen (§ 3 Rn. 2b; vgl. § 2 Rn. 10a). Die Maßnahmen sind auf ihre Wirksamkeit zu überprüfen, ggf. anzupassen und müssen zu einer Optimierung des Betreibens der Arbeitsstätte beitragen (vgl. § 3 Rn. 7c und § 2 Rn. 10).

Die Anforderungen und Maßnahmen der ArbStättV einschließlich des Anhangs für ein sicheres und gesundes Einrichten und Betreiben von Arbeitsstätten können mit Blick auf ihre **Umsetzung** wie folgt anhand von Beispielen veranschaulicht werden. **2b**

Beispiel

1. **»Desk sharing«**: Mit »desk sharing« wird die flexible, wechselnde Nutzung von Arbeitsplätzen durch mehrere Beschäftigte bezeichnet. Die am »desk sharing« teilnehmenden Beschäftigten haben dabei keinen eigenen, fest zugeordneten Arbeitsplatz, sondern nutzen flexibel die jeweils freien Arbeitsplätze innerhalb der ihnen in der Arbeitsstätte in Arbeitsräumen zugewiese-

nen Bereiche, die, je nach Tätigkeit, arbeitsorganisatorisch z.B. in Gruppen aufgeteilt sein können. Für eine definierte (größere) Anzahl von Beschäftigten werden in der Arbeitsstätte eine definierte (kleinere) Anzahl von Arbeitsplätzen eingerichtet und betrieben (vgl. *LAG Düsseldorf* 9.1.2018 – 3 TaBVGa 6/17).

Fallbeispiel: An den jeweiligen Arbeitsplätzen werden vom Arbeitgeber für die Beschäftigten Bildschirmarbeitsplätze eingerichtet. Dazu gehören ein PC, zwei Monitore sowie eine Tatstatur und eine »Maus«. Die Anmeldung am PC erfolgt mit einem individuellen Passwort. Ein Headset wird den Mitarbeitern (bei Bedarf) individualisiert zugeteilt und von den Mitarbeitern am jeweiligen Arbeitsplatz dann eingesetzt. Zu Beginn der jeweiligen Arbeitszeit obliegt es den Beschäftigten, sich einen noch unbesetzten, freien Arbeitsplatz innerhalb der ihnen zugewiesenen »Teamzone« (definierte Büroräume) selbst zu suchen. Eine technische Einrichtung zur Steuerung der Arbeitsplatzvergabe kommt nicht zur Anwendung. Sollten in der »Teamzone« alle Arbeitsplätze besetzt sein, sollen sich die Beschäftigten an den Vorgesetzten wenden, dem es obliegt, eine Lösung (Arbeitsplatz außerhalb der »Teamzone«) zu finden. Dies soll jedoch ein Ausnahmefall sein. Die Beschäftigten haben ihren Arbeitsplatz am Ende ihrer Arbeitszeit wieder vollständig aufzuräumen. Arbeitsmittel und individualisierende (persönliche) Gegenstände sind am Ende der jeweiligen Arbeitszeit in, vom Arbeitgeber zur Verfügung gestellte, »Pilotenkoffer« und Werkfachschränke zu verbringen.

Schwerpunkte des Arbeitsschutzes im Hinblick auf Maßnahmen und Anforderungen nach ArbStättV:

Die Planung und Durchführung von Organisationsformen wie dem »desk sharing« in Arbeitsstätten unterfallen der ArbStättV, d.h. diese Arbeitsplätze sind gemäß der speziellen Forderungen der ArbStättV einschließlich des Anhangs einzurichten und zu betreiben. Dabei ist eine Optimierung des Betreibens der Arbeitsstätte zu realisieren (vgl. § 3 Rn. 7c und § 2 Rn. 10) und es sind die Grundlagen insbesondere von ArbSchG, ArbZG, MuSchG sowie insbesondere der ArbMedVV, der BetrSichV, der LasthandhabV und der PSA-BV systematisch einzubeziehen. Insbesondere die Berücksichtigung der physischen und psychischen Belastungen sowie der Arbeitsorganisation und der Arbeitsabläufe ist hierfür von besonderer Bedeutung für die Prävention. Im Beschluss vom 9.3.2010 betont das *LAG Mecklenburg-Vorpommern* (5 TaBVGa 6/09) im Zusammenhang mit der Regelung der Mindestgrundfläche von Arbeitsplätzen in einem Callcenter, *»dass die Einrichtung menschengerechter Arbeitsplätze nicht nur der Abwehr gesundheitlicher Gefahren dient, sondern auch im positiven Sinne der Förderung des Wohlbefindens am Arbeitsplatz.«*

2. **Stationäre und ambulante Pflege:** 2015 gab es in stationären und ambulanten Pflegeeinrichtungen mehr als 1 Million Beschäftigte. Davon waren über 730000 Beschäftigte (620000 Frauen) in 13600 stationären Einrichtungen (Alten- und Pflegeheimen) tätig, davon lediglich 210000 in Vollzeitbeschäftigung. In ambulanten Pflegediensten waren 2015 ca. 355000 Beschäftigte (309000 Frauen), davon lediglich 97000 in Vollzeitbeschäftigung, tätig.

   Schwerpunkte des Arbeitsschutzes im Hinblick auf Maßnahmen und Anforderungen nach ArbStättV: Stationäre Einrichtungen der Pflege sind Arbeitsstätten i.S. der ArbStättV; d.h. diese Arbeitsstätten sind gemäß der speziellen Forderungen der ArbStättV einzurichten und zu betreiben. Dabei ist eine

Optimierung des Betreibens der Arbeitsstätte zu realisieren (vgl. § 3 Rn. 7c und § 2 Rn. 10) und es sind die Grundlagen insbesondere von ArbSchG, ArbZG, MuSchG sowie der ArbMedVV, der BetrSichV, der LasthandhabV der BioStoffV und der PSA-BV systematisch einzubeziehen.

Die Durchführung der ambulanten Pflege im Privatbereich der Patienten unterliegt ebenfalls diesen Bestimmungen, mit Ausnahme der ArbStättV. Insbesondere die speziellen und allgemeinen Regelungen der anderen o.g. Vorschriften sind an diesen Arbeitsplätzen (i.S. des Begriffs in der BetrSichV; vgl. § 2 Rn. 3) umzusetzen.

Die Berücksichtigung der physischen und psychischen Belastungen sowie der Arbeitsorganisation und der Arbeitsabläufe, insbesondere gefordert durch ArbSchG, ArbStättV (nur für stationäre Einrichtungen) und BetrSichV ist insbesondere in Bezug auf unterschiedliche Organisationsformen (Bezugspflege, aufgabenbezogene Pflege) sowie eine sicherheits- und gesundheitsgerechte Personalplanung zu realisieren.

Hinweise zur Gestaltung finden sich insbesondere unter: *www.bgw-on line.de/DE/Arbeitssicherheit-Gesundheitsschutz/Sichere-Seiten/Pflege/Pflege_ node.html, www.baua.de/DE/Themen/Arbeitsgestaltung-im-Betrieb/Branchen/ Pflege/_functions/BereichsPublikationssuche_Formular.html?queryResul tId=null&pageNo=0, www.inqa.de/DE/Mitmachen-Die-Initiative/Unser-Netz werk/Partnernetzwerke/Netzwerke/inhalte/inqa-pflege-produkte.html?not First=true&docId=16900.*

3. **Gruppenarbeit und »Industrie 4.0«:** Studien zur **Verbreitung** von Gruppenarbeit in einzelnen Branchen und Funktionsbereichen lassen darauf schließen, dass gruppenbasierte Arbeitsorganisationsformen in vielen Betrieben eingesetzt werden (*Schlick/Bruder/Luczak*, S. 684). Gruppenarbeit als Form der Arbeitsorganisation wird nach *Schlick/Bruder/Luczak* (S. 686) »*auch im Kontext der sog. ›Industrie 4.0‹ diskutiert. ... Offen ist, ob es sich dabei vorrangig um Gruppen handelt wird, deren Mitglieder komplexe Systeme überwachen und lediglich datentechnisch miteinander ›gekoppelt‹ sind, oder ob es sich um ›echte‹ Arbeitsgruppen ... handelt, in denen Menschen ggf. sogar zusammen mit Robotern artteilig und kollaborativ gemeinsame Aufgaben erledigen.*«

Gruppenarbeit sollte idealerweise nach *Schlick/Bruder/Luczak* durch folgende **Kriterien** bestimmt sein (ebd. S. 682f., m.w.N.):

- *»Ein gemeinsamer, artteilig ausführbarer Auftrag für mehr als zwei Arbeitspersonen; dieser verlangt eine gemeinsame Organisation der Handlung(en) zur Auftragserfüllung (Selbstorganisation der Aufgabenteilung und -zuordnung) und damit*
- *gemeinsame Entscheidungen auf der Grundlage von zeitlichen und inhaltlichen Tätigkeitsspielräumen für die Gruppe, die partizipativ ausgehandelt wurden, verbunden mit der*
- *Verantwortung für Ressourcen-Einsatz und Arbeitsergebnis (Arbeitsgestaltung) sowie für die Verwirklichung von personellen Entwicklungszielen (Kompetenz- und Persönlichkeitsentwicklung).«*

»Für die Abstimmung und die Handlungsorganisation sind des Weiteren erforderlich:

- *Kommunikation sowie*
- *ein Mindestmaß gemeinsamer, geteilter Ziele und Kenntnisse u.a. über den Arbeitsauftrag, zweckmäßige Vorgehensweisen, die Arbeitsobjekte, Arbeitsmittel und*

über das Arbeitsverhalten der Gruppenmitglieder – die sog. geteilten oder gemeinsamen tätigkeitsleitenden Repräsentationen« (ebd., m.w.N.).
Schwerpunkte des Arbeitsschutzes im Hinblick auf Maßnahmen und Anforderungen nach ArbStättV: Die Planung und Durchführung von Organisationsformen wie der Gruppenarbeit in Arbeitsstätten unterfallen der ArbStättV; d.h. Arbeitsplätze in dieser Form sind gemäß der speziellen Forderungen der ArbStättV einschließlich des Anhangs einzurichten und zu betreiben. Dabei ist eine Optimierung des Betreibens der Arbeitsstätte zu realisieren (vgl. § 3 Rn. 7c und § 2 Rn. 10) und es sind die Grundlagen insbesondere von ArbSchG, ArbZG sowie insbesondere der ArbMedVV und der BetrSichV systematisch einzubeziehen. Insbesondere die Berücksichtigung der physischen und psychischen Belastungen sowie der Arbeitsorganisation und der Arbeitsabläufe sind hierfür von besonderer Bedeutung für die Prävention im Hinblick auf die Gestaltung von Gruppenarbeit.

Gem. § 75 Abs. 2 BetrVG haben Arbeitgeber und Betriebsrat die freie Entfaltung der Persönlichkeit der im Betrieb beschäftigten Arbeitnehmer zu schützen und zu fördern. Sie haben die Selbstständigkeit und Eigeninitiative der Arbeitnehmer und Arbeitsgruppen zu fördern. Um diese Grundsätze sozial auszugestalten, bestimmt der Betriebsrat gem. § 87 Abs. 1 Nr. 13 BetrVG, soweit eine (abschließende) gesetzliche oder tarifliche Regelung nicht besteht, mit (i.V.m. der Mitbestimmung zum Arbeitsschutz nach § 87 Abs. 1 Nr. 7 BetrVG; Einl. Rn. 8) bei Grundsätzen über die Durchführung von Gruppenarbeit; Gruppenarbeit im Sinne dieser Vorschrift liegt vor, wenn im Rahmen des betrieblichen Arbeitsablaufs eine Gruppe von Arbeitnehmern eine ihr übertragene Gesamtaufgabe im Wesentlichen eigenverantwortlich erledigt. (teilautonome Gruppenarbeit; vgl. *Schlick/Bruder/Luczak*, S. 683).

Hinweise zur Gestaltung finden sich insbesondere bei *Schlick/Bruder/Luczak*, S. 689ff.; vgl. auch *www.transwork.de/* sowie *https://gute-agile-projektarbeit.de/*.

3   Der seit 2004 geltenden Schutzzielsystematik der ArbStättV folgend haben laut der damaligen *BReg* **betriebsnahe Gestaltungsmöglichkeiten** Vorrang vor differenzierten Verhaltensvorgaben in der ArbStättV. Die Konkretisierungen des Anhangs stellen danach Anforderungen dar, die aufgrund wissenschaftlich begründeter Erkenntnisse und zwingender Anforderungen zur wirksamen Ausfüllung des arbeitsstättenbezogenen Arbeitsschutzes erfüllt werden müssen (vgl. RegE-ArbStättV 2004, S. 31). Die Richtschnur bei der Formulierung dieser konkretisierenden Anforderungen ergibt sich insbesondere aus dem Stand der Technik, der Arbeitsmedizin und Hygiene sowie der sonstigen gesicherten arbeitswissenschaftlichen Erkenntnisse. Grundlegend dafür sind die vom *ASTA* erarbeiteten und vom *BMAS* veröffentlichten ASR.

4   Für **alle Arbeitsstätten bzw. Arbeitsplätze** übergreifend geltende Anforderungen (allgemeine Anforderungen, Maßnahmen zum Schutz vor besonderen Gefahren, Arbeitsbedingungen sowie Anforderungen an Sanitärräume, Pausen- und Bereitschaftsräume, Kantinen, Erste-Hilfe-Räume, Unterkünfte) werden im Anhang ArbStättV 2016 unter den Nr. 1 bis 4 formuliert.

Ergänzende Anforderungen und Maßnahmen für **besondere Arbeitsstätten und Arbeitsplätze**, d. h. für Arbeitsplätze in nicht allseits umschlossenen Arbeitsstätten und Arbeitsplätze im Freien sowie für Baustellen, sind in Nr. 5 enthalten. **5**

Die 2016 eingefügten Regelungen in Nr. 6 Anhang ArbStättV enthalten die grundsätzlichen Anforderungen und Festlegungen zu **Bildschirmarbeitsplätzen in Arbeitsstätten**, die auch für **Telearbeitsplätze** i. S. von § 2 Abs. 7 gelten (vgl. § 1 Abs. 3 ArbStättV 2016). Diese Regelungen übernehmen die Bestimmungen der EG-Bildschirmrichtlinie 90/270/EWG, die zuvor mit der 2016 aufgehobenen BildscharbV umgesetzt waren. Die entsprechenden Anforderungen an Bildschirmarbeitsplätze sowie für Telearbeitsplätze wurden inhaltsgleich aus der BildscharbV übernommen. **5a**

In Bezug auf **Oberlichter, Schiebetüren als Nottüren und Laderampen** enthält der Anhang ArbStättV gemeinschaftsrechtlich veranlasste (vgl. *EuGH* 28. 10. 2004; Einl. Rn. 5), 2004 aufgenommene **Klarstellungen** und trägt damit Hinweisen der *Europäischen Kommission* in Bezug auf eine vollständige Umsetzung der EG-Arbeitsstättenrichtlinie 89/654 Rechnung (RegE-ArbStättV 2004, S. 31). **6**

Das in § 3a Abs. 4 ArbStättV 2004/2010 für die allgemeinen Bestimmungen bereits geregelte Konkurrenzverhältnis arbeitsstättenrechtlicher Anforderungen im Lichte anderer Rechtsvorschriften wurde bis 2016 für den Anhang und sein Verhältnis in Bezug auf die in Umsetzung des Art. 95 EGV (nunmehr Art. 114 AEUV) gestellten **Anforderungen an die Beschaffenheit** von Arbeitsmitteln (vorgreifender Arbeitsschutz) im Sinne einer Präambel zum Anhang gesondert klargestellt. Diese 2016 aufgehobene Bestimmung lautete:»Die nachfolgenden Anforderungen gelten in allen Fällen, in denen die Eigenschaften der Arbeitsstätte oder der Tätigkeit, die Umstände oder eine Gefährdung der Beschäftigten dies erfordern. Die Rechtsvorschriften, die in Umsetzung des Artikels 95 EG-Vertrag (nunmehr Art. 114 AEUV) Anforderungen an die Beschaffenheit von Arbeitsmitteln stellen, bleiben unberührt.« In Bezug auf Satz 2 unterliegen laut *BReg* die an verschiedenen Stellen des Anhangs z. B. an Bauprodukte wie elektrische Anlagen, Fenster, Türen, Rolltreppen, Laderampen, Steigleitern, gestellten Anforderungen nur insoweit der ArbStättV, wie gerade die spezifische Funktion des Bauprodukts als Bestandteil der Arbeitsstätte und der damit einhergehende spezielle Schutzzweckzusammenhang berührt ist (RegE-ArbStättV 2004, S. 30). **7**

Die Aufhebung des ersten Satzes der bisherigen Präambel dient laut *BRat* der Rechtsbereinigung. Zur Anpassung an die anderen Arbeitsschutzverordnungen wurde im Rahmen der letzten Änderung der ArbStättV 2010 der § 3 »Gefährdungsbeurteilung« neu aufgenommen. Satz 1 der Vorbemerkung des Anhangs, der auf die gefährdungsbezogene Anwendung der Maßnahmen des Anhangs hinweist, ist durch die Aufnahme der Gefährdungsbeurteilung in die ArbStättV entbehrlich geworden. Die Maßnahmen nach der ArbStättV sind immer dann zu ergreifen, wenn dadurch eine Gefährdung der Beschäftigten minimiert oder verhindert werden kann.

Der zweite Satz der Präambel wurde ebenfalls gestrichen, da laut *BRat* andere Rechtsbereiche nach § 3a Abs. 4 ArbStättV 2016 ohnehin unberührt bleiben müssen. Da sich die ArbStättV auf Anforderungen zum Einrichten und Betreiben von Arbeitsstätten (Betriebsvorschriften) beschränkt, können beispielsweise Anforderungen zum Inverkehrbringen und zur Vermarktung von Produkten nicht Regelungsgegenstand der ArbStättV sein. Es ist deshalb laut *BRat* »selbstverständlich«, dass die vorgreifende Produktsicherheit in der ArbStättV nicht geregelt wird und damit unberührt bleibt (vgl. BR-Drs. 506/16 [B], S. 47).

8 Rechtsvorschriften, die in Umsetzung des Art. 95 EGV (nunmehr Art. 114 AEUV) Anforderungen an die Beschaffenheit von Arbeitsmitteln selbst stellen, bleiben durch die ArbStättV **unberührt** (RegE-ArbStättV 2004, S. 30).

9 Bei den Regelungen des Anhangs handelt es sich überwiegend um **Rahmenvorschriften** i. S. von § 87 Abs. 1 Nr. 7 BetrVG (*BAG* 15. 1. 2002 u. 8. 6. 2004, AiB 2005, 252 ff.); bei entsprechenden Maßnahmen des Arbeitgebers besteht daher ein **Mitbestimmungsrecht** des Betriebs- und des Personalrats (vgl. Einl. Rn. 8; *Pieper*, ArbSchR, BetrVG Rn. 14 ff.; BPersVG Rn. 8 ff.).

1 Allgemeine Anforderungen

1 Die für Sicherheit und Gesundheitsschutz maßgeblichen generellen Anforderungen an verschiedene Bestandteile der Arbeitsstätte werden in Nr. 1 Anhang ArbStättV 2016 zusammengefasst.

1.1 Anforderungen an Konstruktion und Festigkeit von Gebäuden

Gebäude für Arbeitsstätten müssen eine der Nutzungsart entsprechende Konstruktion und Festigkeit aufweisen.

1 Die Anforderungen an Stabilität (»**Konstruktion**«) **und Festigkeit**, die Gebäude für Arbeitsstätten aufweisen müssen (Nr. 1.1 Anhang ArbStättV), werden wegen des über das Baurecht der Länder hinausgehenden Regelungsgegenstands in Bezug auf die »Konstruktion« des Gebäudes und wegen einer notwendigen bundeseinheitlichen Regelung im Rahmen des nationalen Arbeitsstättenrechts getroffen (RegE-ArbStättV 2004, S. 31 f.; zu weiteren **Gestaltungshinweisen** vgl. *LBL*, S. 46 f.).

2 Die aus dem Baurecht resultierenden, grundsätzlichen Anforderungen an Konstruktion und Festigkeit von Gebäuden hat der **Bauherr** zu erfüllen. Das

Arbeitsstättenrecht richtet sich an den **Arbeitgeber,** der in Kenntnis der speziellen betrieblichen Gegebenheiten und den daraus resultierenden Anforderungen entscheiden muss, ob er ein Gebäude als Arbeitsstätte nutzen kann.

Aus der Nutzung eines Gebäudes als Arbeitsstätte können sich u. a. durch die Aufstellung von Maschinen und Anlagen, durch die Einrichtung von Lagern, durch Veränderungen der Bausubstanz wie z. B. Durchbrechen oder Herausnehmen von Wänden oder Decken, Einbau von Aufzügen, Einbau zusätzlicher Treppen, Türen, Fenster usw. zusätzliche Anforderungen an seine Konstruktion und Festigkeit ergeben. Dies gilt hinsichtlich z. B. erhöhter Deckentragfähigkeit, statischer oder dynamischer Lastaufnahmen. Aber auch aus den technologischen Abläufen resultierende Einflüsse auf die Gebäudesubstanz sind zu beachten (vgl. LASI-ArbStättV, I 2).

Wer demnach eine Arbeitsstätte errichten will, hat neben den Bestimmungen des Baurechts die für ein sicheres und gesundheitsgerechtes Einrichten und Betreiben von Arbeitsstätten geltenden Vorschriften zu beachten.

Ist eine Arbeitsstätte oder eine Arbeits- und Betriebseinrichtung einem Arbeitgeber **überlassen,** so hat der Eigentümer im Rahmen des mit ihm bestehenden Rechtsverhältnisses die Maßnahmen zu dulden, die der Arbeitgeber aufgrund von Arbeitsschutz- und Unfallverhütungsvorschriften zu treffen hat. Nach einer Entscheidung des *BVerwG* v. 29. 4. 1983 (BArbBl. 9/1983, S. 109) ist der Arbeitgeber dann verantwortlich, wenn ihm gegenüber dem Vermieter ein Anspruch zusteht, die Arbeitsstätte in dem erforderlichen Umfang zu ändern. Nach einer Entscheidung des *OLG Hamm* vom 18. 10. 1994 (vgl. *OSP*, S. 29) hat ein Arbeitgeber (Mieter) aus §§ 535, 536 BGB einen Anspruch darauf, dass ihm die Mietsache in einem zum vertragsgemäßen Gebrauch geeigneten Zustand überlassen und während der Vertragsdauer in diesem Zustand erhalten wird. Das beinhaltet bei der Vermietung von Räumen für einen bestimmten Gewerbebetrieb, dass diese Räume so beschaffen sein müssen, dass das nach dem Vertragszweck vorgesehene Gewerbe – hier der Betrieb eines Reisebüros – darin in zulässiger Weise ausgeübt werden kann. Die dafür notwendigen Voraussetzungen müssen die Räume erfüllen, auch ohne dass es einer besonderen Vereinbarung der Parteien über eine bestimmte Ausstattung der Räume bedarf. Dazu gehört u. a., dass die Räume – bei im Übrigen vertragsgemäßer Nutzung – so beschaffen sind, dass in ihnen Arbeitnehmer beschäftigt werden können. Deshalb muss auch den Anforderungen der ArbStättV genügt werden.

Die zuständige Behörde kann vom Arbeitgeber im Rahmen von § 22 Abs. 3 **4** ArbSchG im Einzelfall verlangen, dass er ihr die **Eignung des Gebäudes** als Arbeitsstätte nachweist (vgl. LASI-ArbStättV, I 2) und kann entsprechende Anordnungen treffen.

Mit Nr. 1.1 wird Nr. 2 Anhang I EG-Arbeitsstättenrichtlinie sowie gleichzei- **5** tig Nr. 1.1 Anhang IV Teil A EG-Baustellenrichtlinie und in Verbindung mit den speziellen Anforderungen des Abschnitts 5.2 Nr. 1.1 des Anhangs IV Teil B Abschnitt II **umgesetzt.**

1.2 Abmessungen von Räumen, Luftraum

(1) Arbeitsräume, Sanitär-, Pausen- und Bereitschaftsräume, Kantinen, Erste-Hilfe-Räume und Unterkünfte müssen eine ausreichende Grundfläche und eine, in Abhängigkeit von der Größe der Grundfläche der Räume, ausreichende lichte Höhe aufweisen, so dass die Beschäftigten ohne Beeinträchtigung ihrer Sicherheit, ihrer Gesundheit oder ihres Wohlbefindens die Räume nutzen oder ihre Arbeit verrichten können.
(2) Die Abmessungen der Räume richten sich nach der Art ihrer Nutzung.
(3) Die Größe des notwendigen Luftraumes ist in Abhängigkeit von der Art der physischen Belastung und der Anzahl der Beschäftigten sowie der sonstigen anwesenden Personen zu bemessen.

1 Der Arbeitgeber muss Räumlichkeiten in Arbeitsstätten gem. Nr. 1.2 Abs. 1 Anhang ArbStättV 2016 mit ausreichenden Abmaßen einrichten. Mit ausreichenden **Abmessungen von Räumen** (»ausreichende« Grundfläche und »ausreichende« lichte Höhe) und des »notwendigen« Luftraums (Nr. 1.2. Abs. 1 bis 3 Anhang) wird die Zielsetzung verfolgt, dass die Beschäftigten ohne Beeinträchtigung ihrer Sicherheit, ihrer Gesundheit oder ihres Wohlbefindens ihre Arbeit verrichten können und entspricht arbeitshygienischen, psychologischen und lüftungstechnischen Grundforderungen (vgl. Nr. 4 Abs. 1 ASR A1.2). Anders als noch in § 23 ArbStättV 1976/1996 wird dieses Schutzziel nicht quantifiziert. Auf die Angabe einer Mindestgrundfläche und -höhe wurde 2004 laut *BReg* aus Gründen der Flexibilität verzichtet. So können z. B. die gem. Länderbauordnungen differierenden Mindesthöhen für Aufenthaltsräume Berücksichtigung finden (RegE-ArbStättV 2004, S. 32; zu weiteren **Gestaltungshinweisen** vgl. *LBL*, S. 48 f.). Im Beschluss vom 9. 3. 2010 betont das *LAG Mecklenburg-Vorpommern* (5 TaBVGa 6/09) im Zusammenhang mit der Regelung der Mindestgrundfläche von Arbeitsplätzen in einem Callcenter, »dass die Einrichtung menschengerechter Arbeitsplätze nicht nur der Abwehr gesundheitlicher Gefahren dient, sondern auch im positiven Sinne der Förderung des Wohlbefindens am Arbeitsplatz«.

2 Die ASR A1.2 »Raumabmessungen und Bewegungsflächen« **konkretisiert** die Anforderungen u. a. an Raumabmessungen von Arbeitsräumen sowie an den Luftraum in § 3a Abs. 1 ArbStättV sowie insbesondere in den Nr. 1.2 Abs. 1, 3 Anhang ArbStättV. Gem. Nr. 2 Abs. 2 ASR A1.2 richten sich die Abmessungen aller weiteren Räume, wie Sanitärräume (ASR A4.1), Pausen- und Bereitschaftsräume (ASR A4.2), Erste-Hilfe-Räume (ASR A4.3) und

Unterkünfte (ASR A4.4) gem. Nr. 1.2 Abs. 2 des Anhangs der Arbeitsstättenverordnung nach der Art ihrer Nutzung.

Unabhängig von der Bestimmung der Grundfläche von Arbeitsräumen (vgl. **2a**
Nr. 5 Abs. 1 ASR A1.2) und von der Tätigkeit dürfen als **Arbeitsräume** gem. Abs. 3 nur Räume genutzt werden, deren **Grundflächen** mindestens 8 m² für einen Arbeitsplatz zuzüglich mindestens 6 m² für jeden weiteren Arbeitsplatz betragen. Für **Büro- und Bildschirmarbeitsplätze** ergibt sich gem. Abs. 4 bei Einrichtung von Zellenbüros als Richtwert ein Flächenbedarf von 8 bis 10 m² je Arbeitsplatz einschließlich Möblierung und anteiliger Verkehrsflächen im Raum. Für **Großraumbüros** ist angesichts des höheren Verkehrsflächenbedarfs und ggf. größerer Störwirkungen (z. B. akustisch, visuell) von 12 bis 15 m² je Arbeitsplatz auszugehen.

Gem. Nr. 6 Abs. 1 ASR A1.2 ist die erforderliche **lichte Höhe** von Räumen **2b**
abhängig von den Bewegungsfreiräumen für die Beschäftigten, der Nutzung der Arbeitsräume, den technischen Anforderungen, z. B. Platzbedarf für Lüftung und Beleuchtung, und den Erfordernissen im Hinblick auf das Wohlbefinden der Beschäftigten. Hiervon ausgehend muss die lichte Höhe von Arbeitsräumen in Abhängigkeit von der Grundfläche gem. Abs. 2 grundsätzlich betragen:

- bei Räumen bis zu 50 m² mindestens 2,50 m
- bei Räumen mit mehr als 50 m² mindestens 2,75 m
- bei Räumen mit mehr als 100 m² mindestens 3,00 m
- bei Räumen mit mehr als 2000 m² mindestens 3,25 m.

Von etwaigen Regelungen in den **Landesbauordnungen** (vgl. § 3a Rn. 31) **3**
muss dann nach oben abgewichen werden, wenn die spezifischen Anforderungen, die sich aus der Nutzung eines Raumes als Arbeitsstätte ergeben, dies erfordern. Beispielhaft dürfte die Nutzung eines nicht zu großen Aufenthaltsraums im Sinne des Baurechts mit einer Grundfläche von 16 m² und einer lichten Höhe von 2,40 m zwar für Bürozwecke zulässig sein, nicht aber für die Nutzung als Zahnarztpraxis mit den hierzu notwendigen Ausstattungsgegenständen und der Anwesenheit weiterer Personen sowie ebenso nicht für die Durchführung von Löt- oder Schweißarbeiten mit entsprechender Rauchentwicklung und ggf. der Notwendigkeit, lüftungstechnische Maßnahmen durchzuführen. Abweichungen von den bauordnungsrechtlichen Mindestmaßen sind somit immer dann erforderlich, wenn die spezifische Nutzung als Arbeitsstätte mit diesen Mindestmaßen nicht vereinbar ist und dies zu Gefährdungen der Sicherheit oder Gesundheit oder zu Beeinträchtigungen des Befindens der Beschäftigten führen würde (vgl. LASI-ArbStättV 2010, J 1.2).

Das Gesundheitsschutzziel eines »**notwendigen**« **Luftraums** sollte im Rah **4**
men der Novellierung 2004 laut *BReg* erreicht werden, indem die quantifizierten Anforderungen des bisherigen § 23 Abs. 4 ArbStättV 1976/1996 durch eine flexibel angelegte Schutzzielbestimmung ersetzt werden. Die An-

forderungen an die Maße des Luftraums ergeben sich in Abhängigkeit von mehreren Faktoren. Die raumklimatischen Bedingungen, die Grundfläche und Höhe der Räume, die Anzahl der Beschäftigten und ihre körperliche Belastung sowie die Anzahl der nicht ständig anwesenden Personen können betriebsspezifisch variieren (RegE-ArbStättV 2004, S. 32).

5   Gem. Nr. 7 Abs. 1 ASR A1.2 sind Arbeitsräume so einzurichten, dass der freie, durch das Volumen von Einbauten nicht verringerte **Luftraum** für jeden ständig anwesenden Beschäftigten mindestens

- 12 m³ bei überwiegend sitzender Tätigkeit,
- 15 m³ bei überwiegend nichtsitzender Tätigkeit und
- 18 m³ bei schwerer körperlicher Arbeit

beträgt. Halten sich in Arbeitsräumen neben den ständig anwesenden Beschäftigten auch andere Personen nicht nur vorübergehend auf, ist gem. Abs. 2 für jede zusätzliche Person ein Mindestluftraum von 10 m³ vorzusehen. Dies gilt nicht für Verkaufsräume, Schank- und Speiseräume in Gaststätten, Schulungs- und Besprechungsräume sowie für Unterrichtsräume in Schulen.

6   Die Bestimmungen in Nr. 1.2 Anhang **orientieren** sich an § 23 ArbStättV 1976/1996 und setzen Nr. 15.1, Teilsatz 1 Anhang l EG-Arbeitsstättenrichtlinie um.

1.3   Sicherheits- und Gesundheitsschutzkennzeichnung

(1) Unberührt von den nachfolgenden Anforderungen sind Sicherheits- und Gesundheitsschutzkennzeichnungen einzusetzen, wenn Gefährdungen für Sicherheit und Gesundheit der Beschäftigten nicht durch technische oder organisatorische Maßnahmen vermieden oder ausreichend begrenzt werden können. Das Ergebnis der Gefährdungsbeurteilung und die Maßnahmen nach § 3 Absatz 1 sind dabei zu berücksichtigen.

(2) Die Kennzeichnung ist nach der Art der Gefährdung dauerhaft oder vorübergehend nach den Vorgaben der Richtlinie 92/58/EWG des Rates über Mindestvorschriften für die Sicherheits- und/oder Gesundheitsschutzkennzeichnung am Arbeitsplatz (Neunte Einzelrichtlinie im Sinne von Artikel 16 Absatz 1 der Richtlinie 89/391/EWG) vom 24. Juni 1992 auszuführen. Diese Richtlinie gilt in der jeweils aktuellen Fassung. Wird diese Richtlinie geändert oder nach den in dieser Richtlinie vorgesehenen Verfahren an den technischen Fortschritt angepasst, gilt sie in der geänderten im Amtsblatt der Europäischen Gemeinschaften veröffentlichten Fassung nach Ablauf der in der Änderungs- oder Anpassungsrichtlinie festgelegten Umsetzungsfrist. Die geänderte Fassung kann bereits ab Inkrafttreten der Änderungs- oder Anpassungsrichtlinie angewendet werden.

Grundsätzlich sind durch den Arbeitgeber bei Einrichtung und Betreiben **1**
von Arbeitsstätten **Sicherheits- und Gesundheitsschutzkennzeichnungen**
einzusetzen, wenn Risiken für Sicherheit und Gesundheit nicht durch
kollektive technische oder arbeitsorganisatorische Maßnahmen vermieden
oder ausreichend begrenzt werden können (vgl. Nr. 1.3 Abs. 1 Anhang
ArbStättV). Damit wird die vom Arbeitgeber einzuhaltende Rangfolge von
Maßnahmen des Arbeitsschutzes unterstrichen (vgl. § 4 Nr. 5 ArbSchG; *Pieper*, ArbSchR, § 4 ArbSchG Rn. 18).

Entscheidungsgrundlage für den Umfang und die Art und Weise der Kenn- **2**
zeichnung ist die **Gefährdungsbeurteilung** gem. § 3 Abs. 1 ArbStättV 2016
sowie die darauf basierenden Maßnahmen. Die Kennzeichnung ist dementsprechend an geeigneten Stellen deutlich erkennbar anzubringen und zwar
je nach Gefährdung dauerhaft oder vorübergehend (vgl. Nr. 1.3 Abs. 1 Satz 1
und 2 Anhang ArbStättV).

Mit Nr. 1.3 Anhang ArbStättV wird über einen **gleitenden Verweis** die **3**
EG-Sicherheitskennzeichnungsrichtlinie 92/58/EWG umgesetzt (vgl. Nr. 1.3
Abs. 2 Anhang ArbStättV). Dadurch wird nach Ansicht der *BReg* die Umsetzung von Änderungsrichtlinien zur Kennzeichnungsrichtlinie erleichtert.
Änderungen der »in Bezug genommenen« EG-Richtlinie müssen danach
nicht durch ständige und zeitaufwändige Änderungen der ArbStättV umgesetzt werden. Geänderte Richtlinien gelten mit Ablauf der Umsetzungsfrist
automatisch. Um den Zugang zu der von der ArbStättV in Bezug genommenen EG-Sicherheitskennzeichnungsrichtlinie zu erleichtern, wird die jeweils
aktuelle Fassung im Internet bereitgestellt (vgl. *www.gaa.baden-wuerttem-
berg.de/Vorschriften/ArbStaett/InhArbSt.html* sowie *www.baua.de*, A-Z, Arbeitsstätten). Die Verwendung einer EU-weit **harmonisierten Kennzeichnung**, wie in dieser Richtlinie vorgesehen, trägt nach Auffassung der *BReg*
dazu bei, die Risiken aufgrund sprachlicher und kultureller Unterschiede in
einem Europa mit Freizügigkeit für die Beschäftigten zu minimieren (RegE-
ArbStättV 2004, S. 32).

Die ASR A1.3 **konkretisiert** die Anforderungen für die Sicherheits- und Ge- **4**
sundheitsschutzkennzeichnung in Arbeitsstätten (vgl. Nr. 1.3 Abs. 3 Anhang
ArbStättV). Diese ASR A1 wurde in Anwendung des Kooperationsmodells
(BArbBl. 6/2003, S. 48) erarbeitet und übernahm die grundlegenden Inhalte
der UVV BGV A 8 »Sicherheits- und Gesundheitsschutzkennzeichnung am
Arbeitsplatz« des Fachausschusses »Sicherheitskennzeichnung« der DGUV.
Sie wurde in ihrer derzeit geltenden Fassung unter Federführung des Fachausschusses fortgeschrieben (vgl. Leitlinienpapier zur Neuordnung des Vor-
schriften- und Regelwerks im Arbeitsschutz vom 31. 8. 2011).

Nach § 3a ArbStättV i. V. m. Nr. 1.3 Abs. 1 Anhang ArbStättV sind Sicher- **4a**
heits- und Gesundheitsschutzkennzeichnungen dann einzusetzen, wenn die
Risiken für Sicherheit und Gesundheit anders nicht zu vermeiden sind (vgl.
Rn. 1). Dies wird durch Nr. 4 ASR A1.3 unterstrichen, wonach schon bei

der **Planung** von Arbeitsstätten eine erforderliche Sicherheits- und Gesundheitsschutzkennzeichnung (z. B. bei der Erstellung von Flucht- und Rettungsplänen) soweit wie möglich zu berücksichtigen ist und die Kennzeichnungsarten entsprechend der **Gefährdungsbeurteilung** auszuwählen sind (Abs. 1 und 3). In Nr. 4 ASR A1.3 werden zudem Hinweise zur Art und Weise der Kennzeichnung gegeben (vgl. Abs. 2 und Abs. 4–11). Abs. 12 trifft Empfehlungen zur **Unterweisung**, Abs. 13 zur **Instandhaltung** der Kennzeichnung. Weitere Konkretisierungen werden in Nr. 5 ASR A1.3 gegeben.

4b Bei der Sicherheits- und Gesundheitsschutzkennzeichnung sind gem. ASR V3a.2 in Bezug auf Nr. A1.3 Anhang ArbStättV die Belange der **Beschäftigten mit Behinderungen** so zu berücksichtigen, dass die sicherheitsrelevanten Informationen verständlich übermittelt werden (Anhang ASR A1.3 Abs. 1 der ASR V3a.2). Es folgen konkretisierende Bestimmungen zu den unterschiedlichen Formen von Behinderungen (Abs. 2 bis 7). Ergänzende Anforderungen an Flucht- und Rettungspläne sind in Anhang A2.3: Ergänzende Anforderungen zur ASR A2.3 »Fluchtwege und Notausgänge, Flucht- und Rettungsplan« im Anhang ASR A1.3 Abs. 5 der ASR V3a.2 enthalten (Abs. 8).

5 Die ASR A1.3 konkretisiert in Nr. 6 auch die Gestaltung von **Flucht- und Rettungsplänen** gem. § 4 Abs. 4 ArbStättV (vgl. § 4 Rn. 15). Diese Pläne müssen eindeutige Anweisungen zum Verhalten im Gefahr- oder Katastrophenfall enthalten sowie den Weg an einen sicheren Ort darstellen. Flucht- und Rettungspläne müssen aktuell, übersichtlich, ausreichend groß und mit Sicherheitszeichen nach Anhang 1 ASR A1.3 gestaltet sein (Nr. 6 Abs. 1).

6 Nr. 7 ASR A1.3 beinhaltet Empfehlungen zur Kennzeichnung von Lagerbereichen sowie von Behältern und Rohrleitungen mit **Gefahrstoffen**, die gem. den Regelungen der GefStoffV, insbesondere der TRGS 201 »Einstufung und Kennzeichnung bei Tätigkeiten mit Gefahrstoffen« zu erfolgen hat.

1.4 Energieverteilungsanlagen

Anlagen, die der Versorgung der Arbeitsstätte mit Energie dienen, müssen so ausgewählt, installiert und betrieben werden, dass die Beschäftigten vor dem direkten oder indirekten Berühren spannungsführender Teile geschützt sind und dass von den Anlagen keine Brand- oder Explosionsgefahren ausgehen. Bei der Konzeption und der Ausführung sowie der Wahl des Materials und der Schutzvorrichtungen sind Art und Stärke der verteilten Energie, die äußeren Einwirkbedingungen und die Fachkenntnisse der Personen zu berücksichtigen, die zu Teilen der Anlage Zugang haben.

1 Die Verpflichtung des Arbeitgebers, bei Einrichtung der Arbeitsstätte mit **Energieversorgungsanlagen** Sicherheit und Gesundheitsschutz der Beschäftigten zu gewährleisten (Nr. 1.4 Anhang ArbStättV), soll möglichen

Gesundheitsschäden im Falle des Einwirkens von gefährlichen Körperströmen (ab über 50 V Wechsel- und über 120 V Gleichspannung) entgegenwirken. Indirektes Berühren liegt vor, wenn in der Gefahrenzone die Luftstrecke zwischen spannungsführendem Teil und Mensch mit einem Vorlichtbogen überbrückt wird. Spezielle Bedingungen der Arbeitsstätte wie z. B. Feuchträume oder ein besonderer Berührungsschutz müssen berücksichtigt werden (RegE-ArbStättV, S. 32; zu weiteren **Gestaltungshinweisen** vgl. *LBL*, S. 53).

Regelungen an die **sichere Einrichtung und das sichere Betreiben** von   **2** Energieversorgungsanlagen werden derzeit durch die UVV BGV A 3/DGUV Vorschrift 3 (»Elektrische Anlagen und Betriebsmittel« geregelt. Gem. § 3 dieser UVV (»Grundsätze«) hat der Unternehmer dafür zu sorgen, dass elektrische Anlagen und Betriebsmittel nur von einer Elektrofachkraft oder unter Leitung und Aufsicht einer Elektrofachkraft den elektrotechnischen Regeln entsprechend errichtet, geändert und instandgehalten werden. Der Unternehmer hat ferner dafür zu sorgen, dass die elektrischen Anlagen und Betriebsmittel den elektrotechnischen Regeln entsprechend betrieben werden. Ist bei einer elektrischen Anlage oder einem elektrischen Betriebsmittel ein Mangel festgestellt worden, d. h. entsprechen sie nicht oder nicht mehr den elektrotechnischen Regeln, so hat der Unternehmer dafür zu sorgen, dass der Mangel unverzüglich behoben wird und, falls bis dahin eine dringende Gefahr besteht, dafür zu sorgen, dass die elektrische Anlage oder das elektrische Betriebsmittel im mangelhaften Zustand nicht verwendet werden.

Durch Nr. 1.4 Anhang ArbStättV werden Nr. 3 Anhang l EG-Arbeitsstätten-   **3** richtlinie und Nr. 2 Anhang IV Teil A EG-Baustellenrichtlinie **umgesetzt**.

1.5   Fußböden, Wände, Decken, Dächer

(1) Die Oberflächen der Fußböden, Wände und Decken der Räume müssen so gestaltet sein, dass sie den Erfordernissen des sicheren Betreibens entsprechen sowie leicht und sicher zu reinigen sind. Arbeitsräume müssen unter Berücksichtigung der Art des Betriebes und der physischen Belastungen eine angemessene Dämmung gegen Wärme und Kälte sowie eine ausreichende Isolierung gegen Feuchtigkeit aufweisen. Auch Sanitär-, Pausen- und Bereitschaftsräume, Kantinen, Erste-Hilfe-Räume und Unterkünfte müssen über eine angemessene Dämmung gegen Wärme und Kälte sowie eine ausreichende Isolierung gegen Feuchtigkeit verfügen.

(2) Die Fußböden der Räume dürfen keine Unebenheiten, Löcher, Stolperstellen oder gefährlichen Schrägen aufweisen. Sie müssen gegen Verrutschen gesichert, tragfähig, trittsicher und rutschhemmend sein.

(3) Durchsichtige oder lichtdurchlässige Wände, insbesondere Ganzglaswände in Arbeitsräumen oder im Bereich von Verkehrswegen, müssen deutlich gekennzeichnet sein. Sie müssen entweder aus bruchsicherem Werkstoff bestehen oder so gegen die Arbeitsplätze in Arbeitsräumen oder die Verkehrswege abgeschirmt sein, dass die Beschäftigten nicht mit den Wänden in Berührung kommen und beim Zersplittern der Wände nicht verletzt werden können.

(4) Dächer aus nicht durchtrittsicherem Material dürfen nur betreten werden, wenn Ausrüstungen benutzt werden, die ein sicheres Arbeiten ermöglichen.

1 Die vom Arbeitgeber zu treffenden Maßnahmen bezüglich **Fußböden, Wänden, Decken sowie Dächern von Arbeitsstätten** gem. Nr. 1.5 Anhang ArbStättV umfassen sicherheitstechnische und hygienische Anforderungen an die genannten Elemente von Arbeitsstätten. Diese Regelungen waren bis 2004 allgemein in § 8 und baustellenspezifisch in §§ 43 ff. ArbStättV 1976/1996 enthalten.

2 Die ASR A5.1/1,2 konkretisiert die Anforderungen für das Einrichten und Betreiben von **Fußböden** nach § 3a Abs. 1 und § 4 Abs. 2 sowie nach Nr. 1.5 Abs. 1 und 2 Anhang ArbStättV. Die Anhänge der ASR beruhen auf der BGR/GUV-R 181 »Fußböden in Arbeitsräumen und Arbeitsbereichen mit Rutschgefahr« des Sachgebiets »Bauliche Einrichtungen und Handel« im Fachbereich »Handel und Logistik« der DGUV. Der *ASTA* hat die grundlegenden Inhalte der Anhänge dieser Regel in Anwendung des Kooperationsmodells (vgl. Leitlinienpapier zur Neuordnung des Vorschriften- und Regelwerks im Arbeitsschutz vom 31.8.2011) als ASR in sein Regelwerk übernommen.

2a Allgemein legt die ASR A1.5/1,2 fest, dass **Fußböden** so beschaffen sein, instand gehalten und gereinigt werden müssen, dass sie unter Berücksichtigung der Art der Nutzung, der betrieblichen Verhältnisse und der Witterungseinflüsse sicher benutzt werden können (Nr. 4 Abs. 1). Im Rahmen von **Begehungen** ist sicherzustellen, dass auch in selten genutzten Bereichen Mängel zeitnah erkannt werden können. Festgestellte Mängel müssen unverzüglich beseitigt werden. Können Mängel, mit denen eine unmittelbare erhebliche Gefahr verbunden ist, nicht sofort beseitigt werden, darf dieser Fußbodenbereich nicht genutzt werden, z. B. im Falle einer fehlenden Abdeckung einer Bodenöffnung (Abs. 2). Weitere **allgemeine Anforderungen** an Fußböden werden in Nr. 4 Abs. 3 bis 12 vorgegeben.

Konkretisierende Maßnahmen gegen Stolpern, Ausrutschen, besondere physikalische Einwirkungen sowie zur Kennzeichnung und Reinigung werden in Nr. 5–9 ASR A1.5/1,2 empfohlen, abweichende bzw. ergänzende Anforderungen für Baustellen enthält Nr. 10.

Die ASR A1.6 konkretisiert u. a. die Anforderungen an das Einrichten und **2b** Betreiben von **lichtdurchlässigen Wänden** in § 3a Abs. 1 sowie insbesondere in Nr. 1.5 Abs. 3 Anhang ArbStättV. Besondere Bestimmungen dazu enthält Nr. 4.3 ASR A1.6.

Die ASR A2.1 konkretisiert die Anforderungen an das Einrichten und Betreiben von Arbeitsplätzen und Verkehrswegen zum Schutz vor Absturz oder herabfallenden Gegenständen sowie die damit verbundenen Maßnahmen bezüglich des **Betretens von Dächern** oder anderen Gefahrenbereichen nach § 3a Abs. 1 u. a. i. V. m. Nr. 1.5 Abs. 4 Anhang ArbStättV. Besondere Bestimmungen dazu enthält insbesondere Nr. 7.1 ASR A2.1. **2c**

Mit Nr. 1.5 Anhang ArbStättV werden Nr. 9 Anhang l EG-Arbeitsstätten- **3** richtlinie, Nr. 6 Anhang IV Teil B Abschnitt I und Nr. 14.2 Anhang IV Teil B Abschnitt II der EG-Baustellenrichtlinie **umgesetzt.**

1.6   Fenster, Oberlichter

(1) Fenster, Oberlichter und Lüftungsvorrichtungen müssen sich von den Beschäftigten sicher öffnen, schließen, verstellen und arretieren lassen. Sie dürfen nicht so angeordnet sein, dass sie in geöffnetem Zustand eine Gefahr für die Beschäftigten darstellen.

(2) Fenster und Oberlichter müssen so ausgewählt oder ausgerüstet und eingebaut sein, dass sie ohne Gefährdung der Ausführenden und anderer Personen gereinigt werden können.

Die sichere Bedienung von **Fenstern, Oberlichtern und Lüftungsvorrich-** **1** **tungen** in Arbeitsstätten (Nr. 1.6 Abs. 1 Anhang ArbStättV) zielt ausschließlich auf die ausstattungsmäßig vorhandenen Funktionen ab und betrifft nur Fenster, Oberlichter und Lüftungsvorrichtungen, die sich öffnen lassen. So gehört es zur sicheren Benutzung, dass Fenster, die mit Feststellvorrichtungen versehen sind, sich auch sicher arretieren lassen (RegE-ArbStättV 2004, S. 33).

Im Hinblick auf die sichere Reinigung von Fenstern und Oberlichtern werden entsprechende konstruktive Anforderungen gestellt (Abs. 2).

Die ASR A1.6 konkretisiert insbesondere die Anforderungen an das Einrich- **1a** ten und Betreiben von Fenstern und Oberlichtern in § 3a Abs. 1 sowie in Nr. 1.6 Anhang ArbStättV. Sicherheitsanforderungen bei **Planung und Auswahl** legt Nr. 4, Anforderungen an Reinigung, **Instandhaltung** einschließlich Prüfungen Nr. 5 ASR A1.6 fest.

Bei der Festlegung der Anordnung und Gestaltung der Fenster, Oberlichter **1b** und lichtdurchlässige Wände sind gem. Anhang A1.6 Abs. 1 Satz 1 der ASR V3a.2 die besonderen Anforderungen von **Beschäftigten mit Behinderungen** zu berücksichtigen (vgl. die einzelnen besonderen Anforderungen in den Abs. 2 bis 10).

2 Ausgehend von den bis 2004 in § 9 ArbStättV 1976/1996 getroffenen Bestimmungen zu Fenstern und Oberlichtern enthält die Regelung in Nr. 1.6
Anhang ArbStättV 2016 notwendige Klarstellungen in Bezug auf Nr. 10 Anhang I EG-Arbeitsstättenrichtlinie und Nr. 7 Anhang IV Teil B Abschnitt
I EG-Baustellenrichtlinie, die damit vollständig in nationales Recht **umgesetzt** werden. Dadurch wurde 2004 entsprechenden Hinweisen der *Europäischen Kommission* Rechnung getragen (RegE-ArbStättV 2004, 33).

1.7   Türen, Tore

(1) **Die Lage, Anzahl, Abmessungen und Ausführung insbesondere hinsichtlich der verwendeten Werkstoffe von Türen und Toren müssen sich
nach der Art und Nutzung der Räume oder Bereiche richten.**

(2) **Durchsichtige Türen müssen in Augenhöhe gekennzeichnet sein.**

(3) **Pendeltüren und -tore müssen durchsichtig sein oder ein Sichtfenster
haben.**

(4) **Bestehen durchsichtige oder lichtdurchlässige Flächen von Türen
und Toren nicht aus bruchsicherem Werkstoff und ist zu befürchten, dass
sich die Beschäftigten beim Zersplittern verletzen können, sind diese Flächen gegen Eindrücken zu schützen.**

(5) **Schiebetüren und -tore müssen gegen Ausheben und Herausfallen gesichert sein. Türen und Tore, die sich nach oben öffnen, müssen gegen He-
rabfallen gesichert sein.**

(6) **In unmittelbarer Nähe von Toren, die vorwiegend für den Fahrzeugverkehr bestimmt sind, müssen gut sichtbar gekennzeichnete, stets zu-
gängliche Türen für Fußgänger vorhanden sein. Diese Türen sind nicht
erforderlich, wenn der Durchgang durch die Tore für Fußgänger gefahr-
los möglich ist.**

(7) **Kraftbetätigte Türen und Tore müssen sicher benutzbar sein. Dazu
gehört, dass sie**

a) **ohne Gefährdung der Beschäftigten bewegt oder zum Stillstand kommen können,**

b) **mit selbsttätig wirkenden Sicherungen ausgestattet sind,**

c) **auch von Hand zu öffnen sind, sofern sie sich bei Stromausfall nicht
automatisch öffnen.**

(8) **Besondere Anforderungen gelten für Türen im Verlauf von Fluchtwegen (Nummer 2.3).**

1 Die **sicherheitstechnische Gestaltung von Türen und Toren** (Nr. 1.7 Anhang ArbStättV) fasst die detaillierten Anforderungen der §§ 10 und 11 Arb-
StättV 1976/1996 in Form betriebsnaher Schutzziele zusammen und aktua-
lisiert Regelungen zu Notabschalteinrichtungen kraftbetätigter Türen nach
dem Stand der Technik (RegE-ArbStättV 2004, S. 33).

Die ASR A1.7 »Türen, Tore« konkretisiert die Anforderungen an das Ein- **2** richten und Betreiben von Türen und Toren in § 3a Abs. 1 und § 4 Abs. 3 sowie insbesondere in Nr. 1.7 und 2.3 Abs. 2 Anhang ArbStättV. Sie gilt für das Einrichten und Betreiben von Türen und Toren in Gebäuden und auf dem Betriebsgelände sowie in vergleichbaren betrieblichen Einrichtungen, die sich auf dem Gelände eines Betriebes oder einer Baustelle befinden und zu denen Beschäftigte im Rahmen ihrer Arbeit Zugang haben. Sie gilt nicht für Türen und Tore von maschinellen Anlagen (z. B. Aufzugsanlagen) und nicht für provisorische Türen und Tore auf Baustellen. Der *ASTA* hat grundlegende Inhalte der BGR/GUV-R 232 »Kraftbetätigte Fenster, Türen und Tore« des Fachausschusses »Bauliche Einrichtungen« der DGUV in Anwendung des Kooperationsmodells (BArbBl. 6/2003 S. 48) als ASR in sein Regelwerk übernommen.

In den Nr. 4–10 regelt die ASR A1.7 die Planung und Auswahl von Türen und Toren, die Sicherung gegen mechanische Gefährdungen, die Sicherung der Flügelbewegung, die Sicherheit der Steuerung, Anforderungen an Türen und Tore im Verlauf von Fluchtwegen sowie die Instandhaltung einschließlich sicherheitstechnischer Prüfung.

Die BGR/GUV-R 232 »Kraftbetätigte Fenster, Türen und Tore« galt in Bezug auf kraftbetätigte Fenster zunächst weiter. Aufgrund der ASR A1.6 »Fenster, Oberlichter, lichtdurchlässige Wände« (GMBl. Nr. 1 v. 12. 1. 2012, S. 5–10) wurde diese BGR/GUV-R vereinbarungsgemäß zurückgezogen, um Doppelregelungen zu vermeiden.

Bei den Festlegungen zur Anordnung der Türen und Tore sowie deren Ab- **2a** messungen sind gem. Anhang A1.7 Abs. 1 zur ASR V3a.2 die besonderen Anforderungen von **Beschäftigten mit Behinderungen** zu berücksichtigen (vgl. die einzelnen Anforderungen in Abs. 2 bis 20).

Mit Nr. 1.7 Anhang ArbStättV werden Nr. 11 EG-Arbeitsstättenrichtlinie **3** und Nr. 9 Anhang IV Teil A sowie Nr. 8 Anhang IV Teil B Abschnitt I EG-Baustellenrichtlinie **umgesetzt.**

1.8 Verkehrswege

(1) Verkehrswege, einschließlich Treppen, fest angebrachte Steigleitern und Laderampen müssen so angelegt und bemessen sein, dass sie je nach ihrem Bestimmungszweck leicht und sicher begangen oder befahren werden können und in der Nähe Beschäftigte nicht gefährdet werden.

(2) Die Bemessung der Verkehrswege, die dem Personenverkehr, Güterverkehr oder Personen- und Güterverkehr dienen, muss sich nach der Anzahl der möglichen Benutzer und der Art des Betriebes richten.

(3) Werden Transportmittel auf Verkehrswegen eingesetzt, muss für Fußgänger ein ausreichender Sicherheitsabstand gewahrt werden.

(4) Verkehrswege für Fahrzeuge müssen an Türen und Toren, Durchgängen, Fußgängerwegen und Treppenaustritten in ausreichendem Abstand vorbeiführen.

(5) Soweit Nutzung und Einrichtung der Räume es zum Schutz der Beschäftigten erfordern, müssen die Begrenzungen der Verkehrswege gekennzeichnet sein.

(6) Besondere Anforderungen gelten für Fluchtwege (Nummer 2.3).

1   Die sicherheitstechnischen Anforderungen an **Verkehrswege** in Arbeitsstätten gem. Nr. 1.8 Anhang ArbStättV 2004/2010 entsprechen im Wesentlichen § 17 ArbStättV 1976/1996.

    Zusätzlich werden in Nr. 1.8 Abs. 2 ArbStättV 2004/2010 drei Kategorien von Verkehrswegen definiert: Personenverkehr, Güterverkehr sowie Personen- und Güterverkehr, um sicherheitsadäquate Maßnahmen treffen zu können.

2   Die ASR A1.8 **konkretisiert** die Anforderungen an das Einrichten und Betreiben von Verkehrswegen in § 3a Abs. 1 und § 4 Abs. 4 sowie der Nr. 1.8, 1.9, 1.10 und 1.11 Anhang ArbStättV.

    Der Grundsatz in Nr. 4.1 Abs. 1 ASR A1.8 fordert die Berücksichtigung der Art des Betriebs bereits bei der Planung von Verkehrswegen, damit im späteren Betreiben von Verkehrswegen keine Gefährdungen für Sicherheit und Gesundheit der Beschäftigten ausgehen. Die weiteren Bestimmungen in Nr. 4 beziehen sich auf das Einrichten von Verkehrswegen, Nr. 5 auf das Betreiben von Verkehrswegen, Nr. 6 auf Instandhaltung und sicherheitstechnische Funktionsprüfung. Nr. 7 legt abweichende bzw. ergänzende Anforderungen für Baustellen fest.

3   Mit Nr. 1.8 Anhang ArbStättV werden Nr. 12.1 bis 12.4 Anhang l EG-Arbeitsstättenrichtlinie und Nr. 10.1 bis 10.4 Anhang IV Teil A sowie Nr. 9 Anhang IV Teil B Abschnitt I EG-Baustellenrichtlinie **umgesetzt**.

1.9   Fahrtreppen, Fahrsteige

Fahrtreppen und Fahrsteige müssen so ausgewählt und installiert sein, dass sie sicher funktionieren und sicher benutzbar sind. Dazu gehört, dass die Notbefehlseinrichtungen gut erkennbar und leicht zugänglich sind und nur solche Fahrtreppen und Fahrsteige eingesetzt werden, die mit den notwendigen Sicherheitsvorrichtungen ausgestattet sind.

1   Die sicherheitstechnischen Anforderungen an Fahrtreppen und Fahrsteige (Nr. 1.9 Anhang ArbStättV) entsprechen im Wesentlichen § 18 ArbStättV 1976/1996.

Die ASR A1.8 **konkretisiert** die Anforderungen an das Einrichten und Betreiben von Verkehrswegen in § 3a Abs. 1 und § 4 Abs. 4 sowie u. a. der Nr. 1.9 Anhang ArbStättV. **2**

In Arbeitsstätten müssen gem. des Hinweises zu Nr. 4.8 ASR A1.8 »Fahrtreppen und Fahrsteige« hinsichtlich ihrer **Beschaffenheitsanforderungen** den europäischen und nationalen Vorschriften, z. B. der 9. ProdSGV, entsprechen. Sie müssen für die Nutzung in Arbeitsstätten geeignet sein und sicher betrieben werden können.

Die Einbausituation und das Betreiben von Fahrtreppen und Fahrsteigen stellen Anforderungen an die Nutzungssicherheit, die auch deren Beschaffenheit betreffen kann. Daher ist gem. Nr. 4.8 Abs. 1 ASR A1.8 beim Einrichten und Betreiben in der Arbeitsstätte im Rahmen der Gefährdungsbeurteilung die Eignung und Verwendbarkeit von Fahrtreppen und Fahrsteigen für die vorgesehene Nutzung zu prüfen und ggf. die erforderlichen baulichen Sicherungsmaßnahmen und Veränderungen am Einbauort vorzunehmen (z. B. durch Einrichtungsgegenstände zusätzlich entstandene Quetschstellen sind zu sichern). Dabei sind die Herstellerangaben (z. B. Einbau- oder Betriebsanleitung) zu berücksichtigen.

Mit Nr. 1.9 Anhang ArbStättV werden die Anforderungen von Nr. 13 Anhang I der EG-Arbeitsstättenrichtlinie und Nr. 10 des Anhang IV Teil B Abschnitt I EG-Baustellenrichtlinie **umgesetzt**. **3**

1.10 Laderampen

(1) Laderampen sind entsprechend den Abmessungen der Transportmittel und der Ladung auszulegen.

(2) Sie müssen mindestens einen Abgang haben, lange Laderampen müssen, soweit betriebstechnisch möglich, an jedem Endbereich einen Abgang haben.

(3) Sie müssen einfach und sicher benutzbar sein. Dazu gehört, dass sie nach Möglichkeit mit Schutzvorrichtungen gegen Absturz auszurüsten sind; das gilt insbesondere in Bereichen von Laderampen, die keine ständigen Be- und Entladestellen sind.

Die sicherheitstechnischen Anforderungen an **Laderampen** (Nr. 1.10 Anhang ArbStättV) basieren auf § 21 ArbStättV 1976/1996. **1**

Die ASR A1.8 **konkretisiert** die Anforderungen an das Einrichten und Betreiben von Verkehrswegen in § 3a Abs. 1 und § 4 Abs. 4 sowie u. a. in der Nr. 1.10 Anhang ArbStättV. Bestimmungen zu Laderampen legt Nr. 4.7 ASR A1.8 fest. **1a**

Mit der 2004 aufgenommenen Regelung, dass die **Größe** der Laderampen entsprechend den transportierten Lasten auszulegen ist, ist einer bisher noch nicht hinreichend umgesetzten Anforderung in Nr. 14.1 Anhang I EG- **2**

Arbeitsstättenrichtlinie und der Nr. 11.1 Anhang IV Teil A EG-Baustellen-richtlinie Rechnung getragen worden. Darüber hinaus werden die Nr. 12.1, 14.2 und 14.3 EG-Arbeitsstättenrichtlinie sowie Nr. 10.1, 11.2 und 11.3 Anhang IV Teil A EG-Baustellenrichtlinie **umgesetzt.**

1.11 Steigleitern, Steigeisengänge

Steigleitern und Steigeisengänge müssen sicher benutzbar sein. Dazu gehört, dass sie

a) **nach Notwendigkeit über Schutzvorrichtungen gegen Absturz, vorzugsweise über Steigschutzeinrichtungen verfügen,**

b) **an ihren Austrittsstellen eine Haltevorrichtung haben,**

c) **nach Notwendigkeit in angemessenen Abständen mit Ruhebühnen ausgerüstet sind.**

1   Die sicherheitstechnischen Anforderungen an **Steigleitern und Steigeisengänge** in Arbeitsstätten (Nr. 1.11 Anhang ArbStättV) entsprechen im Wesentlichen § 20 ArbStättV 1976/1996 und fassen sie in Form flexibler Schutzzielbestimmungen zusammen.

2   Die ASR A1.8 **konkretisiert** die Anforderungen an das Einrichten und Betreiben von Verkehrswegen in § 3a Abs. 1 und § 4 Abs. 4 sowie u. a. in Nr. 1.11 Anhang ArbStättV.

Gemäß der allgemeinen Anforderungen in Nr. 4.6.1 Abs. 1 ASR A1.8 sind Steigeisengänge und Steigleitern wegen der höheren Absturzgefahr und der höheren körperlichen Anstrengung nur zulässig, wenn der Einbau einer Treppe betriebstechnisch nicht möglich ist. Auf Grundlage der **Gefährdungsbeurteilung** können Steigleitern oder Steigeisengänge gewählt werden, wenn der Zugang nur gelegentlich (z. B. zu Wartungsarbeiten) von einer geringen Anzahl unterwiesener Beschäftigter genutzt werden muss (zu weiteren Konkretisierungen vgl. Abs. 2–4).

3   Mit Nr. 1.11 Anhang ArbStättV werden Nr. 12.1 Anhang I EG-Arbeitsstättenrichtlinie und Nr. 10.1 Anhang IV Teil A EG-Baustellenrichtlinie **umgesetzt.**

2   Maßnahmen zum Schutz vor besonderen Gefahren

1   In Abschnitt 2 Anhang ArbStättV werden technische und organisatorische Maßnahmen beschrieben, die den Schutz der Beschäftigten vor besonderen Gefährdungen in Bezug auf die Einrichtung und das Betreiben von Arbeitsstätten zum Ziel haben (vgl. RegE-ArbStättV 2004, S. 34).

2.1 Schutz vor Absturz und herabfallenden Gegenständen, Betreten von Gefahrenbereichen

(1) Arbeitsplätze und Verkehrswege, bei denen eine Absturzgefahr für Beschäftigte oder die Gefahr des Herabfallens von Gegenständen besteht, müssen mit Schutzvorrichtungen versehen sein, die verhindern, dass Beschäftigte abstürzen oder durch herabfallende Gegenstände verletzt werden können. Sind aufgrund der Eigenart des Arbeitsplatzes oder der durchzuführenden Arbeiten Schutzvorrichtungen gegen Absturz nicht geeignet, muss der Arbeitgeber die Sicherheit der Beschäftigten durch andere wirksame Maßnahmen gewährleisten. Eine Absturzgefahr besteht bei einer Absturzhöhe von mehr als einem Meter.

(2) Arbeitsplätze und Verkehrswege, die an Gefahrenbereiche grenzen, müssen mit Schutzvorrichtungen versehen sein, die verhindern, dass Beschäftigte in die Gefahrenbereiche gelangen.

(3) Die Arbeitsplätze und Verkehrswege nach den Absätzen 1 und 2 müssen gegen unbefugtes Betreten gesichert und gut sichtbar als Gefahrenbereiche gekennzeichnet sein. Zum Schutz derjenigen, die diese Bereiche betreten müssen, sind geeignete Maßnahmen zu treffen.

Die sicherheitstechnischen Anforderungen zum Schutz vor **Absturz und herabfallenden Gegenständen** gem. Nr. 2.1 Anhang ArbStättV 2016 regeln Bestimmungen **1**
• zum Schutz vor Absturz und herabfallenden Gegenständen (Abs. 1) sowie
• zur Sicherung von Gefahrenbereichen (Abs. 2 und 3).
Die ASR A2.1 konkretisiert insbesondere die Anforderungen an den Schutz vor Absturz oder herabfallenden Gegenständen und beinhaltet daneben Maßnahmen bezüglich des Betretens von Dächern oder anderen Gefahrenbereichen nach § 3a Abs. 1 ArbStättV u. a. i. V. m. Nr. 2.1 Anhang ArbStättV. Bestimmungen zur Beurteilung der entsprechenden Gefährdungen und die Rangfolge der Maßnahmen legt Nr. 4 dieser ASR fest. Maßnahmen werden in Nr. 5–7 bestimmt. Abweichende bzw. ergänzende Anforderungen für Baustellen sind in Nr. 8 geregelt.

Nr. 2.1 Abs. 1 Satz 1 Anhang ArbStättV 2016 beinhaltet Anforderungen des **2** früheren § 12 ArbStättV 1976/1996 zu Maßnahmen gegenüber Absturz und herabfallenden Gegenständen. 2016 neu aufgenommen wurde, im Sinne der Rangfolge von Maßnahmen des Arbeitsschutzes gem. § 4 Nr. 1 ArbSchG, die Regelung, wonach der Arbeitgeber gem. Nr. 2.1 Abs. 1 Satz 2 Anhang ArbStättV die Sicherheit der Beschäftigten durch andere wirksame Maßnahmen gewährleisten muss, wenn aufgrund der Eigenart des Arbeitsplatzes oder der durchzuführenden Arbeiten Schutzvorrichtungen gegen Absturz nicht geeignet sind. Damit wird laut *BRat* (vgl. BR Drs. 506/16 [B], S. 47f.) dem Umstand Rechnung getragen, dass es auch Arbeitsplätze gibt, für die fest installierte Schutzvorrichtungen zum Schutz vor Absturz der Beschäftigten nicht möglich oder nicht geeignet sind. So sind z. B. an Bundeswasserstraßen viele Arbeiten an Uferböschungen oder auch direkt am Wasser durchzuführen (Einbau von Schüttsteinen, Reparaturen an Spundwandufern und so weiter). In diesen Arbeitsbereichen sind feste Absturzsicherungen in der Regel nicht vorhanden oder auch nicht geeignet. Der Arbeitgeber muss deshalb auf der Grundlage der Gefährdungsbeurteilung gem. § 3 ArbStättV 2016 andere, ebenso wirksame Maßnahmen zum Schutz der Beschäftigten durchführen (z. B. Anseilschutz, Rettungswesten). Nach § 6 sind die Beschäftigten über die geeigneten und festgelegten Maßnahmen zu unterweisen. Die Regelung in Nr. 2.1 Abs. 1 Satz 2 Anhang ArbStättV trifft in vielen Fällen entsprechend auch bei Arbeitsplätzen auf Baustellen zu.

3   Gem. Nr. 2.1 Abs. 1 Satz 3 Anhang ArbStättV 2016 besteht eine Absturzgefahr bei einer **Absturzhöhe von mehr als einem Meter** (vgl. auch Nr. 4.1 Abs. 4 ASR A2.1). Der *ASTA* hat für Absturz eine Gefährdung ab ein Meter Höhe ermittelt. Ab dieser Höhe muss der Arbeitgeber mit der Gefährdungsbeurteilung prüfen, ob Maßnahmen gegen Absturz der Beschäftigten erforderlich sind.

4   Ausgehend von den übergreifenden Regelungen gem. § 9 ArbSchG, nach denen der Arbeitgeber Maßnahmen zu treffen hat, damit nur Beschäftigte Zugang zu besonders gefährlichen Arbeitsbereichen haben, die zuvor geeignete Anweisungen erhalten haben, müssen gem. Nr. 2.1 Abs. 2 ArbStättV 2016 Arbeitsplätze und Verkehrswege, die an **Gefahrenbereiche** grenzen, mit Schutzvorrichtungen versehen sein, die verhindern, dass Beschäftigte in die Gefahrenbereiche gelangen.

5   Arbeitsplätze und Verkehrswege,
- bei denen eine Absturzgefahr für Beschäftigte oder die Gefahr des Herabfallens von Gegenständen besteht oder
- die an Gefahrenbereiche grenzen,

müssen gem. Nr. 2.1 Abs. 3 Anhang ArbStättV 2016 gegen unbefugtes Betreten gesichert und gut sichtbar als Gefahrenbereiche **gekennzeichnet** sein. Zum Schutz derjenigen, die diese Bereiche betreten müssen, sind geeignete **Maßnahmen** zu treffen.

6   Mit Nr. 2.1 Anhang ArbStättV werden Nr. 12.5 Anhang I EG-Arbeitsstättenrichtlinie und Nr. 10.4 Anhangs IV Teil A sowie Nr. 5, 10.1 Buchstabe b und 14.1 des Anhang IV Teil B Abschnitt II EG-Baustellenrichtlinie in nationales Recht **umgesetzt.**

2.2   Maßnahmen gegen Brände

(1) **Arbeitsstätten müssen je nach**
a) **Abmessung und Nutzung,**
b) **der Brandgefährdung vorhandener Einrichtungen und Materialien,**

c) der größtmöglichen Anzahl anwesender Personen

mit einer ausreichenden Anzahl geeigneter Feuerlöscheinrichtungen und erforderlichenfalls Brandmeldern und Alarmanlagen ausgestattet sein.

(2) Nicht selbsttätige Feuerlöscheinrichtungen müssen als solche dauerhaft gekennzeichnet, leicht zu erreichen und zu handhaben sein.

(3) Selbsttätig wirkende Feuerlöscheinrichtungen müssen mit Warneinrichtungen ausgerüstet sein, wenn bei ihrem Einsatz Gefahren für die Beschäftigten auftreten können.

Die sicherheitstechnischen Anforderungen zum Schutz vor **Bränden** (Nr. 2.2 **1** Anhang ArbStättV) stellen die Anforderungen des früheren § 13 ArbStättV 1976/1996 auf eine zeitgemäße Grundlage mit der Zielsetzung eines vorbeugenden Schutzes der Beschäftigten vor Brandgefahren.

Kerninhalt ist dabei die Zurverfügungstellung ausreichender Feuerlöscheinrichtungen sowie Brandmelder und Alarmanlagen.

Gem. § 22 Abs. 2 DGUV Vorschrift 1 hat der Unternehmer eine ausreichende Anzahl von Beschäftigten durch **Unterweisung und Übung** im Umgang mit Feuerlöscheinrichtungen zur Bekämpfung von Entstehungsbränden vertraut zu machen.

Die ASR A2.2 »Maßnahmen gegen Brände« **konkretisiert** die Anforderun- **2** gen an die Ausstattung mit und das Betreiben von Brandmelde- und Feuerlöscheinrichtungen in Arbeitsstätten sowie die damit verbundenen organisatorischen Maßnahmen nach § 3a Abs. 1 und § 4 Abs. 3 sowie insbesondere Nr. 2.2 und 5.2 Abs. 1g Anhang ArbStättV. Anforderungen an die **Eignung** von Feuerlöschern und Löschmitteln, an die **Ausstattung** von Arbeitsstätten sowie an den **Betrieb** legen die Nr. 4 bis 6 dieser ASR fest. Nr. 7 enthält abweichende bzw. ergänzende Anforderungen für **Baustellen**. Die Anforderungen an den Betrieb beinhalten Vorgaben für die Unterweisung, die Beauftragung von Brandschutzhelfern sowie für die Wartung und Prüfung

Mit Nr. 2.2 Anhang ArbStättV werden Nr. 5 Anhang I EG-Arbeitsstätten- **3** richtlinie und Nr. 4 Anhang IV Teil A EG-Baustellenrichtlinie in nationales Recht **umgesetzt**.

2.3 Fluchtwege und Notausgänge

(1) Fluchtwege und Notausgänge müssen

a) sich in Anzahl, Anordnung und Abmessung nach der Nutzung, der Einrichtung und den Abmessungen der Arbeitsstätte sowie nach der höchstmöglichen Anzahl der dort anwesenden Personen richten,

b) auf möglichst kurzem Weg ins Freie oder, falls dies nicht möglich ist, in einen gesicherten Bereich führen,

c) in angemessener Form und dauerhaft gekennzeichnet sein.

Sie sind mit einer Sicherheitsbeleuchtung auszurüsten, wenn das gefahr-
lose Verlassen der Arbeitsstätte für die Beschäftigten, insbesondere bei
Ausfall der allgemeinen Beleuchtung, nicht gewährleistet ist.

(2) Türen im Verlauf von Fluchtwegen oder Türen von Notausgängen
müssen

a) sich von innen ohne besondere Hilfsmittel jederzeit leicht öffnen lassen, solange sich Beschäftigte in der Arbeitsstätte befinden,

b) in angemessener Form und dauerhaft gekennzeichnet sein.

Türen von Notausgängen müssen sich nach außen öffnen lassen. In Notausgängen, die ausschließlich für den Notfall konzipiert und ausschließlich im Notfall benutzt werden, sind Karussell- und Schiebetüren nicht
zulässig.

1   Die sicherheitstechnischen Anforderungen an **Fluchtwege und Notausgänge** (Nr. 2.3 Anhang ArbStättV) orientieren sich an den Anforderungen
des früheren § 19 ArbStättV 1976/1996. Abs. 1 führt allgemeine **Kriterien**
zur Bedarfsbestimmung, Kennzeichnung und Sicherheitsbeleuchtung auf.
Im Sinne einer **Rangfolge von Maßnahmen** ist zunächst ein möglichst kurzer Weg ins Freie festzulegen und, falls dies nicht möglich ist, die Fluchtmög-
lichkeit in einen gesicherten Bereich. Abs. 2 benennt **Anforderungen an Türen**. Das in Bezug auf Notausgänge in der EG-Arbeitsstättenrichtlinie und
der EG-Baustellenrichtlinie u. a. formulierte generelle **Verbot von Schiebe-
und Karusselltüren** als Notausgänge wurde 2004 unter Beachtung der
hierzu eindeutigen begründeten Stellungnahme der *Europäischen Kommission* in nationales Recht umgesetzt. Die Anforderung richtet sich nur an Türen, die als spezielle Notausgänge konzipiert und ausschließlich im Notfall
benutzt werden. Ausgänge am Ende von Fluchtwegen, durch die Beschäftigte im Notfall ebenfalls ins Freie gelangen können, erfasst die Regelung
nicht (vgl. RegE-ArbStättV 2004, S. 34 f.; vgl. Rn. 2b).

2   Die ASR A2.3 »Fluchtwege und Notausgänge, Flucht- und Rettungsplan«
konkretisiert die Anforderungen gem. § 4 Abs. 4 und Nr. 2.3 Anhang Arb-
StättV an das Einrichten und Betreiben von Fluchtwegen und Notausgängen
sowie an den Flucht- und Rettungsplan, um im Gefahrenfall das sichere Verlassen der Arbeitsstätte zu gewährleisten. Diese ASR gilt für das Einrichten
und Betreiben von Fluchtwegen und Notausgängen in Gebäuden und vergleichbaren Einrichtungen, zu denen Beschäftigte im Rahmen ihrer Arbeit
Zugang haben, sowie für das Erstellen von Flucht- und Rettungsplänen und
das Üben entsprechend dieser Pläne. Dabei ist die Anwesenheit von anderen
Personen zu berücksichtigen. Neben allgemeinen Bestimmungen in Nr. 4 legen die Nr. 5–10 dieser ASR Anforderungen zu **Anordnung und Abmessungen**, zur **Ausführung**, **Kennzeichnung** und **Sicherheitsbeleuchtung** sowie
zum **Flucht-und Rettungsplan** und ergänzende Anforderungen für **Baustellen** fest.

Die ASR A1.7 »Türen und Tore« konkretisiert die Anforderungen an das **2a** Einrichten und Betreiben von Türen und Toren in § 3a Abs. 1 und § 4 Abs. 3 sowie u. a. in Nr. 2.3 Abs. 2 Anhang ArbStättV. Nr. 9 dieser ASR legt dementsprechend Anforderungen an **Türen und Tore im Verlauf von Fluchtwegen** fest. Danach dürfen automatische Schiebetüren und Schnelllauftore (ausgenommen Feuer- und Rauchschutztüren bzw. -tore) nur verwendet werden, wenn sie bei Ausfall der Energiezufuhr selbsttätig öffnen oder über eine manuelle Öffnungsmöglichkeit (Break-out) verfügen. Automatische Karusselltüren dürfen nur verwendet werden, wenn sich Teile der Innenflügel ohne größeren Kraftaufwand (vgl. Nr. 10.1 Abs. 3) von Hand und ohne Hilfsmittel sowie in jeder Stellung der Tür auf die erforderliche Fluchtwegbreite öffnen lassen. Abs. 2 verweist auf die weiteren Bestimmungen zu Türen und Toren im Verlauf von Fluchtwegen im Rahmen der ASR A2.3 (Rn. 2).

Bei Festlegung der Anordnung und Abmessungen der Fluchtwege und Not- **2b** ausgänge sind gem. Anhang A2.3 Abs. 1 zur ASR V3a.2 die besonderen Anforderungen von **Personen mit Behinderungen** zu berücksichtigen (vgl. im Einzelnen Abs. 2 bis 10). Verwiesen wird dabei auf die grundlegenden Bestimmungen in Nr. 5 Abs. 1 ASR A2.3.

Mit Nr. 2.3 Anhang ArbStättV werden Anforderungen in Nr. 4 Anhang EG- **3** Arbeitsstättenrichtlinie und Nr. 3 Anhang IV Teil A EG-Baustellenrichtlinie **umgesetzt.**

3 Arbeitsbedingungen

Das sichere Betreiben der Arbeitsstätte wird neben anderen Faktoren durch **1** die Gestaltung der Arbeitsumgebung bestimmt. Hierzu enthält Abschnitt 3 Anhang ArbStättV die notwendigen grundlegenden Anforderungen (vgl. RegE-ArbStättV 2004, S. 35).

3.1 Bewegungsfläche

(1) Die freie unverstellte Fläche am Arbeitsplatz muss so bemessen sein, dass sich die Beschäftigten bei ihrer Tätigkeit ungehindert bewegen können.

(2) Ist dies nicht möglich, muss den Beschäftigten in der Nähe des Arbeitsplatzes eine andere ausreichend große Bewegungsfläche zur Verfügung stehen.

Die Anforderungen an **Bewegungsflächen am Arbeitsplatz** in Nr. 3.1 An- **1** hang ArbStättV begründen sich in der arbeitswissenschaftlichen Erkenntnis, dass Bewegungsfreiheit eine Grundbedingung für das Wohlbefinden der Beschäftigten am Arbeitsplatz ist (vgl. RegE-ArbStättV 2004, S. 35). Die quantitativen Vorgaben des § 24 ArbStättV 1976/1996 zur Mindestbewegungsfläche sind 2004 in eine quantitativ unbestimmte Schutzzielvorgabe geändert worden. Inhaltlicher Maßstab bleibt, dass die Beschäftigten ohne Beeinträchtigung ihrer Sicherheit, ihrer Gesundheit oder ihres Wohlbefindens ihre Arbeit verrichten können (vgl. Nr. 4 Abs. 1 ASR A1.2).

2   Die ASR A1.2 **konkretisiert** die Anforderungen u. a. an Bewegungsflächen in § 3a Abs. 1 ArbStättV 2016 sowie in den Nr. 3.1 Abs. 1, 2 Anhang ArbStättV.

Zur Festlegung der Bewegungsfläche sind gem. Nr. 5.1.1 Abs. 1 ASR A1.2 alle während der Tätigkeit einzunehmenden **Körperhaltungen** zu berücksichtigen. Die Bewegungsfläche muss gem. Abs. 2 **mindestens 1,50 m²** betragen. Ist dies aus betriebstechnischen Gründen nicht möglich, muss den Beschäftigten in der Nähe des Arbeitsplatzes eine mindestens 1,50 m² große Bewegungsfläche zur Verfügung stehen. Die weiteren Bestimmungen in Nr. 5.1.2–5.1.5 legen Anforderungen an die Bewegungsfläche in Bezug auf **sitzende und stehende Tätigkeiten, Tätigkeiten mit anderen Körperhaltungen, nebeneinander angeordnete Arbeitsplätze** sowie zur **Überlagerung von Bewegungsflächen** fest.

3   Mit Anhang Nr. 3.1 werden die Anforderungen der Nr. 15.2 des Anhangs I EG-Arbeitsstättenrichtlinie **umgesetzt.**

3.2   Anordnung der Arbeitsplätze

Arbeitsplätze sind in der Arbeitsstätte so anzuordnen, dass Beschäftigte
a)   **sie sicher erreichen und verlassen können,**
b)   **sich bei Gefahr schnell in Sicherheit bringen können,**
c)   **durch benachbarte Arbeitsplätze, Transporte oder Einwirkungen von außerhalb nicht gefährdet werden.**

1   Die Anforderungen an die **Anordnung der Arbeitsplätze** in Nr. 3.2 Anhang ArbStättV knüpfen an § 51 Abs. 2 ArbStättV 1976/1996 an und übertragen die Anforderung einer bisher auf Wasserfahrzeuge und schwimmende Anlagen beschränkten Regelung zur **sicheren Zugänglichkeit** unter dem Blickwinkel der Arbeitsstätte auf alle Arbeitsplätze. Dabei werden auch die im verfügenden Teil getroffenen Festlegungen über Möglichkeiten, sich im **Gefahrenfall** rasch in Sicherheit zu bringen, berücksichtigt (vgl. § 44 Abs. 3 Nr. 2 ArbStättV 1976/1996; RegE-ArbStättV 2004, S. 35).

Aufgrund von Erfahrungen in der praktischen Arbeitsgestaltung und Hinweisen aus dem Vollzug wurde in die ArbStättV 2004 zusätzlich aufgenommen, dass bei der Anordnung von Arbeitsplätzen darauf zu achten ist, dass die Beschäftigten nicht durch **Einwirkungen von außerhalb** gefährdet werden (ebd.; zu weiteren **Gestaltungshinweisen und Informationsquellen** vgl. *LBL*, S. 91 ff.).

Umgesetzt werden mit Nr. 3.2 Anhang die Nr. 21.3c Anhang I EG-Arbeits- **2** stättenrichtlinie und Nr. 3.2 Anhang IV Teil A EG-Baustellenrichtlinie, und zwar über den dort vorgesehenen Anwendungsbereich (Arbeitsplätze im Freien und auf Baustellen) auf **alle Arbeitsplätze**.

3.3 Ausstattung

(1) Jedem Beschäftigten muss mindestens eine Kleiderablage zur Verfügung stehen, sofern keine Umkleideräume vorhanden sind.

(2) Kann die Arbeit ganz oder teilweise sitzend verrichtet werden oder lässt es der Arbeitsablauf zu, sich zeitweise zu setzen, sind den Beschäftigten am Arbeitsplatz Sitzgelegenheiten zur Verfügung zu stellen. Können aus betrieblichen Gründen keine Sitzgelegenheiten unmittelbar am Arbeitsplatz aufgestellt werden, obwohl es der Arbeitsablauf zulässt, sich zeitweise zu setzen, sind in der Nähe der Arbeitsplätze Sitzgelegenheiten bereitzustellen.

Die Anforderungen an die **Ausstattung von Arbeitsplätzen** (Nr. 3.3 Anhang **1** ArbStättV) sind seit der Änderung durch Art. 4 OStrV-ArtV vom Juli 2010 vergleichbar mit den früheren Anforderungen des ebenso betitelten § 25 ArbStättV 1976/1996. Die Regelung zu Sitzgelegenheiten in Nr. 3.3 Abs. 2 entspricht einer Forderung des ILO Übereinkommens Ü 120, welche die Forderung zur Bereitstellung von Sitzgelegenheiten am Arbeitsplatz beinhaltet. Zur Einhaltung der eingegangenen Verpflichtungen – Deutschland hat das Ü 120 im Jahr 1973 ratifiziert – musste die Regelung zur Bereitstellung von Sitzgelegenheiten am Arbeitsplatz wieder in die ArbStättV aufgenommen werden.

Die Anforderungen in Nr. 3.3 Abs. 2 Anhang ArbStättV wurde früher durch **2** die (**Alt-**) ASR A25/1 Arbeitsstätten-Richtlinie Sitzgelegenheiten konkretisiert, aber vom *ASTA* bislang nicht überarbeitet und ist zum 31. 12. 2012 außer Kraft getreten (vgl. § 8 Abs. 2 ArbStättV). Die Angaben können aber weiterhin i. S. gesicherter arbeitswissenschaftlicher Erkenntnisse zur Konkretisierung der allgemeinen Schutzziele der Verordnung beim Einrichten und Betreiben von Arbeitsstätten verwendet werden. Dabei muss der Arbeitgeber aber beachten, dass die Inhalte der Alt-ASR nicht mehr dem Stand der Technik entsprechen müssen (zu weiteren **Gestaltungshinweisen und Informationsquellen** vgl. *LBL*, S. 94 ff.). Die Verpflichtung des Arbeitgebers umfasst auch die Bereitstellung von ergonomischen und standsicheren **Arbeitsstühlen an Bildschirm- und Telearbeitsplätzen** (vgl. Nr. 6.1 Anhang ArbStättV Rn. 6).

3 Mit Nr. 3.3 Abs. 1 Anhang ArbStättV werden Nr. 18.1.4 Anhang 1 EG-Arbeitsstättenrichtlinie und Nr. 14.1.4 Anhang IV Teil A EG-Baustellenrichtlinie **umgesetzt.**

3.4 Beleuchtung und Sichtverbindung

(1) Der Arbeitgeber darf als Arbeitsräume nur solche Räume betreiben,
die möglichst ausreichend Tageslicht erhalten und die eine Sichtverbindung nach außen haben.
Dies gilt nicht für

1. Räume, bei denen betriebs-, produktions- oder bautechnische
   Gründe Tageslicht oder einer Sichtverbindung nach außen entgegenstehen,
2. Räume, in denen sich Beschäftigte zur Verrichtung ihrer Tätigkeit regelmäßig nicht über einen längeren Zeitraum oder im Verlauf der täglichen Arbeitszeit nur kurzzeitig aufhalten müssen, insbesondere Ar-
   chive, Lager-, Maschinen- und Nebenräume, Teeküchen,
3. Räume, die vollständig unter Erdgleiche liegen, soweit es sich dabei
   um Tiefgaragen oder ähnliche Einrichtungen, um kulturelle Einrichtungen, um Verkaufsräume oder um Schank- und Speiseräume handelt,
4. Räume in Bahnhofs- oder Flughafenhallen, Passagen oder innerhalb
   von Kaufhäusern und Einkaufszentren,
5. Räume mit einer Grundfläche von mindestens 2000 m², sofern Oberlichter oder andere bauliche Vorrichtungen vorhanden sind, die Tageslicht in den Arbeitsraum lenken.

(2) Pausen- und Bereitschaftsräume sowie Unterkünfte müssen möglichst ausreichend mit Tageslicht beleuchtet sein und eine Sichtverbindung nach außen haben. Kantinen sollen möglichst ausreichend Tageslicht erhalten und eine Sichtverbindung nach außen haben.

(3) Räume, die bis zum 3. Dezember 2016 eingerichtet worden sind oder
mit deren Einrichtung begonnen worden war und die die Anforderungen
nach Absatz 1 Satz 1 oder Absatz 2 nicht erfüllen, dürfen ohne eine Sichtverbindung nach außen weiter betrieben werden, bis sie wesentlich erweitert oder umgebaut werden.

(4) In Arbeitsräumen muss die Stärke des Tageslichteinfalls am Arbeitsplatz je nach Art der Tätigkeit reguliert werden können.

(5) Arbeitsstätten müssen mit Einrichtungen ausgestattet sein, die eine
angemessene künstliche Beleuchtung ermöglichen, so dass die Sicherheit
und der Schutz der Gesundheit der Beschäftigten gewährleistet sind.

(6) Die Beleuchtungsanlagen sind so auszuwählen und anzuordnen, dass
dadurch die Sicherheit und die Gesundheit der Beschäftigten nicht gefährdet werden.

(7) Arbeitsstätten, in denen bei Ausfall der Allgemeinbeleuchtung die Sicherheit der Beschäftigten gefährdet werden kann, müssen eine ausreichende Sicherheitsbeleuchtung haben.

1. Allgemeines

Nr. 3.4 Anhang ArbStättV 2016 regelt Anforderungen an Tageslichteinfall, **Sichtverbindung** nach außen, künstliche **Beleuchtung** und Sicherheitsbeleuchtung.   **1**

Mit Nr. 3.4 Anhang ArbStättV 2016 werden die Nr. 8 und 21.2 Anhang l EG-Arbeitsstättenrichtlinie und die Nr. 8.1, 8.2 und 8.3 Anhang IV Teil A und Nr. 5 Anhang Teil B Abschnitt I EG-Baustellenrichtlinie umgesetzt.

Die Regelungen in Nr. 3.4 Anhang ArbStättV werden durch die ASR 3.4 sowie 3.4.1 **konkretisiert**.

2. Tageslicht und Sichtverbindung nach außen

Gem. des bis 2004 geltenden § 7 Abs. 1 ArbStättV 1976/1996 mussten Arbeits-, Pausen-, Bereitschafts-, Liege- und Sanitätsräume grundsätzlich eine **Sichtverbindung nach außen** haben (vgl. *BVerwG* 31.1.1997, NZA 1997, 482). Hierdurch sollte für die Beschäftigten ein »Bunker- bzw. Klausureffekt« vermieden werden (vgl. MünchArbR-*Wlotzke*, § 212 Rn. 41; vgl. *Nahrmann/Schierbaum*, AiB 1998, 278 f., m. w. N.). In Nr. 3.4 Anhang ArbStättV 2016 ist diese Grundanforderung wieder aufgenommen worden.   **2**

Demgegenüber enthielt die novellierte ArbStättV 2004/2010 keine materiellen Anforderungen an eine Sichtverbindung nach außen mehr (vgl. LASI-ArbStättV 2010, L 3.4–1). In Nr. 3.4 Anhang ArbStättV 2004/2010 wurde vielmehr der Schwerpunkt der Forderungen zur Beleuchtung auf »**ausreichend Tageslicht**« gelegt, wobei diese Forderung auch in den geänderten Fassung 2016 besteht. Laut *LASI* ist die spektrale Verteilung von Tageslicht gleichmäßig und sorgt so u. a. für eine bessere Farbwiedergabe. Außerdem hat das Tageslicht und hier insbesondere der UV-Anteil des Lichtes einen Einfluss auf nahezu alle Lebensfunktionen: Tageslicht trägt u. a. zum Stoffwechsel und zur Vitamin-D-Bildung bei und wirkt aktivierend auf den gesamten Organismus (LASI-ArbStättV 2010, L 3.4–1). Gem. § 3 i. V. m. Nr. 3.4 Anhang ArbStättV 2016 müssen dementsprechend Arbeitsstätten möglichst ausreichend Tageslicht erhalten. Für Arbeitsräume sind deshalb alle Möglichkeiten zu prüfen, wie in diese ausreichend Tageslicht gelangen kann. Dies   **3** kann mit Tageslichtleitsystemen, Oberlichtern und/oder Fenstern erreicht werden. Fenster sind dabei auch wegen der Forderungen für Aufenthalts- räume im Baurecht die gängigste und zumeist auch günstigste Lösung (LA- SI-ArbStättV 2010, L 3.4–1). Im Rahmen der Anforderung nach **möglichst** ausreichendem Tageslicht in Nr. 3.4 Abs. 1 Anhang ArbStättV ist der Begriff »möglichst« so auszulegen, dass es im Einzelfall hinreichende Gründe ge- ben kann, die eine Beleuchtung mit ausreichendem Tageslicht einschränken oder ausschließen. Die Beleuchtung mit »ausreichendem« Tageslicht wird in »kleinen« Arbeitsräumen bis zu 50 qm Grundfläche durch den Tageslicht- quotienten D = (E innen: E außen) /xd7| 100% charakterisiert. Die Beleuch- tungsstärke im Freien bezieht sich auf einen Messpunkt an einer unverbau- ten Stelle, gemessen bei völlig bedecktem Himmel. Der Tageslichtquotient ändert sich innerhalb des Raumes und nimmt mit zunehmender Entfer- nung von den Fenstern ab. Empfohlene Werte für ausreichendes Tageslicht können der DIN 5034 entnommen werden. Danach sollen Arbeitsräume ei- nen mittleren Tageslichtquotienten von D = 1 … 10% bei seitlicher Befens- terung aufweisen. Räume mit Oberlichtern sollen einen mittleren Tages- lichtquotienten von D = 4% besitzen. Dazu ist als Richtwert ein Anteil von 8% der Dachfläche lichtdurchlässig zu gestalten. Gemäß Landesbauordnun- gen muss in Aufenthaltsräumen das Rohbaumaß senkrecht stehender Fens- ter mindestens 1/8 der Grundfläche betragen. Es kann im Allgemeinen von einem ausreichenden o. g. Tageslichtquotienten bei mittleren Sehaufgaben ausgegangen werden, wenn dieses Maß eingehalten wird. Empfehlenswert ist, die Arbeitsplätze in Fensternähe anzuordnen (LASI-ArbStättV 2010, L 3.4–2).

4   Gem. Nr. 3.4 Abs. 4 Anhang ArbStättV 2016 muss die **Stärke des Tageslicht- einfalls** in Arbeitsräumen am Arbeitsplatz je nach Art der Tätigkeit **regu- liert** werden können.

5   Soweit der Arbeitsraum ausreichend mit Tageslicht versorgt wird, boten die Mindestvorschriften der ArbStättV 2004/2010 keine materiellen Möglich- keiten, zusätzlich **Sichtverbindungen nach außen** zu fordern. Die Gewäh- rung einer guten, Verbindung zur Außenwelt und eine freie Sicht in die Um- gebung, das Erleben des Tagesablaufs und der Witterung haben aber eine umso höhere Bedeutung, je kleiner der Arbeitsraum ist. In einem wenige Quadratmeter großen Raum fühlt man sich ohne Sichtverbindung nach au- ßen eher »wie in einem Bunker eingeschlossen«. Je größer und weiter die Raumdimensionen, desto mehr verliert die Forderung nach einer Sichtver- bindung seine Bedeutung. Die Sichtverbindungen innerhalb eines Einkaufs- zentrums, innerhalb eines Großraumbüros liefern bereits den gewünschten Effekt (vgl. LASI-ArbStättV 2010, L 3.4–1).

In Bezug auf die materielle »**Wiedereinführung**« der Sichtverbindung nach außen argumentiert der *BRat* (vgl. BR-Drs. 506/16 [B], S. 49 f.): »*Natürliches Tageslicht nimmt bei der Beleuchtung von Arbeitsräumen einen sehr hohen*

Stellenwert ein. In Verbindung mit einer ungehinderten Sichtverbindung nach außen wirkt sich das Tageslicht positiv auf die physische Gesundheit (z. B. Hormonhaushalt) sowie auf die psychische Gesundheit (z. B. Motivation, Arbeitszufriedenheit und Leistungsfähigkeit) der Beschäftigten bei der Arbeit aus. Mit der Novellierung der ArbStättV im Jahr 2004 ist mit der Nr. 3.4 die Verpflichtung aus der alten ArbStättV [1976/1996] nach einer Sichtverbindung ins Freie in Arbeits- und Aufenthaltsräumen durch die Anforderung ›Die Arbeitsstätten müssen möglichst ausreichend Tageslicht erhalten …‹ ersetzt worden. Diese Formulierung ist rechtlich unbestimmt und in sich widersprüchlich. Es wird einerseits ›müssen‹ als Pflicht und andererseits ›möglichst ausreichend‹ als unverbindliche Empfehlung in der Praxis ausgelegt. Auch ist nicht zwingend in allen Bereichen von Arbeitsstätten Tageslicht erforderlich. So ist zum Beispiel aus betriebsspezifischen Gründen Tageslicht in Fotolaboren nicht erlaubt. Die derzeitigen Regelungen führten daher häufig zu Missverständnissen und Konflikten sowie in der Folge zu vielen Anfragen von Arbeitgebern, Architekten und Bauingenieuren bei der Arbeitsschutzaufsicht der Länder. Beklagt werden dabei auch die uneinheitliche Auslegung dieser unbestimmten Begriffe in den Betrieben und die Abweichung von der Normung, die zusätzlich eine Sichtverbindung nach außen festlegt. Die einschlägige Normung (DIN 5034–1 Tageslicht in Innenräumen) verlangt seit Jahren für Aufenthaltsräume und Arbeitsräume in Gebäuden eine ausreichende Sichtverbindung nach außen. Auch das Bewertungssystem ›Nachhaltiges Bauen‹ (BNB) des Bundesministeriums für Verkehr und digitale Infrastruktur fordert die Sichtverbindung nach außen für Büros und Verwaltungsgebäude. Die spezifizierte Forderung nach Sichtverbindung ins Freie entspricht unbestritten dem Stand der Technik. Natürliches Licht am Arbeitsplatz und die Sichtverbindung ins Freie sind unter dem Gesichtspunkt der zunehmenden psychischen Belastungen, zum Beispiel zur Vermeidung von ›Klausureffekten‹, für Beschäftigte in Arbeits- und Aufenthaltsräumen notwendig. Zu diesem Ergebnis kommt auch das Bundesverwaltungsgericht in seinem Urteil zum Thema Sichtverbindung nach außen aus dem Jahr 1997. Zur Klarstellung und zur Bereinigung von Unstimmigkeiten wurde in Nr. 3.4 ArbStättV [2016] deshalb die grundsätzliche Anforderung der Sichtverbindung nach außen für die Beschäftigten, die in Arbeitsräumen tätig werden oder sich in Pausen- und Bereitschaftsräumen, Unterkünften und Kantinen aufhalten, aufgenommen.«

Hinsichtlich der Forderungen in Nr. 3.4 Abs. 1 Satz 1 ArbStättV 2016 werden **6** in Satz 2 Nr. 1 bis 5 in abschließender Form differenzierte **Ausnahmeregelungen** zugelassen. Dabei handelt es sich um Arbeitsräume, bei denen die tatsächlichen Gegebenheiten eine Sichtverbindung nach außen faktisch nicht oder nur mit unvertretbarem Aufwand zulassen. Dazu gehören: betriebs-, produktions- oder bautechnische Gründe, spezielle ärztliche Behandlungsräume, sehr große Arbeitsräume, Einkaufszentren mit Verkaufsräumen, Schank- und Speisegaststätten, Räume in Flughäfen, Bahnhöfen, Sportstadien und in mehrstöckigen Produktionsanlagen.

7 Gem. Nr. 3.4 Abs. 2 ArbStättV 2016 müssen Pausen- und Bereitschafts-räume sowie Unterkünfte »**möglichst**« eine Sichtverbindung nach außen haben; Kantinen »**sollen**« möglichst eine Sichtverbindung nach außen haben. Wie schon im Rahmen der Anforderung nach möglichst ausreichen-dem Tageslicht in Nr. 3.4 Abs. 1 Satz 1 Anhang ArbStättV (Rn. 2) ist der Be-griff »möglichst« so auszulegen, dass es im Einzelfall hinreichende Gründe geben kann, die eine Sicherverbindung nach außen in solchen Räumen ein-schränken oder ausschließen. Dies ist im Rahmen der Gefährdungsbeurtei-lung zu ermitteln, festzulegen und zu begründen.

8 Nr. 3.4 Abs. 3 Anhang ArbStättV 2016 legt hinsichtlich der Forderungen in Abs. 1 Satz 1 zum Zwecke des **Bestandsschutzes** eine Übergangsregelung fest. Danach dürfen vor dem 3. 12. 2016 bestehende Räume ohne eine Sicht-verbindung nach außen bis zu einer wesentlichen Erweiterung oder einem wesentlichen Umbau weiter betrieben werden. Für die Beurteilung, ob eine »wesentliche« Erweiterung oder ein »wesentlicher« Umbau vorliegt, kommt es darauf an, ob diese Maßnahmen von ihrer Art oder ihrem Umfang her ge-eignet sind, gleichzeitig auch eine Sichtverbindung nach außen baulich her-zustellen (z. B. Arbeiten an Außenwänden). Der finanzielle Aufwand der Er-weiterungs- oder Umbauarbeiten allein ist kein entscheidendes Kriterium für die Bestimmung der »Wesentlichkeit« (vgl. BR-Drs. 506/16 [B], S. 50).

9 Nr. 4 ASR 3.4 **konkretisiert** die Anforderungen an die **Beleuchtung mit Tageslicht** in Arbeitsstätten gem. § 3a Abs. 1 sowie insbesondere in Nr. 3.4 Abs. 1 Anhang ArbStättV 2016. Aufgrund des Bearbeitungsstands (2014) sind Anforderungen an die wieder aufgenommene Sichtverbindung nach außen nicht aufgeführt. Gem. Nr. 4 Abs. 3 ASR 3.4 ist die Anforderung nach **ausreichendem Tageslicht** erfüllt, wenn in Arbeitsräumen am Arbeitsplatz ein Tageslichtquotient größer als 2%, bei Dachoberlichtern größer als 4% erreicht wird oder mindestens ein Verhältnis von lichtdurchlässiger Fenster-, Tür-oder Wandfläche bzw. Oberlichtfläche zur Raumgrundfläche von 1 : 10 (entspricht ca. 1 : 8 Rohbaumaße) eingehalten ist. Die Einrichtung fenster-naher Arbeitsplätze ist zu bevorzugen. Die Anforderungen gelten auch für Aufenthaltsbereiche in Pausenräumen. Ist die Forderung nach ausreichen-dem Tageslicht in bestehenden Arbeitsstätten oder auf Grund spezifischer betriebstechnischer Anforderungen nicht einzuhalten, sind im Rahmen der Gefährdungsbeurteilung nach § 3 ArbStättV **andere Maßnahmen** zur Ge-währleistung der Sicherheit und des Gesundheitsschutzes erforderlich. Eine andere Maßnahme besteht in der Einrichtung und Nutzung von Pausenräu-men mit hohem Tageslichteinfall in Verbindung mit einer geeigneten Pau-sengestaltung.

Gem. Nr. 7.2 Abs. 2 ASR 3.4 sind Fenster und Dachoberlichter regelmäßig zu **reinigen**, um die Versorgung mit Tageslicht nicht zu beeinträchtigen. Zu

Anforderungen an den Arbeitsschutz bei der Reinigung von Fensterflächen siehe ASR A1.6 »Fenster, Oberlichter, lichtdurchlässige Wände«.

3. Künstliche Beleuchtung, Sicherheitsbeleuchtung

Um eine angemessene **künstliche Beleuchtung**, die Sicherheit und Schutz **10** der Gesundheit der Beschäftigten gewährleistet, zu ermöglichen, müssen Arbeitsstätten gem. Nr. 3.4 Abs. 5 Anhang ArbStättV 2016 mit entsprechenden Einrichtungen ausgestattet sein. Gem. Abs. 6 sind diese Beleuchtungsanlagen so **auszuwählen und anzuordnen**, dass dadurch die Sicherheit und die Gesundheit der Beschäftigten nicht gefährdet werden.

Die ASR A3.4 »Beleuchtung« (Nr. 5–8) **konkretisiert** die sehr allgemeinen **11** Regelungen in Nr. 3.4 Abs. 5 und 6 Anhang ArbStättV 2016 im Hinblick auf künstliche Beleuchtung in Gebäuden, im Freien, im Betrieb, auf Instandhaltung und orientierende Messung sowie abweichende bzw. ergänzende Anforderungen für Baustellen. Das Betreiben der Beleuchtung von Arbeitsstätten ist in § 3a Abs. 1 und insbesondere in Nr. 3.4 Abs. 5, 6 und 7 Anhang ArbStättV 2016 geregelt.

Da Tageslicht örtlich und zeitlich nicht immer in ausreichendem Maße vorhanden ist, ist gem. der allgemeinen Anforderungen in Nr. 5.1 ASR 3.4 zusätzlich eine **künstliche Beleuchtung in Gebäuden mit Arbeitsstätten** erforderlich. Die Arbeitsstätten müssen mit Einrichtungen für eine der Sicherheit und dem Gesundheitsschutz der Beschäftigten angemessenen künstlichen Beleuchtung ausgestattet sein. Eine Verringerung des individuellen Sehvermögens, z. B. mit zunehmendem Alter, kann eine höhere Anforderung an die Beleuchtungsqualität (z. B. eine höhere Beleuchtungsstärke und höhere Anforderungen an die Begrenzung der Blendung) erfordern; weiterhin werden Empfehlungen zu Beleuchtungsstärken, Begrenzung von Blendungen, Farbwiedergabe, Flimmern und Pulsation sowie Schatten gegeben. In modifizierter Form erfolgen diese Empfehlungen in Nr. 6 hinsichtlich **künstlicher Beleuchtung im Freien**.

Hinsichtlich des **Betriebs von Beleuchtungsanlagen** legt Nr. 7.1 fest, dass diese so einzurichten und zu betreiben sind, dass sie die Sicherheit und die Gesundheit der Beschäftigten nicht gefährden. Diesbezüglich auftretende Mängel sind unverzüglich zu beseitigen. Hinsichtlich der **Instandhaltung** fordert Nr. 7.2, dass Beleuchtungsanlagen regelmäßig dahingehend zu überprüfen sind, ob sie noch den Anforderungen der ASR 3.4 entsprechen. Nr. 7.3 trifft Empfehlungen zu **orientierenden Messungen**.

Gem. Nr. 3.4 Abs. 7 ASR 3.4 müssen Arbeitsstätten, in denen bei Ausfall der **12** Allgemeinbeleuchtung die Sicherheit der Beschäftigten gefährdet werden kann, eine **ausreichende Sicherheitsbeleuchtung** haben.

Die ASR A3.4/3 »Sicherheitsbeleuchtung, optische Sicherheitsleitsysteme« konkretisiert die Anforderungen an das Einrichten und Betreiben der

Sicherheitsbeleuchtung und von optischen Sicherheitsleitsystemen in § 3 Abs. 1 und § 4 Abs. 3 und 4 sowie insbesondere in den Nr. 2.3 Abs. 1 und 3.4 Abs. 7 Anhang ArbStättV 2016. Diese ASR gilt für das Einrichten und Betreiben von Sicherheitsbeleuchtung und von optischen Sicherheitsleitsystemen in Arbeitsstätten. Sie nennt Beispiele für Arbeitsstätten, für die eine Sicherheitsbeleuchtung oder ein Sicherheitsleitsystem erforderlich sein kann. Sie enthält die lichttechnischen Anforderungen an Sicherheitsbeleuchtung und Sicherheitsleitsysteme sowie Hinweise zu deren Betrieb.

13 Bei optischen Sicherheitsleitsystemen sind gem. Anhang A3.4/3 Satz 1 zur ASR V3a.2 die Belange von **Beschäftigten mit Sehbehinderung** so zu berücksichtigen, dass die sicherheitsrelevanten Informationen auf andere Art verständlich übermittelt werden.

3.5   Raumtemperatur

(1) Arbeitsräume, in denen aus betriebstechnischer Sicht keine spezifischen Anforderungen an die Raumtemperatur gestellt werden, müssen während der Nutzungsdauer unter Berücksichtigung der Arbeitsverfahren und der physischen Belastungen der Beschäftigten eine gesundheitlich zuträgliche Raumtemperatur haben.

(2) Sanitär-, Pausen- und Bereitschaftsräume, Kantinen, Erste-Hilfe-Räume und Unterkünfte müssen während der Nutzungsdauer unter Berücksichtigung des spezifischen Nutzungszwecks eine gesundheitlich zuträgliche Raumtemperatur haben

(3) Fenster, Oberlichter und Glaswände müssen unter Berücksichtigung der Arbeitsverfahren und der Art der Arbeitsstätte eine Abschirmung gegen übermäßige Sonneneinstrahlung ermöglichen.

1 Die sicherheitstechnischen Anforderungen im Hinblick auf **Raumtemperaturen** (Nr. 3.5 Anhang ArbStättV) leiten sich aus §§ 6 und 9 Abs. 2 ArbStättV 1976/1996 ab, mit einer 2004 erfolgten Umstellung auf Schutzzielebestimmungen ohne konkrete Vorgaben. Die in Nr. 3.5 Abs. 1 Anhang ArbStättV 2016 formulierten Anforderungen beziehen sich neben den Arbeitsräumen gem. Abs. 2 auch auf »andere Räume«, wie Pausen-, Bereitschafts-, Sanitär-, Kantinen- und Erste-Hilfe-Räume sowie Unterkünfte (vgl. RegE-ArbStättV 2004, S. 36, BRat-Drs. 506/16 [B], S. 50).

2 Die bisherige Regelung, die auf die Gewährleistung einer gesundheitlich zuträglichen Raumtemperatur während der Arbeitszeit abzielte, wurde 2016 durch eine Bestimmung in Nr. 3.5 Abs. 1 Anhang ArbStättV abgelöst, die auf die **Nutzungsdauer** der Arbeitsräume gerichtet ist.

Im Hinblick auf Sanitär-, Pausen- und Bereitschaftsräume, Kantinen, Erste-Hilfe-Räume und Unterkünfte wird in Abs. 2 zusätzlich auf den **spezifischen Nutzungszweck** hingewiesen.

Entscheidend ist, dass durch geeignete Maßnahmen erreicht wird, dass die gesundheitlich zuträglichen Raumtemperaturen gewährleistet werden, sobald Beschäftigte die Räume benutzen bzw. die Räume entsprechend ihres Zwecks genutzt werden. Dies ist im Rahmen der **Gefährdungsbeurteilung** gem. § 3 ArbStättV 2016 zu ermitteln und festzulegen.

Gem. Nr. 3.5 Abs. 3 Anhang ArbStättV 2016 müssen Fenster, Oberlichter **3** und Glaswände unter Berücksichtigung der Arbeitsverfahren und der Art der Arbeitsstätte eine Abschirmung gegen übermäßige **Sonneneinstrahlung** ermöglichen. Die Regelung in der ArbStättV 2010 bezog sich auf eine »Abschirmung der Arbeitsstätte«. Laut *BRat* war hierzu eine Klarstellung erforderlich, dass nicht generell die gesamte Arbeitsstätte gegen übermäßige Sonneneinstrahlung zu schützen ist, sondern dass die entsprechenden Fenster, Oberlichter und Glaswände in Arbeitsräumen geeignete Maßnahmen (Abschirmung) gegen übermäßige Sonneneinstrahlung ermöglichen müssen, um die Sicherheit und die Gesundheit der Beschäftigten bei den beruflichen Tätigkeiten zu gewährleisten.

Die Belastungen und möglichen Gefährdungen sind im Rahmen der Gefährdungsbeurteilung gem. § 3 ArbStättV 2016 zu ermitteln und entsprechende Maßnahmen sind festzulegen.

Die ASR A3.5 »Raumtemperatur« **konkretisiert** die Anforderungen an **4** Raumtemperaturen in § 3a Abs. 1 ArbStättV 2016 und insbesondere in Nr. 3.5 Anhang ArbStättV. Sie ist (Stand 11/2018) noch nicht an die modifizierten Regelungen der ArbStättV 2016 angepasst.

Die ASR A3.5 gilt für **Arbeits-, Pausen-, Bereitschafts-, Sanitär-, Kantinen- und Erste-Hilfe-Räume**, an die betriebstechnisch keine spezifischen raumklimatischen Anforderungen gestellt werden. Insbesondere gibt diese ASR eine Erläuterung zum Begriff »gesundheitlich zuträgliche Raumtemperatur« (zum Unterschied zwischen Raumtemperatur und Lufttemperatur vgl. Nr. 3.1 und 3.2 ASR A3.5). Die ASR A3.5 enthält weiterhin Hinweise für Arbeitsräume, in denen das Raumklima durch die Betriebstechnik bzw. Technologie unvermeidbar beeinflusst wird. Sie enthält keine Regelungen für Arbeitsräume, an die aus betriebstechnischen Gründen besondere Anforderungen an das Raumklima gestellt werden (z. B. Kühlräume, medizinische Bäder). Nr. 5 enthält abweichende Anforderungen für **Baustellen**. Hinweise für **Unterkünfte** enthält die ASR A4.4 »Unterkünfte«.

Der Arbeitgeber hat gem. Nr. 4.1 Abs. 1 ASR A3.5 bereits beim **Einrichten** der Arbeitsstätte darauf zu achten, dass die baulichen Voraussetzungen an den sommerlichen Wärmeschutz nach den anerkannten Regeln der Technik (nach geltendem Baurecht) gegeben sind. Eine **gesundheitlich zuträgliche Raumtemperatur** liegt gem. Abs. 2 vor, wenn die Wärmebilanz (Wärmezufuhr, Wärmeerzeugung und Wärmeabgabe) des menschlichen Körpers ausgeglichen ist.

Konkrete Anforderungen an **Lufttemperaturen** in Räumen legt Nr. 4.2 ASR A3.5 fest, Nr. 4.3 Maßnahmen gegenüber übermäßiger **Sonneneinstrahlung**, Nr. 4.4 Maßnahmen in Bezug auf Arbeitsräume bei einer **Außenlufttemperatur über +26 °C** und Nr. 5 abweichende Anforderungen für **Baustellen**.

5   Mit den Anforderungen in Nr. 3.5 Anhang ArbStättV werden Nr. 7.1 und 7.3 Anhang 1 EG-Arbeitsstättenrichtlinie und Nr. 7 Anhang IV Teil A und 4.1 des Anhang IV Teil B Abschnitt I der EG-Baustellenrichtlinien **umgesetzt**.

3.6   Lüftung

(1) In Arbeitsräumen, Sanitär-, Pausen- und Bereitschaftsräumen, Kantinen, Erste-Hilfe-Räumen und Unterkünften muss unter Berücksichtigung des spezifischen Nutzungszwecks, der Arbeitsverfahren, der physischen Belastungen und der Anzahl der Beschäftigten sowie der sonstigen anwesenden Personen während der Nutzungsdauer ausreichend gesundheitlich zuträgliche Atemluft vorhanden sein.

(2) Ist für das Betreiben von Arbeitsstätten eine raumlufttechnische Anlage erforderlich, muss diese jederzeit funktionsfähig sein. Bei raumlufttechnischen Anlagen muss eine Störung durch eine selbsttätige Warneinrichtung angezeigt werden. Es müssen Vorkehrungen getroffen sein, durch die die Beschäftigten im Fall einer Störung gegen Gesundheitsgefahren geschützt sind.

(3) Werden raumlufttechnische Anlagen verwendet, ist sicherzustellen, dass die Beschäftigten keinem störenden Luftzug ausgesetzt sind.

(4) Ablagerungen und Verunreinigungen in raumlufttechnischen Anlagen, die zu einer unmittelbaren Gesundheitsgefährdung durch die Raumluft führen können, müssen umgehend beseitigt werden.

1   Die sicherheitstechnischen Anforderungen an **Lüftungsmaßnahmen** (Nr. 3.6 Anhang ArbStättV) beziehen sich auf die Anforderungen in § 5 ArbStättV 1976/1996. Die Anforderungen in Nr. 3.6 Anhang ArbStättV 2016 gelten für Arbeits-, Sanitär-, Pausen- und Bereitschaftsräume, Kantinen, Erste-Hilfe-Räume und Unterkünfte. Während der **Nutzungsdauer** (zum Begriff vgl. Nr. 3.5 Anhang ArbStättV Rn. 2) dieser Räume sind Maßnahmen zu ermitteln und festzulegen, damit ausreichend gesundheitlich zuträgliche Atemluft vorhanden ist

2   Funktionsfähigkeit, gesundheitliche Zuträglichkeit und Hygiene müssen gem. Nr. 3.5 Abs. 2–4 ASR 3.6 für **raumlufttechnische Anlagen (RLT-Anlagen)** gewährleistet sein.

3   Die ASR A3.6 **konkretisiert** die Anforderungen an die Lüftung in § 3a Abs. 1 und § 4 Abs. 3 sowie in Nr. 3.6 Anhang ArbStättV. Sie ist (Stand 11/2016) noch nicht an die modifizierten Regelungen der ArbStättV 2016 angepasst.

Als Grundsatz formuliert Nr. 4.1 Abs. 1, dass in umschlossenen Arbeitsräumen **gesundheitlich zuträgliche Atemluft** in ausreichender Menge vorhanden sein muss. In der Regel entspricht dies der **Außenluftqualität**. Sollte die Außenluft im Sinne des Immissionsschutzrechts unzulässig belastet oder erkennbar beeinträchtigt sein, z. B. durch Fortluft aus Absaug- oder RLT-Anlagen, starken Verkehr, schlecht durchlüftete Lagen, sind im Rahmen der Gefährdungsbeurteilung besondere Maßnahmen (z. B. Beseitigung der Quellen, Verlegen der Ansaugöffnung bei RLT-Anlagen) zu ergreifen. Nr. 4.2 führt mögliche **Stofflasten** auf, Nr. 4.3 bzw. 4.4 die **Feuchte- bzw. Wärmelast**, Nr. 5 bestimmt Maßnahmen zur **freien Lüftung**, Nr. 6 zu **raumlufttechnischen Anlagen**, Nr. 7 legt abweichende Anforderungen für **Baustellen** fest.

Durch die Anforderungen in Nr. 3.6 Anhang ArbStättV 2016 werden Nr. 6 **4** Anhang I EG-Arbeitsstättenrichtlinie sowie Nr. 5 Anhang IV Teil A und Nr. 3 Anhang IV Teil B Abschnitt I EG-Baustellenrichtlinie **umgesetzt**.

3.7 Lärm

In Arbeitsstätten ist der Schalldruckpegel so niedrig zu halten, wie es nach der Art des Betriebes möglich ist. Der Schalldruckpegel am Arbeitsplatz in Arbeitsräumen ist in Abhängigkeit von der Nutzung und den zu verrichtenden Tätigkeiten so weit zu reduzieren, dass keine Beeinträchtigungen der Gesundheit der Beschäftigten entstehen.

Die Verpflichtungen des Arbeitgebers zur Prävention gegenüber **Lärm** **1** (Nr. 3.7 Anhang ArbStättV 2016) leiten sich aus § 15 ArbStättV 1976/1996 ab, allerdings mit einer Umstellung auf reine Schutzzielbestimmungen und unter Wegfall der dort ursprünglich aufgeführten Grenzwerte. Im Rahmen der Novellierung 2004 war lediglich der grundlegende Grenzwert für Lärm in Arbeitsstätten von 85 dB (A) des § 15 Abs. 1 ArbStättV 1976/1996 mit dem Ziel der Prävention der Lärmschwerhörigkeit als quantifizierende Größe beibehalten worden (vgl. RegE-ArbStättV 2004, S. 36). Aufgrund der Regelung der LärmVibrationsArbSchV wurde auch diese Vorschrift zwischenzeitlich aufgehoben (Rn. 3).

§ 15 Schutz gegen Lärm (ArbStättV 1975/1996)

(1) In Arbeitsräumen ist der Schallpegel so niedrig zu halten, wie es nach der Art des Betriebes möglich ist. Der Beurteilungspegel am Arbeitsplatz in Arbeitsräumen darf auch unter Berücksichtigung der von außen einwirkenden Geräusche höchstens betragen:

1. bei überwiegend geistigen Tätigkeiten 55 db (A),

2. bei einfachen oder überwiegend mechanisierten Bürotätigkeiten und vergleichbaren Tätigkeiten 70 dB (A),
   ...

(2) In Pausen-, Bereitschafts-, Liege- und Sanitätsräumen darf der Beurteilungspegel höchstens 55 dB (A) betragen. Bei der Festlegung des Beurteilungs-
pegels sind nur die Geräusche der Betriebseinrichtungen in den Räumen und
die von außen auf die Räume einwirkenden Geräusche zu berücksichtigen.

2 Der in Nr. 3.7 Satz 1 Anhang ArbStättV festgelegte und aus § 15 ArbStättV
1976/1996 übernommene Grundsatz, dass **in Arbeitsstätten** der Schalldruckpegel so niedrig zu halten ist, wie es nach der Art des Betriebes möglich
ist (**Vermeidungs- bzw. Minimierungsgebot**), muss im Licht des § 3 Abs. 1
ArbSchG ausgelegt werden, wonach der Arbeitgeber eine kontinuierliche
Verbesserung von Sicherheit und Gesundheitsschutz der Beschäftigten anzustreben hat (vgl. *Pieper*, ArbSchR, § 3 ArbSchG Rn. 5; zu weiteren **Gestaltungshinweisen und Informationsquellen** vgl. *LBL*, S. 111 ff.). Kern der Regelung in Nr. 3.7 Anhang ArbStättV ist insoweit ein Vermeidungs- bzw. Minimierungsgebot. Ergänzend zu den Vorgaben der LärmVibrationsArbSchV
insbesondere gegenüber gehörschädigendem Lärm bezieht sich dieses Gebot
insbesondere auf die **extraauralen Wirkungen** von Lärm und damit die psychischen Belastungen unterhalb eines äquivalenten Dauerschallpegels von
80 dB (A), d. h. auf die Beeinträchtigung von Reaktionen bzw. Gefährdungen des vegetativen Nervensystems, die Beeinträchtigung von Leistungsfähigkeit und Konzentration sowie auf lärmbedingte Störungen des Sozialver-
haltens (vgl. Rn. 3a) und ist damit Ausdruck der Verpflichtung des Arbeitgebers zur menschengerechten Gestaltung der Arbeit (vgl. § 2 Abs. 1
ArbSchG; vgl. *Pieper*, ArbSchR, vor § 1 LärmVibrationsArbSchV Rn. 4).

3 Mit der 2010 erfolgten Ersetzung des bisherigen Nr. 3.7 Satz 2 Anhang Arb-
StättV 2004, der auf Grund der Anpassung der Grenzwerte in der LärmVibrationsArbSchV gestrichen worden ist, wird betont, dass in Abhängigkeit
von der Nutzung der Arbeitsstätte und den darin verrichteten Tätigkeiten
zur Vermeidung mittelbarer oder unmittelbarer Gefährdungen von Sicherheit oder Gesundheit durch Lärmeinwirkungen **spezifische Maßnahmen**
erforderlich sind, die sich am Stand der Technik für den Schallschutz orientieren müssen. Hierbei sind insbesondere die extraauralen Schallwirkungen
im Hörschallbereich unterhalb des in der LärmVibrationsArbSchV festgelegten unteren Auslösewertes von 80 dB(A) zu berücksichtigen (Rn. 2). Die
hierzu vorliegenden gesicherten arbeitswissenschaftlichen Erkenntnisse sind
durch den *ASTA* in einer Regel für Arbeitsstätten zu Nr. 3.7 Anhang Arb-
StättV festgehalten und mit entsprechenden Lösungsansätzen versehen worden (Rn. 4).

3a Gem. Nr. 4 Abs. 1 ASR A3.7 wird hinsichtlich der Gesundheitsgefährdung
durch Lärm zwischen auralen (auf das Gehör bezogenen) und extra-auralen

Lärmwirkungen unterschieden. Ab einem A-bewerteten äquivalenten Dauerschallpegel von 70 dB(A) kann als aurale Lärmwirkung eine reversible Hörminderung (Vertäubung) auftreten (Abs. 2). **Extra-aurale Lärmwirkungen** zeigen sich u. a. in verschiedenen physiologischen und psychischen Reaktionen, die über das zentrale und das vegetative Nervensystem des Menschen vermittelt werden. Diese Wirkungen entsprechen einer Stressreaktion. Sie haben keinen strengen Pegelbezug, entstehen in unmittelbarem zeitlichem Zusammenhang zur Schallexposition und klingen nach der Exposition schnell wieder ab (akute Wirkung). Andauernde Stressreaktionen können negative gesundheitliche Auswirkungen haben (chronische Wirkung; Abs. 3). Anhang 1 ASR A3.7 beinhaltet Erläuterungen zu extra-auralen und reversiblen auralen Lärmwirkungen.

Die ASR A3.7 konkretisiert die in § 3a Abs. 1 und Nr. 3.7 Anhang ArbStättV **4** genannten Anforderungen an die Reduzierung der Schalldruckpegel in Arbeitsstätten und an Arbeitsplätzen in Arbeitsräumen. Gem. Nr. 5 ASR A3.7 ist in Arbeitsstätten der Schalldruckpegel so niedrig zu halten, wie es nach der Art des Betriebes möglich ist. Damit wird das grundsätzliche **Minimierungsgebot** in Nr. 3.7 Anhang ArbStättV unterstrichen. Dieses ist im Sinne der Grundsätze der Vermeidung von Gefährdungen sowie der Gefahrenbekämpfung an der Quelle gem. § 4 Nr. 1 und 2 ArbSchG und i. S. der kontinuierlichen Verbesserung des Arbeitsschutzes gem. § 3 Abs. 1 ArbSchG primär zu erreichen.

Hiervon ausgehend werden **maximal zulässige Beurteilungspegel** in Nr. 5.1 Abs. 1 bis 3 ASR A3.7 empfohlen:

- Tätigkeitskategorie I – hohe Konzentration oder hohe Sprachverständlichkeit: Während der Ausübung von Tätigkeiten der Tätigkeitskategorie I darf ein Beurteilungspegel von 55 dB(A) nicht überschritten werden.
- Tätigkeitskategorie II – mittlere Konzentration oder mittlere Sprachverständlichkeit: Während der Ausübung von Tätigkeiten der Tätigkeitskategorie II darf ein Beurteilungspegel von 70 dB(A) nicht überschritten werden.
- Tätigkeitskategorie III – geringere Konzentration oder geringere Sprachverständlichkeit. Während der Ausübung von Tätigkeiten der Tätigkeitskategorie III ist der Beurteilungspegel unter Berücksichtigung betrieblicher Lärmminderungsmaßnahmen soweit wie möglich zu reduzieren.

In Bezug auf die Tätigkeitskategorie III sind ggf. die Anforderungen der LärmVibrationsArbSchV zu beachten (vgl. Rn. 6). Gem. Nr. 2 Abs. 2 ASR A3.7 sind Gefährdungen von Gesundheit und Sicherheit der Beschäftigten durch Lärmeinwirkungen einschließlich extraauraler Wirkungen im Hörschallbereich mit Frequenzen zwischen 16 Hz und 16 kHz ab einem A-bewerteten äquivalenten Dauerschallpegel von 80 dB(A) nicht Gegenstand der ASR A3.7.

Zu den in Nr. 5.1 Abs. 1–3 ASR A3.7 empfohlenen maximalen Beurteilungs-
pegeln kann ergänzend auf die auf die in ISO 11690–1 »**Richtlinien für die
Gestaltung lärmarmer maschinenbestückter Arbeitsstätten** – Teil 1: Allgemeine Grundlagen« festgelegten Beurteilungspegel hingewiesen werden:

- gegenüber Nr. 5.1 Abs. 1: überwiegend geistige Tätigkeit = 35–45 dB(A)
- gegenüber Nr. 5.1 Abs. 2: einfache oder überwiegend mechanisierte Bürotätigkeiten und vergleichbare Tätigkeiten = 45–55 dB(A)
- gegenüber Nr. 5.1 Abs. 3: sonstige Tätigkeiten = 75–80, im Ausnahmefall
  bis 85 dB(A) (vgl. *BAuA*-Ratgeber, 2.7/9)

Steht als Tätigkeitsanforderung die **sprachliche Kommunikation** im Vordergrund, ergeben sich zusätzliche Beurteilungskriterien aus weiteren Normen (VDI 2058 Blatt 3, VDI 2569, DIN ISO 9921–1; vgl. *BAuA*-Ratgeber,
a. a. O.):

- gegenüber Nr. 5.1 Abs. 1: hohe Anforderung = 30–40 dB(A)
- gegenüber Nr. 5.1 Abs. 2: mittelmäßige Anforderung = 45–55 dB(A)
- gegenüber Nr. 5.1 Abs. 1: geringe Anforderung = 55–65 dB(A)

Diese in Normen und Richtlinien aufgeführten Orientierungen entsprechen
den vom Arbeitgeber bei der Festlegung von Maßnahmen des Arbeitsschutzes zu berücksichtigenden gesicherten arbeitswissenschaftlichen Erkenntnissen bzw. dem Stand der Technik (vgl. § 4 Nr. 3 ArbSchG).

4a   Für Tätigkeiten, bei denen überwiegend **sprachabhängige kognitive Aufga-
benstellungen** zu lösen sind (z. B. Korrektur und Bewertung von Prüfungs-
ergebnissen, Übersetzungen, Verfassen und Redigieren von Texten und Do-
kumenten, Beratung zu komplexen Produkten und Dienstleistungen im
Callcenter oder Beratungsbüro), sollen Arbeitsplätze ohne Belastung durch
Hintergrundsprache zur Verfügung gestellt werden. Das Einspielen von
Hintergrundrauschen als Maskierer für die Hintergrundsprache soll vermieden werden (Nr. 5.1 Abs. 4 ASR A3.7). In einem Beschluss vom 9. 3. 2010
betont das *LAG Mecklenburg-Vorpommern* (5 TaBVGa 6/09) im Zusammenhang mit der Regelung der Mindestgrundfläche von Arbeitsplätzen in einem
Callcenter, »dass die Einrichtung menschengerechter Arbeitsplätze nicht
nur der Abwehr gesundheitlicher Gefahren dient, sondern auch im positiven
Sinne der Förderung des Wohlbefindens am Arbeitsplatz.« Weiter heißt es,
»dass die **Lärmbelästigung** und ihre gesundheitlichen Folgen aus der Sicht
der Belegschaft das Hauptärgernis am Arbeitsplatz darstellt«.

4b   Für Schalldruckpegel in **Pausenräumen und Bereitschaftsräumen** gilt die
ASR A4.2 »Pausen-und Bereitschaftsräume«. Für Lärm in **Erste-Hilfe-Räumen** gelten die baulichen Anforderungen gem. ASR A4.3 »Erste-Hilfe-
Räume, Mittel und Einrichtungen zur Ersten Hilfe«. Für **Unterkünfte** gilt
die ASR A4.4 »Unterkünfte« (vgl. Nr. 2 Abs. 4 ASR A3.7; zur früheren Regelung in § 15 Abs. 2 ArbStättV 1976/1996 vgl. Rn. 1).

Raumakustische Anforderungen legt Nr. 5.2 ASR A3.7 fest. Diese bezie- **4c**
hen sich auf Büroräume, auf Räume in Bildungsstätten sowie auf sonstige
Räume mit Sprachkommunikation.

Die Beurteilung von Gefährdungen durch Lärm beim **Einrichten** von Ar- **5**
beitsstätten wird in Nr. 6 ASR A3.7 erläutert. Wenn Arbeitsstätten eingerichtet oder wesentlich erweitert oder umgebaut oder die Arbeitsverfahren oder
Arbeitsabläufe wesentlich umgestaltet werden, ist bereits bei der Planung zu
berücksichtigen, dass die Beurteilungspegel für Tätigkeiten an Arbeitsplätzen in Arbeitsräumen sowie die raumakustischen Anforderungen an Arbeitsräume gem. Nr. 5 ASR A3.7 eingehalten werden. Hierzu werden zu beachtende Hinweise gegeben sowie eine tabellarische Aufstellung, die für verschiedene Raumarten die empfohlenen Höchstwerte für Hintergrundgeräu-
sche enthält.

Die Beurteilung von Gefährdungen durch Lärm beim **Betreiben** von Ar- **5a**
beitsstätten wird in Nr. 7 ASR A3.7 erläutert. Gem. Abs. 1 können beim Betreiben einer Arbeitsstätte Halligkeit, schlechte Sprachverständlichkeit, störende Sprachgeräusche, tonhaltige Geräusche, deutlich wahrnehmbare Hin-
tergrundgeräusche sowie Beschwerden von Beschäftigten über Lärm am Arbeitsplatz Hinweise auf unzureichende raumakustische Bedingungen, zu
hohe Beurteilungspegel für Tätigkeiten an Arbeitsplätzen in Arbeitsräumen
oder tieffrequente Schallbelastungen sein, die zu einer Gefährdung der Gesundheit der Beschäftigten führen können und im Rahmen der Gefährdungsbeurteilung gem. § 3 ArbStättV weitere Ermittlungen und eine Beurteilung der akustischen Situation erfordern. Hinweise zur Ermittlung und
Beurteilung einschließlich eines »vereinfachtes Verfahrens durch lärmbezo-
gene Arbeitsplatzbegehung« werden in Nr. 7.1 bis 7.6 gegeben. Anhang 2
ASR A 3.7 beinhaltet Angaben zur Abschätzung der raumakustischen Kenn-
werte in Ergänzung zu Nr. 7.2.

Maßnahmen zum Lärmschutz i. S. von Nr. 3.7 Anhang ArbStättV legt Nr. 8 **5b**
ASR A3.7 fest. Dabei ist folgende Rangfolge zu beachten: Technische Maß-
nahmen stehen vor organisatorischen und persönlichen (Abs. 1). Weitere
Erläuterungen hierzu beinhalten die Nr. 8.1 bis 8.3 ASR A37. Die Gestaltung
lärmarmer Arbeitsstätten ist schon bei der Planung zu berücksichtigen (Nr. 8
Abs. 2 ASR A3.7). Beim Einrichten und Betreiben der Arbeitsstätte ist gem.
Abs. 2 auf die Auswahl lärmarmer Arbeitsmittel zu achten. Dabei sind bei
Maschinen die vom Hersteller nach der 9. ProdSV in der Betriebsanleitung
anzugebenden Geräuschemissionswerte zu berücksichtigen (Abs. 2). Die
raumakustischen Maßnahmen sind auf den Arbeitsplatz und die jeweilige
Tätigkeit abzustimmen (Abs. 4). Maßnahmen zum Lärmschutz sind erforderlich, wenn dies als Ergebnis von Nr. 6 oder 7 ASR A3.7 festgestellt wurde
(Abs. 5; vgl. Rn. 5a, 5b). Zusätzlich können im Rahmen der Gefährdungsbeurteilung weitere Maßnahmen zum Lärmschutz erforderlich werden, die
sich aufgrund identifizierbarer und vermeidbarer akustischer Störquellen

ergeben (z. B. pfeifende oder schleifende Lüfter, akustische Rückkopplungen in Telefonanlagen, tieffrequente Geräusche; Abs. 6). Ist in bestehenden Arbeitsstätten die Verbesserung des Schallschutzes baulicher Anlagen, die zum Zeitpunkt ihrer Errichtung oder der Änderung oder des Austausches wesentlicher Bauteile den gültigen bauordnungsrechtlichen Vorgaben zum Schallschutz entsprachen, mit Aufwendungen verbunden, die offensichtlich unverhältnismäßig sind, hat der Arbeitgeber gem. Abs. 7 zu prüfen, wie durch andere oder ergänzende Maßnahmen die Sicherheit und der Gesundheitsschutz der Beschäftigten in vergleichbarer Weise gesichert werden kann. Die erforderlichen Maßnahmen hat er durchzuführen. Eine solche Maßnahme kann z. B. das Einbringen weiterer raum-akustisch wirksamer Elemente in Arbeitsräumen sein. Die ergänzenden Maßnahmen können solange herangezogen werden, bis die bestehenden Arbeitsstätten wesentlich umgebaut oder die baulichen Anlagen erheblich umgestaltet werden (Abs. 7).

6 Verpflichtungen des Arbeitgebers zur **Vermeidung von Gesundheitsschäden**, insbesondere von **Gehörschäden** (aurale Wirkungen) und von erhöhten Unfallrisiken enthält die Verordnung zum Schutz der Beschäftigten vor Gefährdungen durch Lärm und Vibrationen (**LärmVibrationsArbSchV**) vom 6. 3. 2007 (BGBl. I, 261), die, bezogen auf Lärm, an die Stelle der bisherigen UVV »Lärm« (BGV B 3) getreten ist (vgl. *Pieper*, ArbSchR, LärmVibrationsArbSchV). Dementsprechend sind gem. Nr. 2 Abs. 2 ASR A3.7 Gefährdungen von Gesundheit und Sicherheit der Beschäftigten durch Lärmeinwirkungen einschließlich extraauraler Wirkungen im Hörschallbereich mit Frequenzen zwischen 16 Hz und 16 kHz ab einem A-bewerteten äquivalenten Dauerschallpegel von 80 dB(A) nicht Gegenstand der ASR A3.7.

7 Bei Belastungen durch **Infra- oder Ultraschall** sollte die Norm VDI 2058 Blatt 2 beachtet werden. In die ASR A3.7 sollen Regelungen zu Ultraschall zu einem späteren Zeitpunkt eingefügt werden (vgl. Nr. 2 Abs. 3 ASR A3.7; zum Thema Messung von luftgeleitetem Ultraschall vgl. *Wolff/Ullisch-Nelken*, sis 11–2018, S. 495 ff.).

8 Durch die Anforderungen in Nr. 3.7 Anhang ArbStättV 2016 werden Nr. 21.3 Buchstabe b Anhang I EG-Arbeitsstättenrichtlinie und Nr. 6.1 Anhang IV Teil A EG-Baustellenrichtlinie **umgesetzt**.

4 Sanitärräume, Pausen- und Bereitschaftsräume, Kantinen, Erste-Hilfe-Räume, Unterkünfte

1 **Regelungsgegenstand** des Abschnitts 4 Anhang ArbStättV 2016 ist die Festlegung von Anforderungen in Bezug auf die Verpflichtungen des Arbeitgebers zum Bereitstellen von Räumlichkeiten für hygienische Zwecke oder für

Pausen- und Bereitschaftszeiten. Danach müssen die Räume in Abhängigkeit ihres betrieblichen Zwecks bestimmten sicherheitstechnischen, einrichtungstechnischen und hygienischen Anforderungen genügen (vgl. RegE-ArbStättV 2004, S. 36). Im Zuge der Änderungen mit Blick auf die ArbStättV 2016 wurden Sachverhalte aus § 6 ArbStättV 2010 in den Nr. 4.1, 4.2, 4.3 und 4.4 mit redaktionellen Änderungen zusammengefasst (vgl. BR-Drs. 506/16 [B], S. 51).

Generell gelten für Arbeitsräume wie für Sanitärräume, Pausen- und Bereitschaftsräume, Erste-Hilfe-Räume und Unterkünfte, dass der Arbeitgeber nur solche Räumlichkeiten bereitzustellen hat, die eine ausreichende Grundfläche und Höhe sowie einen ausreichenden Luftraum aufweisen (vgl. Nr. 1.2 Anhang ArbStättV 2016, Rn. 1 ff.).

4.1 Sanitärräume

(1) Der Arbeitgeber hat Toilettenräume zur Verfügung zu stellen. Toilettenräume sind für Männer und Frauen getrennt einzurichten oder es ist eine getrennte Nutzung zu ermöglichen. Toilettenräume sind mit verschließbaren Zugängen, einer ausreichenden Anzahl von Toilettenbecken und Handwaschgelegenheiten zur Verfügung zu stellen. Sie müssen sich sowohl in der Nähe der Arbeitsräume als auch in der Nähe von Kantinen, Pausen- und Bereitschaftsräumen, Wasch- und Umkleideräumen befinden. Bei Arbeiten im Freien und auf Baustellen mit wenigen Beschäftigten sind mobile, anschlussfreie Toilettenkabinen in der Nähe der Arbeitsplätze ausreichend.

(2) Der Arbeitgeber hat – wenn es die Art der Tätigkeit oder gesundheitliche Gründe erfordern – Waschräume zur Verfügung zu stellen. Diese sind für Männer und Frauen getrennt einzurichten oder es ist eine getrennte Nutzung zu ermöglichen. Bei Arbeiten im Freien und auf Baustellen mit wenigen Beschäftigten sind Waschgelegenheiten ausreichend. Waschräume sind

a) in der Nähe von Arbeitsräumen und sichtgeschützt einzurichten,

b) so zu bemessen, dass die Beschäftigten sich den hygienischen Erfordernissen entsprechend und ungehindert reinigen können; dazu müssen fließendes warmes und kaltes Wasser, Mittel zum Reinigen und gegebenenfalls zum Desinfizieren sowie zum Abtrocknen der Hände vorhanden sein,

c) mit einer ausreichenden Anzahl geeigneter Duschen zur Verfügung zu stellen, wenn es die Art der Tätigkeit oder gesundheitliche Gründe erfordern. Sind Waschräume nach nicht erforderlich, müssen in der Nähe des Arbeitsplatzes und der Umkleideräume ausreichende und angemessene Waschgelegenheiten mit fließendem Wasser (erforderlichenfalls mit warmem Wasser), Mitteln zum Reinigen und zum Abtrocknen der Hände zur Verfügung stehen.

(3) Der Arbeitgeber hat geeignete Umkleideräume zur Verfügung zu stellen, wenn die Beschäftigten bei ihrer Tätigkeit besondere Arbeitskleidung tragen müssen und es ihnen nicht zuzumuten ist, sich in einem anderen Raum umzukleiden. Umkleideräume sind für Männer und Frauen getrennt einzurichten oder es ist eine getrennte Nutzung zu ermöglichen. Umkleideräume müssen

a) leicht zugänglich und von ausreichender Größe und sichtgeschützt eingerichtet werden; entsprechend der Anzahl gleichzeitiger Benutzer muss genügend freie Bodenfläche für ungehindertes Umkleiden vorhanden sein,

b) mit Sitzgelegenheiten sowie mit verschließbaren Einrichtungen ausgestattet sein, in denen jeder Beschäftigte seine Kleidung aufbewahren kann.

Kleiderschränke für Arbeitskleidung und Schutzkleidung sind von Kleiderschränken für persönliche Kleidung und Gegenstände zu trennen, wenn die Umstände dies erfordern.

(4) Wasch- und Umkleideräume, die voneinander räumlich getrennt sind, müssen untereinander leicht erreichbar sein.

1 Mit den Anforderungen an **Sanitärräume** in Nr. 4.1 Anhang ArbStättV, d. h. an Toiletten-, Wasch- und Umkleideräume, wurden die früheren Regelungen in §§ 34–37 ArbStättV 1976/1996 2004 zusammengefasst und auf quantitativ unbestimmte Schutzziele zurückgeführt. Gem. Nr. 4.1 Anhang ArbStättV 2016 hat der Arbeitgeber

- **Toilettenräume** bereit zu stellen (Abs. 1),
- wenn es die Art der Tätigkeit oder gesundheitliche Gründe erfordern, **Waschräume** einzurichten (Abs. 2 und 4),
- geeignete **Umkleideräume** zur Verfügung zu stellen, wenn die Beschäftigten bei ihrer Tätigkeit besondere Arbeitskleidung tragen müssen und es ihnen nicht zuzumuten ist, sich in einem anderen Raum umzukleiden (Abs. 3 und 4).

Bei **Arbeiten im Freien und auf Baustellen mit wenigen Beschäftigten** sind Waschgelegenheiten und mobile, anschlussfreie Toilettenkabinen in der Nähe der Arbeitsplätze ausreichend (Abs. 1 bzw. 2).

2 Umkleide-, Wasch- und Toilettenräume sind gem. den Regelungen in Nr. 4.1 Abs. 1, 2 und 3 Anhang ArbStättV 2016 **für Männer und Frauen getrennt** einzurichten oder eine getrennte Nutzung ist zu ermöglichen. Grundsätzlich besteht eine Wahlfreiheit für den Arbeitgeber, entweder

- nach Geschlechtern getrennte Umkleide-, Wasch- und Toilettenräume einzurichten oder

- durch geeignete organisatorische Maßnahmen eine getrennte Nutzung zu ermöglichen.

Es entspricht dem Stand der Hygiene, Sanitärräume für eine größere Zahl von gleichzeitig in der Arbeitsstätte Beschäftigten nach Geschlechtern getrennt einzurichten. Insoweit wird die Möglichkeit einer getrennten Nutzung den besonderen Belangen kleiner Betriebe gerecht oder den Betrieben, die zwar über eine größere Zahl von Beschäftigten verfügen, von denen jedoch immer nur eine geringe Anzahl gleichzeitig im Nutzungsbereich der Sanitärräume beschäftigt ist. Die in der ArbStättV 1976/1996 enthaltene Grenze von fünf Beschäftigten verschiedenen Geschlechts ist zwar entfallen, sollte jedoch auch weiterhin als Orientierungshilfe berücksichtigt werden (vgl. LASI-ArbStättV 2010, F 1). Auf die **Mitbestimmung** des Betriebs- bzw. Personalrats (§ 87 Abs. 1 Nr. 7 BetrVG bzw. § 75 Abs. 3 Nr. 11 und 16 BPersVG) ist hier ausdrücklich hinzuweisen (vgl. Einl. Rn. 12).

Die ASR A4.1 **konkretisiert** die in § 3a Abs. 1, § 4 Abs. 2 sowie die insbesondere in Nr. 4.1 und 5.2 Abs. 1a, d und f Anhang ArbStättV genannten Anforderungen für das Einrichten und Betreiben von Sanitärräumen und Waschgelegenheiten für Arbeitsstätten. Nr. 4 legt **allgemeine Anforderungen** fest, Nr. 5 definiert Anforderungen an **Toilettenräume**, Nr. 6 an **Waschräume**, Nr. 7 an **Umkleideräume** und Nr. 8 abweichende bzw. ergänzende Anforderungen an **Baustellen**. **2a**

Durch die Anforderungen in Nr. 4.1 Anhang ArbStättV 2004 werden Nr. 18 **3** Anhang I EG-Arbeitsstättenrichtlinie und Nr. 14 Anhang IV Teil A EG-Baustellenrichtlinie **umgesetzt**.

4.2 Pausen- und Bereitschaftsräume

(1) Bei mehr als zehn Beschäftigten oder wenn die Sicherheit und der Schutz der Gesundheit es erfordern, ist den Beschäftigten ein Pausenraum oder ein entsprechender Pausenbereich zur Verfügung zu stellen. Dies gilt nicht, wenn die Beschäftigten in Büroräumen oder vergleichbaren Arbeitsräumen beschäftigt sind und dort gleichwertige Voraussetzungen für eine Erholung während der Pause gegeben sind. Fallen in die Arbeitszeit regelmäßig und häufig Arbeitsbereitschaftszeiten oder Arbeitsunterbrechungen und sind keine Pausenräume vorhanden, so sind für die Beschäftigten Räume für Bereitschaftszeiten einzurichten. Schwangere Frauen und stillende Mütter müssen sich während der Pausen und, soweit es erforderlich ist, auch während der Arbeitszeit unter geeigneten Bedingungen hinlegen und ausruhen können.

(2) Pausenräume oder entsprechende Pausenbereiche sind

a) für die Beschäftigten leicht erreichbar an ungefährdeter Stelle und in ausreichender Größe bereitzustellen,

b) entsprechend der Anzahl der gleichzeitigen Benutzer mit leicht zu reinigenden Tischen und Sitzgelegenheiten mit Rückenlehne auszustatten,

c) als separate Räume zu gestalten, wenn die Beurteilung der Arbeitsbedingungen und der Arbeitsstätte dies erfordern.

(2) Bereitschaftsräume nach und Pausenräume, die als Bereitschaftsräume genutzt werden, müssen dem Zweck entsprechend ausgestattet sein.

1 Die Anforderungen an **Pausen- und Bereitschaftsräume** (Nr. 4.2 Anhang ArbStättV 2016) regeln die Lage und die Mindestausstattung von Pausen- und Bereitschaftsräumen in Anlehnung an die früheren §§ 29, 30 Satz 1, 31, 45 Abs. 1 Nr. 2, Abs. 5 ArbStättV 1976/1996 unter Wegfall quantifizierter Anforderungen und setzen die Nr. 16.1, 16.4 und 17 des Anhangs I der EG-Arbeitsstättenrichtlinie sowie die Ziff. 15.1, 15.3 und 16 des Anhangs IV Teil A der EG-Baustellenrichtlinie um.

Die ASR A4.2 konkretisiert die Anforderungen an Pausenräume und -bereiche, Bereitschaftsräume sowie an Einrichtungen zum Hinlegen und Ausruhen für schwangere Frauen und stillende Mütter in Zusammenhang mit Nr. 4.2 und 5.2 Abs. 1b und c Anhang ArbStättV. Nr. 4 dieser ASR legt Anforderungen an Pausenräume und Pausenbereiche fest, Nr. 5 an Bereitschaftsräume, Nr. 6 an Einrichtungen für schwangere Frauen und stillende Mütter und Nr. 7 abweichende bzw. ergänzende Anforderungen für Baustellen.

2 Der Arbeitgeber hat Beschäftigten grundsätzlich Räume für Pausen, Bereitschaftszeiten und Ruhezeiten zur Verfügung zu stellen, wenn es die Sicherheit und der Schutz der Gesundheit erfordern. Die entsprechenden Erfordernisse sind im Rahmen der **Gefährdungsbeurteilung** nach § 3 ArbStättV 2016 zu ermitteln und Maßnahmen sind festzulegen.

Der Arbeitgeber wird nicht verpflichtet, für jede Art der Erholung einen gesonderten Raum bereitzustellen. Er muss jedoch sicherstellen, dass die Räume ihren verschiedenen Funktionen entsprechend von den Beschäftigten genutzt werden können (RegE-ArbStättV 2004, S. 27; kritisch: *OSP*, S. 34). Alle in der bisherigen Vorschrift des § 29 ArbStättV 1996/1996 noch enthaltenen Abmessungen der Räume sind zugunsten einer reinen Schutzzielbestimmung aufgegeben worden. Alle bisherigen quantifizierten Anforderungen sind in Schutzzielbestimmungen umformuliert worden.

3 **Pausenräume** sind gem. Nr. 3.1 ASR A4.2 allseits umschlossene Räume, die der Erholung oder dem Aufenthalt der Beschäftigten während der Pause oder bei Arbeitsunterbrechung dienen. Insbesondere für Arbeitsstätten im Freien oder auf Baustellen können dies z. B. auch Räume in vorhandenen Gebäuden sowie in Baustellenwagen, absetzbaren Baustellenwagen oder in Containern sein.

Pausenbereiche sind gem. Nr. 3.2 ASR A4.2 abgetrennte Bereiche innerhalb **4** von Räumen der Arbeitsstätte, die der Erholung oder dem Aufenthalt der Beschäftigten während der Pause oder bei Arbeitsunterbrechung dienen. Dies heißt insbesondere, dass in diesen Bereichen kein Lärm, kein Staub und Schmutz, keine Gerüche auftreten dürfen. Ferner müssen diese auch frei von Publikumsverkehr sein.

Nach § 8 Abs. 3 GefStoffV 2010 dürfen Beschäftigte in Arbeitsbereichen, in **5** denen die Gefahr einer **Kontamination durch Gefahrstoffe** besteht, keine Nahrungs- oder Genussmittel zu sich nehmen. Der Arbeitgeber hat hierfür vor Aufnahme der Tätigkeiten geeignete Bereiche einzurichten (vgl. *Pieper*, ArbSchR, § 8 GefStoffV Rn. 17).

Auf einen Pausenraum oder -bereich kann gem. Nr. 4.2 Abs. 1 Satz 2 Anhang **6** ArbStättV 2016 bei Tätigkeiten in Büroräumen oder in vergleichbaren Arbeitsräumen **verzichtet** werden, sofern diese während der Pause frei von arbeitsbedingten Störungen (z. B. durch Publikumsverkehr, Telefonate) sind. Damit soll eine gleichwertige Erholung im Arbeitsraum gewährleistet werden (vgl. Nr. 4 Abs. 4 ASR A4.2). Die **Gleichwertigkeit** ist im Rahmen der Gefährdungsbeurteilung zu ermitteln.

Abweichende und ergänzende Anforderungen für **Baustellen** benennt Nr. 7 **7** ASR A4.2.

Fallen in die Arbeitszeit regelmäßig und häufig Arbeitsbereitschaftszeiten **8** oder Arbeitsunterbrechungen und sind keine Pausenräume vorhanden, so sind für die Beschäftigten gem. Nr. 4.2 Abs. 1 Satz 3 Anhang ArbStättV 2016 Räume für Bereitschaftszeiten (**Bereitschaftsräume**) einzurichten.

Bereitschaftsräume sind gem. Nr. 3.3. ASR A4.2 allseits umschlossene Räume, die dem Aufenthalt der Beschäftigten während der Arbeitsbereitschaft oder bei Arbeitsunterbrechungen dienen. Insbesondere für Arbeitsstätten im Freien oder auf Baustellen können dies z. B. auch Räume in vorhandenen Gebäuden sowie in Baustellenwagen, absetzbaren Baustellenwagen oder in Containern sein.

Ein Bereitschaftsraum muss gem. Nr. 5 Abs. 1 ASR A4.2 immer dann zur Verfügung stehen, wenn während der Arbeitszeit regelmäßig und in erheblichem Umfang (in der Regel mehr als 25% der Arbeitszeit) Arbeitsbereitschaft oder Arbeitsunterbrechungen auftreten. Das ist u. a. der Fall, wenn nicht vorhergesehen werden kann, wann eine Arbeitsaufnahme erfolgt, z. B. in Krankenhäusern, bei Berufsfeuerwehren, Rettungsdiensten oder Fahrbereitschaften.

Werden **schwangere Frauen oder stillende Mütter** beschäftigt, müssen **9** gem. Nr. 4.2 Abs. 1 Satz 4 Anhang ArbStättV 2016 Einrichtungen zum Hinlegen, Ausruhen und Stillen am Arbeitsplatz oder in unmittelbarer Nähe in einer Anzahl vorhanden sein, die eine jederzeitige Nutzbarkeit sicherstellen. Die Privatsphäre ist bei der Nutzung zu gewährleisten (vgl. Nr. 6 ASR A4.2).

4.3 Erste-Hilfe-Räume

(1) Erste-Hilfe-Räume oder vergleichbare Bereiche sind entsprechend der Art der Gefährdungen in der Arbeitsstätte oder der Anzahl der Beschäftigten, der Art der auszuübenden Tätigkeiten sowie der räumlichen Größe der Betriebe zur Verfügung zu stellen

(2) Erste-Hilfe-Räume müssen an ihren Zugängen als solche gekennzeichnet und für Personen mit Rettungstransportmitteln leicht zugänglich sein.

(3) Sie sind mit den erforderlichen Mitteln und Einrichtungen zur Ersten Hilfe auszustatten. An einer deutlich gekennzeichneten Stelle müssen Anschrift und Telefonnummer der örtlichen Rettungsdienste angegeben sein.

(4) Darüber hinaus sind überall dort, wo es die Arbeitsbedingungen erfordern, Mittel und Einrichtungen zur Ersten Hilfe aufzubewahren. Sie müssen leicht zugänglich und einsatzbereit sein. Die Aufbewahrungsstellen müssen als solche gekennzeichnet und gut erreichbar sein.

1 Die Anforderungen an **Erste-Hilfe-Räume** (Nr. 4.3 Anhang ArbStättV 2016) beziehen sich auf deren Kennzeichnung und Ausstattung, und zwar inhaltsgleich zu den §§ 38 und 39 ArbStättV 1976/1996. Die in § 38 ArbStättV 1976/1996 noch enthaltenen Schwellenwerte sind zugunsten einer reinen Schutzzielbestimmung aufgeben worden. In Anhang Nr. 4.3 werden die errichtungsbezogenen Anforderungen i. S. der bisherigen Regelung aufgeführt. Alle bisherigen quantifizierten Anforderungen sind in Schutzzielbestimmungen umformuliert worden.

Durch die Anforderungen in Nr. 4.3 Anhang ArbStättV werden die Nr. 19.2 und 19.3 Anhang l EG-Arbeitsstättenrichtlinie und Nr. 13.3 und 13.4 Anhang IV Teil A EG-Baustellenrichtlinie umgesetzt.

2 Die ASR A4.3 **konkretisiert** die Anforderungen an Mittel und Einrichtungen zur Ersten Hilfe sowie an Erste-Hilfe-Räume beim Einrichten und Betreiben von Arbeitsstätten in § 3a Abs. 1 und § 4 Abs. 5 sowie in Nr. 4.3 Anhang ArbStättV. Nr. 4 dieser ASR bestimmt Anforderungen an **Mittel zur Ersten Hilfe**, Nr. 5 an **Einrichtungen zur Ersten Hilfe**, Nr. 6 an **Erste-Hilfe-Räume** und vergleichbare Einrichtungen, Nr. 7 an die **Kennzeichnung** und Nr. 8 an ergänzende Anforderungen für **Baustellen**.

4.4 Unterkünfte

(1) Der Arbeitgeber hat angemessene Unterkünfte für Beschäftigte zur Verfügung zu stellen, gegebenenfalls auch außerhalb der Arbeitsstätte, wenn es aus Gründen der Sicherheit und zum Schutz der Gesundheit erforderlich ist. Die Bereitstellung angemessener Unterkünfte kann insbe-

sondere wegen der Abgelegenheit der Arbeitsstätte, der Art der auszu-übenden Tätigkeiten oder der Anzahl der im Betrieb beschäftigten Personen erforderlich sein. Kann der Arbeitgeber erforderliche Unterkünfte nicht zur Verfügung stellen, hat er für eine andere angemessene Unterbringung der Beschäftigten zu sorgen.

(2) Unterkünfte müssen entsprechend ihrer Belegungszahl ausgestattet sein mit:

a) Wohn- und Schlafbereich (Betten, Schränken, Tischen, Stühlen),

b) Essbereich,

c) Sanitäreinrichtungen.

(3) Wird die Unterkunft von Männern und Frauen gemeinsam genutzt, ist dies bei der Zuteilung der Räume zu berücksichtigen.

Die Anforderungen an **Unterkünfte** (Nr. 4.4 Anhang ArbStättV 2016) ver- 1
pflichten den Arbeitgeber, angemessene Unterkünfte für Beschäftigte zur Verfügung zu stellen, ggf. auch außerhalb der Arbeitsstätte, wenn es aus Gründen der Sicherheit und zum Schutz der Gesundheit erforderlich ist. Sie konkretisieren dies im Hinblick auf einzelne Ausstattungsanforderungen und die Zuteilung der Räume (vgl. RegE-ArbStättV 2004, S. 37). Dies bezieht sich auf die frühere Regelung in § 45 ArbStättV 1976/1996 »Tagesunterkünfte auf Baustellen«.

Die Bestimmungen tragen weiterhin der Entwicklung Rechnung, dass sich die Beschäftigten bei der Auswärtsbeschäftigung heute in der Regel ihre Unterkunft selbst beschaffen, indem sie Zimmer in Gasthöfen, Pensionen usw. anmieten. Sofern den Beschäftigten seitens der Arbeitgeber der mit der Beschaffung der Unterkunft verbundene Mehraufwand ausgeglichen wird, wie etwa in der Baubranche durch allgemein verbindliche tarifvertragliche Regelung üblich, besteht deshalb kein Erfordernis zur Bereitstellung von Unterkünften (vgl. RegE-ArbStättV 2004, S. 28).

Die Anforderungen in Nr. 4.4 Anhang ArbStättV werden durch die Techni- 2
sche Regel für Arbeitsstätten ASR A4.4 »Unterkünfte« **konkretisiert**. Diese ASR enthält orientierende Anforderungen an das Einrichten und Betreiben von Unterkünften im Bereich von Arbeitsstätten nach § 3a Abs. 1 sowie insbesondere nach Nr. 4.4 Anhang ArbStättV und allgemeine Anforderungen an **Einrichtung und Betreiben** sowie ergänzende Anforderungen für **Baustellen**.

Werden **Beschäftigte mit Behinderungen** in Unterkünften untergebracht, 3
so sind gem. Anhang A4.4 Abs. 1 zur ASR V3a.2 deren besondere Belange so zu berücksichtigen, dass Sicherheit und Gesundheitsschutz gewährleistet sind (vgl. im Einzelnen Abs. 2 bis 6).

Durch die Anforderungen in Nr. 4.4 Anhang ArbStättV werden Nr. 15.4 An- 4
hang IV Teil A EG-Baustellenrichtlinie **umgesetzt**.

5 Ergänzende Anforderungen und Maßnahmen für besondere Arbeitsstätten und Arbeitsplätze

1 Abschnitt 5 Anhang ArbStättV 2016 fasst hinsichtlich **nicht allseits umschlossener und im Freien liegender Arbeitsstätten** und in Bezug auf **Baustellen** die Anforderungen zusammen, die den Vorgaben der EG-Arbeitsstättenrichtlinie und der EG-Baustellenrichtlinie sowie dem bisherigen Arbeitsstättenrecht entsprechen und die über die im Verfügungsteil und in den Abschnitten 1–4 enthaltenen Anforderungen hinausgehen (RegE-ArbStättV 2004, S. 37). Für Baustellen wurden ferner die weiterhin erforderlichen Regelungen der aufgehobenen **Winterbauverordnung** einbezogen (RegE-ArbStättV 2004, S. 37; zu Gestaltungshinweisen und Informationsquellen vgl. *LBL*, S. 126).

5.1 Arbeitsplätze in nicht allseits umschlossenen Arbeitsstätten und Arbeitsplätze im Freien

Arbeitsplätze in nicht allseits umschlossenen Arbeitsstätten und Arbeitsplätze im Freien sind so einzurichten und zu betreiben, dass sie von den Beschäftigten bei jeder Witterung sicher und ohne Gesundheitsgefährdung erreicht, benutzt und wieder verlassen werden können. Dazu gehört, dass diese Arbeitsplätze gegen Witterungseinflüsse geschützt sind oder den Beschäftigten geeignete persönliche Schutzausrüstungen zur Verfügung gestellt werden.

Werden die Beschäftigten auf Arbeitsplätzen im Freien beschäftigt, so sind die Arbeitsplätze nach Möglichkeit so einzurichten, dass die Beschäftigten nicht gesundheitsgefährdenden äußeren Einwirkungen ausgesetzt sind.

1 Arbeitsplätze in nicht allseits umschlossenen Arbeitsstätten und im Freien sind gem. der Schutzzielvorgaben in Nr. 5.1 Anhang ArbStättV sicher und gesundheitsgerecht einzurichten und zu betreiben. Arbeitsplätze im Freien sind nach Möglichkeit so einzurichten, dass die dort Beschäftigten nicht schädlichen Wirkungen von außen (z. B. Gasen, Dämpfen, Staub) ausgesetzt sind.

2 Hinsichtlich der Anforderungen in Nr. 5.1 Anhang ArbStättV wird auf § 42 ArbStättV 1976/1996 und § 2 Winterbauverordnung (2004 aufgehoben) Bezug genommen.

In § 42 Abs. 1 ArbStättV 1976/1996 war eindeutig bestimmt, dass ortsgebundene Arbeitsplätze im Freien, auf denen nicht nur vorübergehend Arbeitnehmer beschäftigt werden, nur zulässig waren, wenn es betriebstechnisch erforderlich war. Aus dem 2004 vorgenommenen Verzicht auf diese Vorgabe könnte geschlossen werden, dass die Einrichtung von Arbeitsplätzen im Freien nunmehr ohne Einschränkung möglich ist. Dem steht entgegen, dass der Arbeitgeber nach § 3 Abs. 1 ArbSchG verpflichtet ist, die erforderlichen Maßnahmen des Arbeitsschutzes unter Berücksichtigung der Umstände zu treffen, welche die Sicherheit und die Gesundheit der Beschäftigten bei der Arbeit beeinflussen. Für die Maßnahmen gilt nach § 4 ArbSchG, neben dem Gebot zur Minimierung von Gefährdungen nach Nr. 1 verbunden mit der Verpflichtung nach Nr. 2, Gefahren an ihrer Quelle zu bekämpfen, dass auch Einflüsse der Umwelt und damit auch der Witterung auf den Arbeitsplatz zu berücksichtigen sind (vgl. § 4 Nr. 4 ArbSchG). Dabei hat der Arbeitgeber nach der von der Zielsetzung des ArbSchG und der Definition des Begriffs »Maßnahme« in § 2 Abs. 1 ArbSchG, welche die menschengerechte Gestaltung der Arbeitsplätze einschließt, ausgehenden Rechtsprechung des *BVerwG* ein an seiner Handlungspflicht ausgerichtetes weites Verständnis des Begriffs »Gesundheit« zugrunde zu legen. Hieraus folgt:

- Der Vorrang, Arbeitsplätze grundsätzlich in geschlossenen Räumen einzurichten, ergibt sich aus der Rangfolge von Maßnahmen des Arbeitsschutzes nach dem ArbSchG (vgl. § 4 Nr. 1 ArbSchG).
- In den Fällen, in denen dieser Vorrang aus nachweisbaren betriebstechnischen Gründen nicht eingehalten werden kann, gelten die besonderen Anforderungen der Nr. 5.1 Anhang ArbStättV.
- Dabei besteht angesichts des Minimierungsgebots nach § 4 Abs. 1 ArbSchG eine Rangfolge, wonach die Arbeitsplätze vorrangig durch bauliche Maßnahmen vor Witterungseinflüssen zu schützen sind. Ist dies nicht möglich, kann das Schutzziel auch erreicht werden, indem den Beschäftigten geeignete persönliche Schutzausrüstungen zur Verfügung gestellt werden.
- Die Bereitstellung und Benutzung der persönlichen Schutzausrüstungen richtet sich nach den Bestimmungen der §§ 3 bis 5 ArbSchG und der PSA-BV (vgl. *LASI*-ArbStättV, N 5.1–1).

Durch die Anforderungen in Nr. 5.1 Anhang ArbStättV werden Nr. 21.3 **3** Buchstabe a und b Anhang I EG-Arbeitsstättenrichtlinie, Nr. 6.1 Anhang IV Teil A und Nr. 3 Anhang IV Teil B Abschnitt II EG-Baustellenrichtlinie **umgesetzt.**

5.2 Baustellen

(1) **Die Beschäftigten müssen**

a) **sich gegen Witterungseinflüsse geschützt umkleiden, waschen und wärmen können,**

b) **über Einrichtungen verfügen, um ihre Mahlzeiten einnehmen und gegebenenfalls auch zubereiten zu können,**

c) in der Nähe der Arbeitsplätze über Trinkwasser oder ein anderes alkoholfreies Getränk verfügen können.

Weiterhin sind auf Baustellen folgende Anforderungen umzusetzen:

d) Sind Umkleideräume nicht erforderlich, muss für jeden regelmäßig auf der Baustelle anwesenden Beschäftigten eine Kleiderablage und ein abschließbares Fach vorhanden sein, damit persönliche Gegenstände unter Verschluss aufbewahrt werden können.

e) Unter Berücksichtigung der Arbeitsverfahren und der physischen Belastung der Beschäftigten ist dafür zu sorgen, dass ausreichend gesundheitlich zuträgliche Atemluft vorhanden ist.

f) Beschäftigte müssen die Möglichkeit haben, Arbeitskleidung und Schutzkleidung außerhalb der Arbeitszeit zu lüften und zu trocknen.

g) In regelmäßigen Abständen sind geeignete Versuche und Übungen an Feuerlöscheinrichtungen und Brandmelde- und Alarmanlagen durchzuführen.

(2) Schutzvorrichtungen, die ein Abstürzen von Beschäftigten an Arbeitsplätzen und Verkehrswegen auf Baustellen verhindern, müssen vorhanden sein:

1. unabhängig von der Absturzhöhe bei

    a) Arbeitsplätzen am und über Wasser oder an und über anderen festen oder flüssigen Stoffen, in denen man versinken kann,

    b) Verkehrswegen über Wasser oder anderen festen oder flüssigen Stoffen, in denen man versinken kann,

2. bei mehr als 1,00 m Absturzhöhe an Wandöffnungen, an freiliegenden Treppenläufen und -absätzen und

3. bei mehr als 2,00 m Absturzhöhe an allen übrigen Arbeitsplätzen. Bei einer Absturzhöhe bis zu 3,00 m ist eine Schutzvorrichtung entbehrlich an Arbeitsplätzen und Verkehrswegen auf Dächern und Geschossdecken von baulichen Anlagen mit bis zu 22,5 Grad Neigung und nicht mehr als 50,00 m^2 Grundfläche, sofern die Arbeiten von hierfür fachlich qualifizierten und körperlich geeigneten Beschäftigten ausgeführt werden und diese Beschäftigten besonders unterwiesen sind. Die Absturzkante muss für die Beschäftigten deutlich erkennbar sein.

(3) Räumliche Begrenzungen der Arbeitsplätze, Materialien, Ausrüstungen und ganz allgemein alle Elemente, die durch Ortsveränderung die Sicherheit und die Gesundheit der Beschäftigten beeinträchtigen können, müssen auf geeignete Weise stabilisiert werden. Hierzu zählen auch Maßnahmen, die verhindern, dass Fahrzeuge, Erdbaumaschinen und Förderzeuge abstürzen, umstürzen, abrutschen oder einbrechen.

(4) Werden Beförderungsmittel auf Verkehrswegen verwendet, so müssen für andere, den Verkehrsweg nutzende Personen ein ausreichender

Sicherheitsabstand oder geeignete Schutzvorrichtungen vorgesehen werden. Die Wege müssen regelmäßig überprüft und gewartet werden.

(5) Bei Arbeiten, aus denen sich im besonderen Maße Gefährdungen für die Beschäftigten ergeben können, müssen geeignete Sicherheitsvorkehrungen getroffen werden. Dies gilt insbesondere für Abbrucharbeiten sowie Montage- oder Demontagearbeiten. Zur Erfüllung der Schutzmaßnahmen des Satzes 1 sind

a) bei Arbeiten an erhöhten oder tiefergelegenen Standorten Standsicherheit und Stabilität der Arbeitsplätze und ihrer Zugänge auf geeignete Weise zu gewährleisten und zu überprüfen, insbesondere nach einer Veränderung der Höhe oder Tiefe des Arbeitsplatzes,

b) bei Aushubarbeiten, Brunnenbauarbeiten, unterirdischen oder Tunnelarbeiten die Erd- oder Felswände so abzuböschen, zu verbauen oder anderweitig so zu sichern, dass sie während der einzelnen Bauzustände standsicher sind; vor Beginn von Erdarbeiten sind geeignete Maßnahmen durchzuführen, um die Gefährdung durch unterirdisch verlegte Kabel und andere Versorgungsleitungen festzustellen und auf ein Mindestmaß zu verringern,

c) bei Arbeiten, bei denen Sauerstoffmangel auftreten kann, geeignete Maßnahmen zu treffen, um einer Gefahr vorzubeugen und eine wirksame und sofortige Hilfeleistung zu ermöglichen; Einzelarbeitsplätze in Bereichen, in denen erhöhte Gefährdung durch Sauerstoffmangel besteht, sind nur zulässig, wenn diese ständig von außen überwacht werden und alle geeigneten Vorkehrungen getroffen sind, um eine wirksame und sofortige Hilfeleistung zu ermöglichen,

d) beim Auf-, Um- sowie Abbau von Spundwänden und Senkkästen angemessene Vorrichtungen vorzusehen, damit sich die Beschäftigten beim Eindringen von Wasser und Material retten können,

e) bei Laderampen Absturzsicherungen vorzusehen,

f) bei Arbeiten, bei denen mit Gefährdungen aus dem Verkehr von Land-, Wasser-, oder Luftfahrzeugen zu rechnen ist, geeignete Vorkehrungen zu treffen.

Abbrucharbeiten, Montage- oder Demontagearbeiten, insbesondere der Auf- oder Abbau von Stahl- oder Betonkonstruktionen, die Montage oder Demontage von Verbau zur Sicherung von Erd- oder Felswänden oder Senkkästen sind fachkundig zu planen und nur unter fachkundiger Aufsicht sowie nach schriftlicher Abbruch-, Montage- oder Demontageanweisung durchzuführen; die Abbruch-, Montage- oder Demontageanweisung muss die erforderlichen sicherheitstechnischen Angaben enthalten; auf die Schriftform kann verzichtet werden, wenn für die jeweiligen Abbruch-, Montage- oder Demontagearbeiten besondere sicherheitstechnische Angaben nicht erforderlich sind.

(6) Vorhandene elektrische Freileitungen müssen nach Möglichkeit außerhalb des Baustellengeländes verlegt oder freigeschaltet werden. Wenn dies nicht möglich ist, sind geeignete Abschrankungen, Abschirmungen oder Hinweise anzubringen, um Fahrzeuge und Einrichtungen von diesen Leitungen fern zu halten.

1 Die **Anforderungen an das Einrichten und Betreiben von Baustellen** als Arbeitsstätten (Nr. 5.2 Anhang ArbStättV 2016) beschreiben für diesen Bereich zusätzlich notwendige, an anderer Stelle des Anhangs ArbStättV noch nicht hinreichend verankerte spezifische Anforderungen aus der EG-Baustellenrichtlinie 92/57/EWG. Teilweise basieren diese Regelungen auf den früheren §§ 43–49 ArbStättV 1976/1996.

Die Anforderungen beziehen sich insbesondere auf Maßnahmen zur Stabilität von Materialien und Ausrüstungen, Maßnahmen zum Schutz von Personen, die Verkehrswege auf Baustellen nutzen, sowie Sicherheitsvorkehrungen bei speziellen Arbeiten auf Baustellen mit besonderen Gefährdungen (vgl. RegE-ArbStättV 2004, S. 38).

Mit der Änderung der ArbStättV in 2016 wurden Anforderungen an Sicherungen, die ein **Abstürzen** von Beschäftigten an Arbeitsplätzen und Verkehrswegen auf Baustellen verhindern sollen, in den Anhang der ArbStättV aufgenommen. Dies war laut *BRat* erforderlich, weil die Bau-Berufsgenossenschaft konkrete Regelungen zu »Absturzgefahren auf Baustellen« im staatlichen Vorschriftenwerk angemahnt und in diesem Zusammenhang auf die Regelungen der UVV C22 Bauarbeiten hingewiesen hat. Da der Regelungsvorrang in diesem Bereich beim staatlichen Arbeitsschutzrecht liegt, wurde die Regelung aus der UVV Bauarbeiten in Nr. 5.2 Anhang ArbStättV 2016 weitgehend übernommen. Die Kriterien und erforderlichen Maßnahmen wurden überwiegend inhaltsgleich aus Nr. 8 »Abweichende/ergänzende Anforderungen für Baustellen« der ASR A2.1 »Schutz vor Absturz und herabfallenden Gegenständen, Betreten von Gefahrenbereichen« in den Anhang Nr. 5.2 ArbStättV 2016 übernommen (BR-Drs. 506/16 [B], S. 51).

Spezifische, organisationsbezogene Regelungen zur Koordinierung und Durchführung von Maßnahmen des Arbeitsschutzes auf Baustellen, unter Einbeziehung der Maßnahmen in Nr. 5.2 Anhang ArbStättV, regelt die BaustellV.

2 In den **ASR** werden verschiedentlich abweichende bzw. ergänzende Anforderungen für **Baustellen** bestimmt:
- Werden auf Baustellen **Fußböden** oder **Trittflächen von Treppen** mit temporären Belägen abgedeckt, ist gem. Nr. 10 ASR A1.5/1, 2 auf eine ausreichende Trittsicherheit zu achten. Hierzu hat der Arbeitgeber geeignete Maßnahmen zur Sicherung gegen Verrutschen, zur Rutschhemmung und zur Vermeidung von Unebenheiten oder Stolperstellen durchzuführen.

- Die ASR A1.7 gilt gem. Nr. 2 Abs. 1 auch für das Einrichten und Betreiben von **Türen und Toren** in betrieblichen Einrichtungen, die sich auf dem Gelände einer Baustelle befinden und zu denen Beschäftigte im Rahmen ihrer Arbeit Zugang haben. Sie gilt nicht für Türen und Tore von maschinellen Anlagen (z. B. Aufzugsanlagen) und nicht für provisorische Türen und Tore auf Baustellen.
- **Verkehrswege** sind gem. Nr. 3.1 ASR A1.8 für den Fußgänger-oder Fahrzeugverkehr (personengesteuert oder automatisiert) oder für die Kombination aus beiden bestimmte Bereiche auch auf Baustellen. Nr. 7 legt hierzu abweichende bzw. ergänzende Anforderungen fest.
- Im Hinblick auf Gefährdungen durch Schutz vor **Absturz und herabfallenden Gegenständen** legt Nr. 8 ASR A2.1 abweichende bzw. ergänzende Anforderung für Baustellen fest, und zwar für Arbeitsplätze und Verkehrswege auf geneigten Flächen (Nr. 8.1), für Sicherungen gegen Absturz an Arbeitsplätzen und Verkehrswegen (Nr. 8.2), für Wandöffnungen (Nr. 8.3) und zum Schutz gegen herabfallende Gegenstände.
- Im Hinblick auf Maßnahmen gegen **Brände** legt Nr. 7 ASR A2.2 abweichende bzw. ergänzende Anforderungen fest.
- Im Hinblick auf **Fluchtwege** sowie den **Flucht- und Rettungsplan** legt Nr. 10 ASR A2.3 ergänzende Anforderungen für Baustellen fest. Gem. Nr. 10 Abs. 1 haben sich auf Baustellen, auf denen Beschäftigte mehrerer Arbeitgeber tätig werden, diese Arbeitgeber bei der Festlegung von Maßnahmen zur Gestaltung von Fluchtwegen abzustimmen. Die Hinweise des nach BaustellV bestellten Koordinators sind dabei zu berücksichtigen (vgl. *Pieper*, ArbSchR, § 3 BaustellV Rn. 1 ff.). Die Abs. 2–7 legen weitere ergänzende Anforderungen fest.
- Im Hinblick auf Anforderungen an die **Beleuchtung** legt Nr. 8 ASR A2.4 abweichende bzw. ergänzende Anforderungen für Baustellen fest, insbesondere bezogen auf Beleuchtungsstärken.
- Im Hinblick auf die Anforderungen an **Sicherheitsbeleuchtung** legt Nr. 7 ASR A3.4/3 ergänzende Anforderungen für Baustellen fest.
- Im Hinblick auf die Anforderungen an die **Raumtemperatur** legt Nr. 5 ASR A3.5 ergänzende Anforderungen für Baustellen fest.
- Im Hinblick auf die Anforderungen an die **Lüftung** legt Nr. 7 ASR A3.6 abweichende bzw. ergänzende Anforderungen für Baustellen fest.
- Im Hinblick auf die Anforderungen an **Sanitärräume** legt Nr. 8 ASR A4.1 abweichende bzw. ergänzende Anforderungen für Baustellen fest. Dort wird zudem der Hinweis gegeben, dass die Koordinierung gemeinsam genutzter Sanitäreinrichtungen in den Aufgabenbereich des Bauherren bzw. Koordinators nach BaustellV fallen kann.
- Im Hinblick auf die Anforderungen an **Pausen- und Bereitschaftsräume** legt Nr. ASR A4.2 abweichende bzw. ergänzende Anforderungen für Baustellen fest.

- Im Hinblick auf **Erste-Hilfe-Räume, Mittel und Einrichtungen zur Ersten Hilfe** legt Nr. 8 ASR A4.3 ergänzende Anforderungen für Baustellen fest.

3 Durch die Anforderungen in Nr. 5.2 Anhang ArbStättV werden die Nr. 1.1, 1.2, 4.2, 5., 6.2, 6.3, 10.2, 11.3, 14.1.4, 18.2, 18.3 Anhang IV Teil A und die Nr. 1.1, 1.2, 2.3, 10 bis 12.2 und 13 Anhang IV Teil B Abschnitt II EG-Baustellenrichtlinie **umgesetzt.**

6 Maßnahmen zur Gestaltung von Bildschirmarbeitsplätzen

1 Nr. 6 Anhang ArbStättV 2016 enthält die grundsätzlichen Anforderungen und Festlegungen zur Gestaltung von **Bildschirmarbeitsplätzen in Arbeitsstätten.**

Bildschirmarbeit erfolgt an Arbeitsplätzen mit einer Schnittstelle zwischen Mensch und elektronischer Datenverarbeitung. Die Arbeit der Beschäftigten wird an solchen Arbeitsplätzen ganz wesentlich durch die Tätigkeit mit EDV-Einrichtungen bestimmt (vgl. BR-Drs. 506/16 [B], S. 52f.).

Die sich hieraus ergebenden, auf Sicherheit und Gesundheitsschutz bezogenen Anforderungen an Bildschirmarbeitsplätze wurden inhaltsgleich aus der bisherigen BildscharbV übernommen. Die Regelungen in Nr. 6.1 bis 6.5 Anhang ArbStättV 2016 entsprechen insbesondere dem Anhang sowie Art. 7 EG-Bildschirmrichtlinie 90/270/EWG, die 1996 mit der nunmehr aufgehobenen BildscharbV umgesetzt worden war.

Die Regelungen in Nr. 6 Anhang ArbStättV 2016 enthalten sicherheitstechnische und ergonomische **Gestaltungsziele** für Bildschirmarbeitsplätze, schreiben aber nicht vor, wie diese Ziele zu erreichen sind. Die allgemeinen Formulierungen bedürfen daher der Konkretisierung, damit festgestellt werden kann, welche Maßnahmen geeignet sind. Dazu können sonstige Rechtsvorschriften sowie gesicherte arbeitswissenschaftliche Erkenntnisse und Normen herangezogen werden. Als Handlungshilfe empfiehlt sich derzeit insbesondere die sich noch auf die BildscharbV beziehende DGUV-Information 615–410 »Bildschirm- und Büroarbeitsplätze – Leitfaden für die Gestaltung« (Stand: 9/2015). Diese Handlungshilfe wird voraussichtlich durch ASR des *ASTA* ersetzt werden (mit der Erarbeitung einer ASR A6 wurde 2017 begonnen).

Für die **Arbeitgeber** bedeutet die Übernahme der BildscharbV in die ArbStättV 2016 nach Auffassung des *BRat* eine »erhebliche Vereinfachung und Erleichterung. Künftig sind das Einrichten und Betreiben von Bildschirmarbeitsplätzen in Arbeitsstätten, die Durchführung der Gefährdungsbeurteilung und die erforderlichen Maßnahmen abgestimmt in der ArbStättV zusammengefasst.« Nach dieser Auffassung »können z. B. ergonomische und psychische Aspekte der Bildschirmarbeit ›integral‹ mit Aspekten der Beleuchtung, der Akustik (Lärmentwicklung) und dem Flächen- und Raumbedarf in Arbeitsstätten bereits beim Einrichten und Betreiben umfassend berücksichtigt werden. Im Hinblick auf die Sicherheit und die Gesundheit der Beschäftigten bei der Büroarbeit sind diesbezüglich positive Synergieeffekte zu erwarten.« (BR-Drs. 506/16 [B], S. 52) Diese Möglichkeit bestand allerdings schon auf Basis der Regelungen der ArbStättV 2004/2010 sowie der BildscharbV, zumal die grundlegenden Bestimmungen des ArbSchG auch mit Blick auf die übergreifende, arbeitssystembezogene Beurteilung der Arbeitsbedingungen gem. § 5 ArbSchG, die Grundsätze des Arbeitsschutzes gem. § 4 ArbSchG sowie insbesondere die Bestimmungen der BetrSichV 2015 im Hinblick auf die Verwendung von Arbeitsmitteln nach wie vor bei der Durchführung der ArbStättV 2016 zu beachten sind. Schließlich bleiben auch andere Gefährdungen (chemische, biologische und physikalische) und ihre gesonderten Regelungen in Verordnungen nach §§ 18, 19 ArbSchG bestehen, insbesondere die Regelungen der LärmVibrations-ArbSchV.

In die Bestimmungen der Nr. 6 Anhang ArbStättV 2016 implizit einbezogen **2** sind Gestaltungsforderungen in Bezug auf die Durchführung von (stationärer) **Telearbeit** als besondere Form der Bildschirmarbeit. Gemäß der Regelung des Anwendungsbereichs der ArbStättV 2016 in § 1 Abs. 3 (§ 1 Rn. 12b) gelten für Telearbeitsplätze – als vom Arbeitgeber fest eingerichtete Bildschirmarbeitsplätze im Privatbereich der Beschäftigten (§ 2 Abs. 7 Satz 1), d. h. für **stationäre Telearbeit** – nur

- die Regelungen zur Gefährdungsbeurteilung gem. § 3 ArbStättV bei der erstmaligen Beurteilung der Arbeitsbedingungen und des Arbeitsplatzes (vgl. § 3 Rn. 2h),
- die Unterweisungsverpflichtungen gem. § 6 ArbStättV (vgl. § 6 Rn. 4) sowie
- die Anforderungen in Nr. 6 Anhang ArbStättV 2016.

Dies gilt zudem nur, soweit der Arbeitsplatz von dem im Betrieb **abweicht** und die Anforderungen unter Beachtung der **Eigenart von Telearbeitsplätzen** auf diese anwendbar sind (vgl. § 1 Abs. 3).

Für fest, d. h. stationär im Privatbereich der Beschäftigten eingerichtete Telearbeitsplätze i. S. von § 2 Abs. 7 ArbStättV muss der Arbeitgeber eine mit den Beschäftigten vereinbarte **wöchentliche Arbeitszeit** und die **Dauer der Einrichtung** festlegen (vgl. § 2 Abs. 7 Satz 1 ArbStättV 2016; § 2 Rn. 4b).

Ein Telearbeitsplatz ist gem. § 2 Abs. 7 Satz 2 ArbStättV vom Arbeitgeber dann eingerichtet, wenn Arbeitgeber und Beschäftigte die Bedingungen der Telearbeit **arbeitsvertraglich** oder im Rahmen einer **Vereinbarung** festgelegt haben und die benötigte **Ausstattung** des Telearbeitsplatzes mit Mobiliar, Arbeitsmitteln einschließlich der Kommunikationseinrichtungen durch den Arbeitgeber oder eine von ihm beauftragte Person im Privatbereich des Beschäftigten bereitgestellt und installiert ist.

3 Die **Verbreitung von Bildschirmarbeit** ist inzwischen umfassend. Eine Schätzung ging Mitte der 1990er Jahre davon aus, dass allein in der Bundesrepublik Deutschland über 5 Mio. Arbeitsplätze mit Bildschirmen ausgestattet waren und dass sich diese Zahl bis zur Jahrtausendwende noch um die Hälfte erhöhen sollte (vgl. *Kiesau/Lorenz*, Mensch & Büro 6/1995, 134). Andere Schätzungen gingen für 1996 bereits von ca. 10 Mio. Bildschirmarbeitsplätzen (vgl. *Schubert*, Mensch & Büro 1/1997, A. 124) bzw. von 10 Mio. Beschäftigten mit Tätigkeiten am Computer (*RPW*, Buchrückseite, 1. Aufl.) aus. Nachfolgende Untersuchungen wiesen nach, dass 1998 25 Millionen PCs in Deutschland installiert waren (das waren 30 PCs auf 100 Einwohner); hierbei sind jedoch die nicht durch Beschäftigte bei der Arbeit genutzten PCs abzuziehen (vgl. *Fachverband Informationstechnik*, Wege in die Informationsgesellschaft – Update 1999). Die Unterschiede zwischen diesen Schätzungen beruhen offensichtlich auf der Verwendung unterschiedlicher Definitionen. Eine 2004 vom Deutschen Büromöbel Forum in Auftrag gegebene Studie schätzte die Zahl der Bildschirmarbeitsplätze auf 18 Mio. 2014 liegt die Zahl der Büro-, und damit Bildschirmarbeitsplätze, laut einer Umfrage des bso – Verband Büro-, Sitz- und Objektmöbel e. V. – bei über 20 Mio., d. h. mehr als die Hälfte der Beschäftigten arbeitet zumindest zeitweise an einem solchen Arbeitsplatz (*BSO*, 2015, S. 3).

Der Anteil der Beschäftigten, die »manchmal« oder »hauptsächlich« **stationäre Telearbeit** durchführen, lag laut *Statistischem Bundesamt* 2012 bei 7,7% (1996: 8,8%; 2009: 9,7%).

Gegenüber diesem stagnierendem Trend zur stationären Telearbeit stellten im Hinblick auf **mobile Telearbeit** (vgl. zur Frage der Einbeziehung in den Anwendungsbereich der ArbStättV § 1 Rn. 12c) im Jahr 2012 54% der Unternehmen mit zehn und mehr Beschäftigten tragbare Geräte mit mobiler Internetverbindung für die Durchführung von Arbeitstätigkeiten zur Verfügung. Bei Unternehmen mit 250 und mehr Beschäftigten lag dieser Anteil bei 91%. Im Durchschnitt waren 15% der in den Unternehmen Beschäftigten mit einem mobilen Internetzugang über ein tragbares Gerät ausgestattet (vgl. *Statistisches Bundesamt* 2012). In diesem Zusammenhang hat sich die Verbreitung von Smartphones in den letzten Jahren vervielfacht: von 6 Mio. in 2009 auf 46 Mio. in 2015 (1,86 Mrd. weltweit; statista). Hierbei wird nicht differenziert zwischen privater Nutzung und Verwendung bei der Arbeit.

4 **Ziel** von Nr. 6 Anhang ArbStättV 2016 ist die Gewährleistung und Verbesserung von Sicherheit und Gesundheitsschutz der Beschäftigten durch Maßnahmen des Arbeitsschutzes im Hinblick auf die Arbeit an Bildschirmarbeitsplätzen (vgl. § 1 Abs. 1 Satz 1 ArbSchG; *Pieper*, ArbSchR, § 1 ArbSchG Rn. 1 ff.). Die **allgemeinen Pflichten** des Arbeitgebers nach dem ArbSchG und deren **Konkretisierung** durch Nr. 6 Anhang ArbStättV 2016 sind ent-

sprechend dieser Zielsetzung in Bezug auf die Arbeit an Bildschirmarbeitsplätzen umzusetzen. Laut *BRat* können mit der Übernahme der BildscharbV in die ArbStättV detaillierte Anforderungen an Bildschirmarbeitsplätze in Form von **ASR sowie Empfehlungen** durch den *ASTA* ermittelt und erarbeitet werden (vgl. BR-Drs. 506/16 [B], S. 53). Diese Möglichkeit bestand auf der Basis der BildscharbV nicht, da in dieser Vorschrift die Bildung eines Ausschusses nicht vorgesehen war. Grundlage für die Ausarbeitung von Regeln und Empfehlungen wird insbesondere die DGUV Information 215–410 sein (zuvor BGI 650 »Bildschirm- und Büroarbeitsplätze-Leitfaden für die Gestaltung«; Stand: 9/2015; vgl. Rn. 13).

Die Regelungen in Nr. 6 Anhang ArbStättV 2016 stellen einen **Gestaltungsrahmen** dar, der Spielräume für an die Situation der Betriebe angepasste Maßnahmen des Arbeitsschutzes lässt (vgl. in RegE-ArtV, 26; *Wlotzke*, NJW 1997, 1473, in Bezug auf die BildscharbV): »In der Verordnung werden grundsätzlich nur Schutzziele vorgegeben. Dies ist auch sachgerecht. Denn starre und detaillierte Vorschriften auf dem Gebiet der Bildschirmgeräte mit seinen ständigen technischen Veränderungen würden schon sehr bald veraltet sein« (*Wlotzke*, a. a. O., m. w. N., vgl. *Riese*, CR 1997, 28). Im Übrigen ist der Arbeitgeber schon nach dem ArbSchG verpflichtet, durch **Maßnahmen des Arbeitsschutzes** eine Verbesserung für Sicherheit und Gesundheitsschutz der Beschäftigten anzustreben und dabei u. a. den Stand der Technik sowie sonstige gesicherte arbeitswissenschaftliche Erkenntnisse zu berücksichtigen (vgl. §§ 3 Abs. 1, 4 Nr. 3 ArbSchG). Diese Grundsätze gelten auch für die Gestaltung von Bildschirmarbeitsplätzen einschließlich Telearbeitsplätzen i. S. der ArbStättV 2016.

Ausgangspunkt für die Durchführung von Maßnahmen des Arbeitsschutzes im Rahmen von Nr. 6 Anhang ArbStättV 2016 sind die spezifischen **Belastungen**, die durch das Arbeitssystem Bildschirmarbeit entstehen können. Dies sind physische und psychische Belastungen (vgl. Rn. 7). Besondere Belastungen können sich aufgrund spezifischer Beschäftigungsformen und daraus resultierender Arbeitsaufgaben, Tätigkeiten und Formen der Organisation und Gestaltung der Arbeit sowie der Arbeitsabläufe der Bildschirmarbeit ergeben (vgl. grundlegend zu kombinierten Belastungen bei Tätigkeiten an Arbeitsplätzen mit informationstechnischen Arbeitsmitteln *König u. a.*, 1995; zu den besonderen Bedingungen insbesondere bei sog. **mobiler Telearbeit** sowie bei **stationärer Telearbeit** vgl. § 3 Rn. 2h).

Die Arbeit an Bildschirmarbeitsplätzen ist laut *BRat* so zu organisieren und zu gestalten, dass **Fehlbeanspruchungen** und **Gefährdungen** von Sicherheit und Gesundheit der Beschäftigten an Bildschirmgeräten vermieden bzw. soweit wie möglich verringert werden (vgl. auch § 4 Nr. 1 ArbSchG und § 6 Abs. 1 Satz 3 BetrSichV). Hierzu gehört insbesondere, dass die Arbeit regelmäßig durch »andere Tätigkeiten« (Mischarbeit) oder durch »Erholungszeiten« unterbrochen wird (vgl. Rn. 8). Diese »anderen Tätigkeiten« oder »Erholungszeiten« sind als Ausgleich gedacht und dienen dazu, einseitige Belastungen der Beschäftigten bei der Tätigkeit an Bildschirmarbeitsplätzen (Belastung der Augen, Zwangshaltungen usw.) zu verringern und Fehlbeanspruchungen und Gefährdungen zu vermeiden (vgl. BR-Drs. 506/16 [B], S. 52).

7 **Belastungen** durch Bildschirmarbeit (vgl. Rn. 8), beeinflusst durch Kombinations- bzw. Wechselwirkungen (vgl. § 3 Rn. 4b) mit dem Arbeitsgegenstand und der Arbeitsumgebung, können zu **Fehlbeanspruchungen** führen und die Sicherheit sowie die physische und psychische Gesundheit der Beschäftigten gefährden (vgl. § 3 Rn. 2c, 2j, 2k). Zu spezifischen Belastungen, die mit Bildschirmarbeit verbunden sein können, gehören insbesondere (vgl. dazu schon *Wlotzke*, NJW 1997, 1472f.; *LASI*-BildscharbV, S. 6ff.; *König u. a.*, 1995, 9f., zu aktuellen Erkenntnissen vgl. Rn. 13):

- Belastungen der Augen und des Sehvermögens,
- Belastungen des Stütz- und Bewegungsapparats durch Zwangshaltungen oder Bewegungsmangel,
- Belastungen von Muskeln, Sehnen sowie Gelenken der Unterarme, Händen und Handgelenken sowie
- psychische Belastungen, insbesondere im Hinblick auf die ergonomische Gestaltung, die Arbeitsorganisation und die Arbeitszeitgestaltung.

8 Nr. 6 Anhang ArbStättV 2016 sieht hinsichtlich der sich aus diesen Belastungen ergebenden potenziellen Gefährdungen für die Sicherheit und die Gesundheit vor, dass der **Arbeitgeber** zunächst die für die Bildschirmarbeit spezifischen Arbeitsbedingungen **ermitteln und beurteilen** muss (vgl. § 3 Abs. 1 ArbStättV 2016). Der Arbeitgeber muss auf der Grundlage dieser Beurteilung die geeigneten **Maßnahmen** treffen, damit die Bildschirmarbeitsplätze die Anforderungen von Nr. 6 Anhang ArbStättV erfüllen, die ergonomische Anforderungen an die Gestaltung der Arbeitsmittel, der Arbeitsumgebung und der Mensch-Maschine-Schnittstelle enthält. Insbesondere hat der Arbeitgeber die Tätigkeit der Beschäftigten so zu **organisieren**, dass die tägliche Arbeit an Bildschirmgeräten regelmäßig durch besondere Pausen, d. h. Erholungszeiten, oder durch andere Tätigkeiten unterbrochen wird, die die Belastung durch die Bildschirmarbeit auf ein gesundheitlich zuträgliches Maß verringern (vgl. Nr. 6.1 Abs. 2 Anhang ArbStättV 2016).

9 Im Rahmen der arbeitsmedizinischen **Angebotsvorsorge** gem. § 5 ArbMedVV ist den Beschäftigten eine fachkundliche, ggf. ärztliche **Untersuchung** der Augen und des Sehvermögens anzubieten (vgl. § 6 Teil 4 Abs. 2 Nr. 1 Anhang ArbMedVV). Darüber hinaus sind den Beschäftigten im Rahmen der **Wunschvorsorge** gem. § 11 ArbSchG bzw. § 5a ArbMedVV weitere Vorsorgemaßnahmen zu ermöglichen, wenn mit Gesundheitsschäden zu rechnen ist, die bei Bildschirmarbeit aus weiteren physischen und psychischen Belastungen resultieren können (vgl. Rn. 7).

Zur Erfüllung seiner Verpflichtungen nach der BildscharbV steht dem Ar- **10** beitgeber, ausgehend von seiner allgemeinen Verpflichtung zur Bereitstellung einer geeigneten **Organisation** und der erforderlichen Mittel (vgl. § 3 Abs. 2 ArbSchG), insbesondere die Sach- und Handlungskompetenz der von ihm zu bestellenden **Fachkräfte für Arbeitssicherheit** und **Betriebsärzte** zur Verfügung (vgl. *Pieper*, ArbSchR, ASiG Rn. 62ff.). Dies gilt sowohl für die Unterstützung bei der Beurteilung der Arbeitsbedingungen (vgl. § 3 Rn. 16) wie auch in Bezug auf die Festlegung der dadurch zu treffenden Maßnahmen des Arbeitsschutzes (§§ 4ff.). Ergänzend ist auf die Aufgaben der vom Arbeitgeber nach § 22 SGB VII zu bestellenden **Sicherheitsbeauftragten** hinzuweisen, die allerdings im Wesentlichen auf die Unterstützung bei Maßnahmen zur Verhütung von Arbeitsunfällen und Berufskrankheiten beschränkt ist (vgl. § 22 Abs. 2 SGB VII; *Pieper*, ArbSchR, § 22 SGB VII Rn. 29ff.).

Kosten, die dem Arbeitgeber aufgrund von Maßnahmen des Arbeitsschut- **11** zes entstehen, die auf der Basis der Beurteilung der Arbeitsbedingungen und Gefährdungsbeurteilung nach § 3 ArbStättV i.V.m. § 5 ArbSchG getroffen werden, dürfen nicht den Beschäftigten auferlegt werden (vgl. § 3 Abs. 3 ArbSchG; *Pieper*, ArbSchR, § 3 ArbSchG Rn. 14, 15). Dies gilt insbesondere auch im Hinblick auf die Gestaltungsanforderungen zu Bildschirm- und Telearbeitsplätzen gem. Nr. 6 Anhang ArbStättV. Weiterhin gilt dies für die Zurverfügungstellung von speziellen Sehhilfen für die Arbeit an Bildschirmarbeitsplätzen, wenn sich dies aus der Angebotsvorsorge gem. Teil. 4 Abs. 2 Nr. 1 Anhang ArbMedVV als notwendig erweist (vgl. *Pieper*, ArbSchR, Teil 4 Anhang ArbMedVV Rn. 8ff.).

Korrespondierend zu den Pflichten des Arbeitgebers in Bezug auf die Beur- **12** teilung und die Gestaltung von Bildschirmarbeitsplätzen sowie die Organisation von Bildschirmarbeit im Rahmen der ArbStättV 2016 ist auf **Pflichten und Rechte der Beschäftigten** hinzuweisen, die sich aus §§ 15–17 ArbSchG ergeben. Dazu kommen Aufgaben und Rechte der **Vertretungen** der Beschäftigten nach dem BetrVG und den PersVG (vgl. *Riese*, CR 1997, 33).

Bei den Regelungen in Nr. 6 Anhang ArbStättV 2016 handelt es sich um Rahmenvorschriften i.S. des § 87 Abs. 1 Nr. 7 BetrVG, die dem Arbeitgeber einen Entscheidungsspielraum bezüglich der konkreten Gestaltung lassen. Sie unterliegt daher der **Mitbestimmung** des Betriebsrats (vgl. *Pieper*, ArbSchR, BetrVG Rn. 14ff.) bzw. des Personalrats gem. § 75 Abs. 3 Nr. 11 (*BVerwG* 8.1.2001, PersR 2001, 154ff. = NZA 2001, 570ff.; vgl. *Pieper*, ArbSchR, BPersVG Rn. 8ff.).

Als allgemeine, derzeit (11/2018) zur Verfügung stehende **Handlungshilfen** **13** zur Gestaltung von Bildschirmarbeit bzw. Bildschirmarbeitsplätzen kann auf Folgende hingewiesen werden (vgl. § 3 Rn. 2g, 3a):

- die zur Büroarbeit formulierten Informationen der Träger der gesetzlichen Unfallversicherung, insbesondere die DGUV Regel 115–401 »Branche Bürobetriebe« (2018) und die DGUV Information 215–410, bisher BGI 650 »Bildschirm- und Büroarbeitsplätze-Leitfaden für die Gestaltung« (9/2015);
- zur Arbeit mit tragbaren Bildschirmgeräten an Arbeitsplätzen i. S. von Nr. 6.4 ArbStättV sowie zu mobiler Telearbeit vgl. Anhang 1 DGUV Information 215–410, *www.dguv.de/ifa/Fachinfos/Mobile-IT-Arbeit/index.jsp*; *www.igmetall.de/online-ratgeber-mobiles-arbeiten-5527.htm*;
- zur stationären Telearbeit ein Leitfaden der VBG (VBG 2018);
- das IT-gestützte Beurteilungs- und Gestaltungsinstrument BiFra für Bildschirmarbeitsplätze (*www.institut-aser.de/out.php?idart=262*);
- Normen, insbesondere: DIN EN ISO 9241 »Ergonomische Anforderungen für Bürotätigkeiten mit Bildschirmgeräten«; DIN EN ISO 9241–303: 2008 Ergonomie der Mensch-System-Interaktion – Teil 303: Anforderungen an elektronische optische Anzeigen; vgl. umfassend und kritisch zum früheren Stand: *KAN* 16).

Das zukünftige Regelwerk des *ASTA* zu Bildschirmarbeitsplätzen (ASR A6) wird sukzessive diese Handlungshilfen ersetzen bzw. Änderungen erforderlich machen (vgl. Rn. 4).

6.1 Allgemeine Anforderungen an Bildschirmarbeitsplätze

(1) Bildschirmarbeitsplätze sind so einzurichten und zu betreiben, dass die Sicherheit und der Schutz der Gesundheit der Beschäftigten gewährleistet sind. Die Grundsätze der Ergonomie sind auf die Bildschirmarbeitsplätze und die erforderlichen Arbeitsmittel sowie die für die Informationsverarbeitung durch die Beschäftigten erforderlichen Bildschirmgeräte entsprechend anzuwenden.

(2) Der Arbeitgeber hat dafür zu sorgen, dass die Tätigkeiten der Beschäftigten an Bildschirmgeräten insbesondere durch andere Tätigkeiten oder regelmäßige Erholungszeiten unterbrochen werden.

(3) Für die Beschäftigten ist ausreichend Raum für wechselnde Arbeitshaltungen und -bewegungen vorzusehen.

(4) Die Bildschirmgeräte sind so aufzustellen und zu betreiben, dass die Oberflächen frei von störenden Reflexionen und Blendungen sind.

(5) Die Arbeitstische oder Arbeitsflächen müssen eine reflexionsarme Oberfläche haben und so aufgestellt werden, dass die Oberflächen bei der Arbeit frei von störenden Reflexionen und Blendungen sind.

(6) Die Arbeitsflächen sind entsprechend der Arbeitsaufgabe so zu bemessen, dass alle Eingabemittel auf der Arbeitsfläche variabel angeordnet werden können und eine flexible Anordnung des Bildschirms, des Schrift-

guts und der sonstigen Arbeitsmittel möglich ist. Die Arbeitsfläche vor der Tastatur muss ein Auflegen der Handballen ermöglichen.

(7) Auf Wunsch der Beschäftigten hat der Arbeitgeber eine Fußstütze und einen Manuskripthalter zur Verfügung zu stellen, wenn eine ergonomisch günstige Arbeitshaltung auf andere Art und Weise nicht erreicht werden kann.

(8) Die Beleuchtung muss der Art der Arbeitsaufgabe entsprechen und an das Sehvermögen der Beschäftigten angepasst sein; ein angemessener Kontrast zwischen Bildschirm und Arbeitsumgebung ist zu gewährleisten. Durch die Gestaltung des Bildschirmarbeitsplatzes sowie der Auslegung und der Anordnung der Beleuchtung sind störende Blendungen, Reflexionen oder Spiegelungen auf dem Bildschirm und den sonstigen Arbeitsmitteln zu vermeiden.

(9) Werden an einem Arbeitsplatz mehrere Bildschirmgeräte oder Bildschirme betrieben, müssen diese ergonomisch angeordnet sein. Die Eingabegeräte müssen sich eindeutig dem jeweiligen Bildschirmgerät zuordnen lassen.

(10) Die Arbeitsmittel dürfen nicht zu einer erhöhten, gesundheitlich unzuträglichen Wärmebelastung am Arbeitsplatz führen.

1. Allgemeines

Der Arbeitgeber hat gem. Nr. 6 Abs. 1 ArbStättV 2016 die grundlegende Verpflichtung **1**

- **Bildschirmarbeitsplätze** i. S. von § 2 Abs. 5 sowie
- fest eingerichtete, d. h. stationäre **Telearbeitsplätze** im Privatbereich der Beschäftigten i. S. von § 2 Abs. 7, soweit die Arbeitsplätze von denen im Betrieb abweichen (vgl. § 1 Abs. 3 Nr. 2),

so einzurichten und zu betreiben, dass

- die **Sicherheit und der Schutz der Gesundheit der Beschäftigten** gewährleistet sind und
- dabei die **Grundsätze der Ergonomie** auf die Bildschirmarbeitsplätze und die erforderlichen Arbeitsmittel sowie die für die Informationsverarbeitung durch die Beschäftigten erforderlichen Bildschirmgeräte entsprechend angewendet werden.

Diese **Grundforderungen** beziehen sich zum einen auf § 3 Abs. 1 Satz 2 ArbStättV 2016, wonach im Rahmen der Gefährdungsbeurteilung alle möglichen Gefährdungen der Sicherheit und der Gesundheit der Beschäftigten zu beurteilen und dabei die physischen und psychischen Belastungen sowie Auswirkungen der Organisation und Gestaltung der Arbeit sowie der Arbeitsabläufe in der Arbeitsstätte zu berücksichtigen sind (vgl. § 3 Rn. 2b; § 2 Rn. 10a). Zudem ist auf die arbeitssystembezogene, gleichfalls von den Grundsätzen der Ergonomie geleitete Beurteilung in Bezug auf die Verwendung von Arbeitsmitteln gem. § 3 Abs. 2 Nr. 1 sowie § 6 Abs. 1 Halbsatz 2 BetrSichV 2015 zu verweisen (*Pieper*, ArbSchR, § 3 BetrSichV Rn. 32; § 6 BetrSichV Rn. 4). Diese Aspekte sind arbeitssystembezogen im Rahmen der übergreifenden Beurteilung der Arbeitsbedingungen gem. § 5 ArbSchG und bei der Festlegung von Maßnahmen des Arbeitsschutzes zusammenzuführen.

2. Gestaltung des täglichen Arbeitsablaufs

2 Flankiert durch grundlegende ergonomische Anforderungen (Nr. 6.1 Abs. 3 bis 10 Anhang ArbStättV 2016), hat der Arbeitgeber gem. Nr. 6.1 Abs. 2 Maßnahmen zur **Gestaltung des täglichen Arbeitsablaufs** zu treffen. Mit dieser Verpflichtung soll den bei der Arbeit an Bildschirmarbeitsplätzen einschließlich Telearbeitsplätzen i. S. von § 2 Abs. 5 und 7 entstehenden Gefährdungen der Gesundheit, z. B. in Form von monotonen oder ermüdenden Tätigkeiten oder einseitigen Körperhaltungen, entgegengewirkt werden (vgl. schon *Doll*, sis 1997, 10). Damit erfolgt eine Konkretisierung von Maßnahmen zur Verhütung arbeitsbedingter Gesundheitsgefahren sowie zur menschengerechten Gestaltung (vgl. *Pieper*, ArbSchR, § 2 ArbSchG Rn. 8 ff.). Diese Maßnahmen hat der Arbeitgeber auf der Basis der Beurteilung der Arbeitsbedingungen (§ 5 ArbSchG, § 3 ArbStättV 2016) und unter Beachtung der allgemeinen Grundsätze gem. § 4 ArbSchG zu treffen.

I. S. der durch § 4 Nr. 1 und 5 ArbSchG bestimmten **Rangfolge** von Maßnahmen des Arbeitsschutzes sind vorrangige, d. h. kollektive Maßnahmen des Arbeitsschutzes zu ermitteln und festzulegen, die die Arbeit an Bildschirmgeräten so gestalten, dass sie durch andere belastungsreduzierende Tätigkeiten unterbrochen wird (»**Mischarbeit**«; Rn. 3). Erst in zweiter Linie kommen Unterbrechungen durch besondere Pausen, d. h. **Erholungszeiten** in Frage (vgl. Nr. 6 DGUV-Information 215–410; RegE-ArtV, 31; *Opfermann/Rückert*, AuA 1997, 71; *Riese*, CR 1997, 31 f.; *Keller*, 30; *RPW*, 199).

Auf der Basis der **Wirksamkeitsüberprüfung** der Maßnahmen gem. § 3 Abs. 1 ArbSchG sowie § 4 Abs. 5 BetrSichV sind die jeweiligen Maßnahmen an den Stand der Technik und der sonstigen gesicherten arbeitswissenschaftlichen Erkenntnisse anzupassen (Verbesserungsgebot gem. § 3 Abs. 1 ArbSchG), was zur Konsequenz haben kann, dass ggf. prioritäre Maßnahmen zur Einrichtung von »Mischarbeit« festzulegen sind.

Mit der Forderung nach regelmäßiger Unterbrechung der Bildschirmarbeit 　**3**
durch andere Tätigkeiten, die die Belastung durch diese Arbeit verringern,
ist das Konzept der »**Mischarbeit**« angesprochen (Rn. 2). Ziel von »Mischarbeit« ist es, dass die Verwendung von Bildschirmgeräten nicht Inhalt und
Art der Aufgabenerledigung allein bestimmen sollte. Mischarbeitsmodelle
für die unterschiedlichen Tätigkeitsfelder sind im Rahmen der Programme
der Bundesregierung »Humanisierung des Arbeitslebens« bzw. »Arbeit und
Technik« und der Nachfolgeprogramme seitens der *BAuA* entwickelt worden (vgl. RegE-ArtV, 31; vgl. zu entsprechenden Gestaltungsmaßnahmen:
DGUV Information 215–410 S. 19 ff.; *Hahn*, 1992; *Hahn u. a.*, 1995, Teilsystem »Täglicher Arbeitsablauf«, 69 ff.).

Alternativ – jedoch nachrangig zur Mischarbeit (Rn. 2, 3) – muss der Arbeit- 　**4**
geber regelmäßige **Erholungszeiten** ermöglichen (in § 5 der aufgehobenen
BildscharbV noch als »Pausen« bezeichnet). Bei diesen Zeiten handelt es sich
nicht um die im Arbeitszeitrecht geforderten Ruhepausen (vgl. RegE-ArtV,
31; *Opfermann/Rückert*, AuA 1997, 71; *Keller*, 30). Erholungszeiten i. S. von
Nr. 6.1 Abs. 2 Anhang ArbStättV 2016 sind vielmehr besondere Maßnahmen des Arbeitsschutzes i. S. von § 2 Abs. 1 ArbSchG in Bezug auf die
Durchführung von Bildschirmarbeit. Sie haben das Ziel, physische und psychische Belastungen zu minimieren.

Aus ergonomischer Sicht ist der gesundheitliche Nutzen mehrerer kurzer Erholungszeiten (d. h. regelmäßiger Unterbrechungen der Tätigkeit an Bild-
schirm- und Telearbeitsplätzen sowie bei ortsveränderlichen Tätigkeiten mit
tragbaren Bildschirmgeräten) größer als der von wenigen langen Zeiten (vgl.
RegE-ArtV, 31 f.). Es ist daher nicht zweckmäßig, die Erholungszeiten über
den Tag anzusammeln und so die tägliche Arbeitszeit zu verkürzen. Vielmehr sollten zusammenhängende Arbeitszeiten am Arbeitsplatz einen Zeitraum von zwei Stunden nicht überschreiten (*LASI*-BildscharbV 1996, 11).
Die (Kurz-)Erholungszeiten sollten, wenn sie erforderlich werden, hinsichtlich ihrer Lage von den Beschäftigten nach Bedarf frei gewählt werden können, d. h. vor dem Einsetzen einer spürbaren Ermüdung. Dies unterstützt
eine effiziente Betriebsorganisation und einen gesundheitszuträglichen Arbeitsablauf (vgl. RegE-ArtV, 32; *Opfermann/Rückert*, AuA 1997, 71 f.; vgl.
zu entsprechenden Gestaltungsmaßnahmen: DGUV Information 215–460,
S. 19 ff.; *RPW*, 108 ff.; *Hahn u. a.*, 1995, Teilsystem »Täglicher Arbeitsablauf«,
65 ff.).

Wie die Regelungen in Nr. 6 Anhang ArbStättV 2016 insgesamt (Nr. 6 An- 　**5**
hang Rn. 12) ist auch Nr. 6.1 Abs. 2 Anhang ArbStättV 2016 eine Rahmenvorschrift i. S. des § 87 Abs. 1 Nr. 7 BetrVG und lässt dem Arbeitgeber einen
Entscheidungsspielraum bezüglich der Form der Regelung des täglichen Arbeitsablaufs (Mischarbeit, Kurzpausen) und ihrer Gestaltung. Sie unterliegt
daher der **Mitbestimmung des Betriebsrats** (vgl. *BAG* 8. 6. 2004 – 1 ABR
13/03; *LAG Hamburg* 21. 9. 2000, NZA-RR, 190, 195; vgl. DKKW-*Klebe*,

§ 87 BetrVG Rn. 202 m. w. N.; vor Erlass der nunmehr aufgehobenen BildscharbV hatte das *BAG* dieses Mitbestimmungsrecht des Betriebsrats schon
in Bezug auf Art. 7 EG-Bildschirmrichtlinie anerkannt, vgl. *BAG* 2. 4. 1996,
CR 1996, 606 mit Anm. *Kohte*, 610; vgl. *Pieper*, ArbSchR, BetrVG Rn. 14 ff.)
bzw. des Personalrats gem. § 75 Abs. 3 Nr. 11 BPersVG (*BVerwG* 8. 1. 2001,
PersR 2001, 154 ff. = NZA 2001, 570 ff.; vgl. *Pieper*, ArbSchR, BPersVG
Rn. 8 ff.).

3. Sonstige allgemeine Anforderungen an Bildschirmarbeitsplätze

6 In Nr. 6.1 Abs. 2 bis 10 ArbStättV 2016 werden weitere allgemeine **Anforderungen an Bildschirmarbeitsplätze** einschließlich Telearbeitsplätze i. S. von
§ 2 Abs. 5 und 7 festgelegt, die insbesondere und bis zur Ablösung durch
ASR durch die DGUV-Information 215–410 konkretisiert werden:

- Für die Beschäftigten ist ausreichend Raum für **wechselnde Arbeitshaltungen und -bewegungen** vorzusehen (Nr. 6.1 Abs. 3). Ausreichend
  große Flächen sind die Grundvoraussetzung für ein ergonomisches Arbeiten am Bildschirmarbeits- bzw. stationärem Telearbeitsplatz. Gestaltungshinweise gibt Nr. 7.4 DGUV-Information 215–410.
- Die **Bildschirmgeräte** sind so aufzustellen und zu betreiben, dass die
  Oberflächen frei von störenden **Reflexionen und Blendungen** sind
  (Nr. 6.1 Abs. 4). Gestaltungshinweise gibt Nr. 7.4.2 DGUV-Information
  215–410.
- Die **Arbeitstische oder Arbeitsflächen** müssen eine reflexionsarme
  Oberfläche haben und so aufgestellt werden, dass die Oberflächen bei
  der Arbeit frei von störenden **Reflexionen und Blendungen** sind (Nr. 6.1
  Abs. 5). Gestaltungshinweise gibt Nr. 7.4.2 DGUV-Information 215–410.
- Der **Arbeitsstuhl** muss **ergonomisch** und **standsicher** sein (vgl. Nr. 11
  Anhang der 2016 aufgehobenen BildscharbV; die Verpflichtung des Ar-
  beitgebers, einen solchen zur Verfügung zu stellen, ergibt sich nunmehr
  aus der allgemeinen Bestimmung in Nr. 3.3 Abs. 2 ArbStättV; vgl. Nr. 3.3
  Anhang ArbStättV Rn. 2). Gestaltungshinweise gibt Nr. 3.3.2 DGUV-
  Information 215–410. Die ASR 25/1 »Sitzgelegenheiten« (ArbStättV
  1976/1996) wurde nicht überarbeitet und ist seit 31. 12. 2012 außer Kraft.
  Die Angaben in dieser ASR können aber weiterhin als »Orientierungs-
  werte« zur Konkretisierung der allgemeinen Schutzziele der ArbStättV
  verwendet werden. Dabei muss der Arbeitgeber beachten, dass die Inhalte
  teilweise nicht mehr dem Stand der Technik entsprechen.
- Die **Arbeitsflächen** sind entsprechend der Arbeitsaufgabe so zu bemessen, dass alle Eingabemittel auf der Arbeitsfläche **variabel angeordnet**
  werden können und eine flexible Anordnung des Bildschirms, des Schrift-
  guts und der sonstigen Arbeitsmittel möglich ist. Die Arbeitsfläche vor

der Tastatur muss ein Auflegen der Handballen ermöglichen (Nr. 6.1 Abs. 6). Gestaltungshinweise gibt Nr. 7.2.2 DGUV-Information 215–410.

• Auf Wunsch der Beschäftigten hat der Arbeitgeber eine **Fußstütze** und einen **Manuskripthalter** zur Verfügung zu stellen, wenn eine ergonomisch günstige Arbeitshaltung auf andere Art und Weise nicht erreicht werden kann (Nr. 6.1 Abs. 7). Gestaltungshinweise geben Nr. 7.3.3. und 7.3.4 DGUV-Information 215–410.

• Die **Beleuchtung** muss der Art der Arbeitsaufgabe entsprechen und an das Sehvermögen der Beschäftigten angepasst sein; ein angemessener Kontrast zwischen Bildschirm und Arbeitsumgebung ist zu gewährleisten. Durch die Gestaltung des Bildschirmarbeitsplatzes sowie der Auslegung und der Anordnung der Beleuchtung sind störende Blendungen, Reflexionen oder Spiegelungen auf dem Bildschirm und den sonstigen Arbeitsmitteln zu vermeiden (Nr. 6.1 Abs. 8). Gestaltungshinweise gibt Nr. 7.4.2 DGUV-Information 215–410.

• Werden an einem Arbeitsplatz **mehrere Bildschirmgeräte oder Bildschirme** betrieben, müssen diese ergonomisch angeordnet sein. Die Eingabegeräte müssen sich eindeutig dem jeweiligen Bildschirmgerät zuordnen lassen (Nr. 6.1 Abs. 9). Gestaltungshinweise gibt z. B. ein Leitfaden der *BAuA*: Bildschirmarbeit in Leitwarten ergonomisch gestalten.

• Die Arbeitsmittel dürfen nicht zu einer erhöhten, gesundheitlich unzuträglichen **Wärmebelastung** am Arbeitsplatz führen (Nr. 6.1 Abs. 10). Gestaltungshinweise gibt Nr. 7.4.4 DGUV-Information 215–410.

4. Allgemeine Anforderungen an Telearbeitsplätze

Für Telearbeitsplätze, die **fest**, d. h. stationär im Privatbereich der Beschäftigten eingerichtet sind, muss der Arbeitgeber mit dem Beschäftigten eine **wöchentliche Arbeitszeit** vereinbaren und die **Dauer der Einrichtung** festlegen (vgl. § 2 Abs. 7 Satz 1 ArbStättV 2016; § 2 Rn. 4b). Hinweise für derartige Regelungen beinhaltet bis zu einer etwaigen Konkretisierung durch ASR der *VBG*-Leitfaden »Telearbeit« (2018). **7**

Ein Telearbeitsplatz ist gem. § 2 Abs. 7 Satz 2 vom Arbeitgeber dann eingerichtet, wenn Arbeitgeber und Beschäftigte die Bedingungen der Telearbeit **arbeitsvertraglich** oder im Rahmen einer **Vereinbarung** festgelegt haben und die benötigte **Ausstattung** des Telearbeitsplatzes mit Mobiliar, Arbeitsmitteln einschließlich der Kommunikationseinrichtungen durch den Arbeitgeber oder eine von ihm beauftragte Person im Privatbereich des Beschäftigten bereitgestellt und installiert ist. Hinweise für derartige Vereinbarungen sowie für die Ausstattung, die grundsätzlich den Vorgaben von Nr. 6 Anhang ArbStättV 2016, beinhaltet, bis zu einer etwaigen Konkretisierung durch ASR, der *VBG*-Leitfaden »Telearbeit« (2018). **8**

6.2 Allgemeine Anforderungen an Bildschirme und Bildschirmgeräte

(1) Die Text- und Grafikdarstellungen auf dem Bildschirm müssen entsprechend der Arbeitsaufgabe und dem Sehabstand scharf und deutlich sowie ausreichend groß sein. Der Zeichen- und der Zeilenabstand müssen angemessen sein. Die Zeichengröße und der Zeilenabstand müssen auf dem Bildschirm individuell eingestellt werden können.

(2) Das auf dem Bildschirm dargestellte Bild muss flimmerfrei sein. Das Bild darf keine Verzerrungen aufweisen.

(3) Die Helligkeit der Bildschirmanzeige und der Kontrast der Text- und Grafikdarstellungen auf dem Bildschirm müssen von den Beschäftigten einfach eingestellt werden können. Sie müssen den Verhältnissen der Arbeitsumgebung individuell angepasst werden können.

(4) Die Bildschirmgröße und -form müssen der Arbeitsaufgabe angemessen sein.

(5) Die von den Bildschirmgeräten ausgehende elektromagnetische Strahlung muss so niedrig gehalten werden, dass die Sicherheit und die Gesundheit der Beschäftigten nicht gefährdet werden.

1 In Nr. 6.2 Abs. 1 bis 5 Anhang ArbStättV 2016 werden Anforderungen an Bildschirmgeräte und Arbeitsmittel für die **ortsgebundene Verwendung an Arbeitsplätzen** festgelegt, die insbesondere und bis zur Ablösung durch ASR durch die DGUV-Information 215–410 konkretisiert werden:

- Die **Text- und Grafikdarstellungen** auf dem Bildschirm müssen gem. Nr. 6.2 Abs. 1 entsprechend der Arbeitsaufgabe und dem Sehabstand scharf und deutlich sowie ausreichend groß sein. Zeichen- und der Zeilenabstand müssen angemessen sein. Zeichengröße und Zeilenabstand müssen auf dem Bildschirm individuell eingestellt werden können. Gestaltungshinweise gibt Nr. 7.2.1 DGUV-Information 215–410, S. 31 ff.

- Das auf dem Bildschirm dargestellte Bild muss gem. Nr. 6.2 Abs. 2 **flimmerfrei** sein. Das Bild darf **keine Verzerrungen** aufweisen. Gestaltungshinweise gibt Nr. 7.2.1 DGUV-Information 215–410, S. 38.

- Die **Helligkeit** der Bildschirmanzeige und der **Kontrast** der Text- und Grafikdarstellungen auf dem Bildschirm müssen gem. Nr. 6.2 Abs. 3 von den Beschäftigten einfach eingestellt werden können. Sie müssen den Verhältnissen der Arbeitsumgebung individuell angepasst werden können. Gestaltungshinweise gibt Nr. 7.2.1 DGUV-Information 215–410, S. 40.

- **Bildschirmgröße und -form** müssen gem. Nr. 6.2 Abs. 4 der Arbeitsaufgabe angemessen sein. Gestaltungshinweise gibt Nr. 7.2.1 DGUV-Information 215–410, S. 35 ff.

- Die von den Bildschirmgeräten ausgehende **elektromagnetische Strahlung** muss gem. Nr. 6.2 Abs. 5 so niedrig gehalten werden, dass die Sicherheit und die Gesundheit der Beschäftigten nicht gefährdet werden. Gestaltungshinweise gibt Nr. 7.4.5 DGUV-Information 215–410.

6.3 Anforderungen an Bildschirmgeräte und Arbeitsmittel für die ortsgebundene Verwendung an Arbeitsplätzen

(1) **Bildschirme müssen frei und leicht dreh- und neigbar sein sowie über reflexionsarme Oberflächen verfügen. Bildschirme, die über reflektierende Oberflächen verfügen, dürfen nur dann betrieben werden, wenn dies aus zwingenden aufgabenbezogenen Gründen erforderlich ist.**

(2) **Tastaturen müssen die folgenden Eigenschaften aufweisen:**

1. **sie müssen vom Bildschirm getrennte Einheiten sein,**
2. **sie müssen neigbar sein,**
3. **die Oberflächen müssen reflexionsarm sein,**
4. **die Form und der Anschlag der Tasten müssen den Arbeitsaufgaben angemessen sein und eine ergonomische Bedienung ermöglichen,**
5. **die Beschriftung der Tasten muss sich vom Untergrund deutlich abheben und bei normaler Arbeitshaltung gut lesbar sein.**

(3) **Alternative Eingabemittel (zum Beispiel Eingabe über den Bildschirm, Spracheingabe, Scanner) dürfen nur eingesetzt werden, wenn dadurch die Arbeitsaufgaben leichter ausgeführt werden können und keine zusätzlichen Belastungen für die Beschäftigten entstehen.**

In Nr. 6.3 Abs. 1 bis 3 werden **Anforderungen an Bildschirmgeräte und Arbeitsmittel für die ortsgebundene Verwendung an Arbeitsplätzen** festgelegt, die insbesondere und bis zur Ablösung durch ASR durch die DGUV-Information 215–410 konkretisiert werden: **1**

- Bildschirme müssen gem. Nr. 6.3 Abs. 1 **frei und leicht dreh- und neigbar** sein sowie über **reflexionsarme Oberflächen** verfügen. Bildschirme, die über reflektierende Oberflächen verfügen, dürfen nur dann betrieben werden, wenn dies aus zwingenden aufgabenbezogenen Gründen erforderlich ist. Gestaltungshinweise gibt Nr. 7.2.1 DGUV-Information 215–410.

- **Tastaturen** müssen gem. Nr. 6.3 Abs. 2 Nr. 1 bis 5 die Eigenschaften trennbar vom Bildschirm, neigbar, reflexionsarm und ergonomisch (hinsichtlich Gestaltung der Tasten) aufweisen. Gestaltungshinweise gibt Nr. 7.2.2 DGUV-Information 215–410.

- **Alternative Eingabemittel** (z. B. Eingabe über den Bildschirm, Spracheingabe, Scanner) dürfen gem. Nr. 6.3 Abs. 3 nur eingesetzt werden, wenn dadurch die Arbeitsaufgaben leichter ausgeführt werden können und keine zusätzlichen Belastungen für die Beschäftigten entstehen. Gestaltungshinweise gibt Nr. 7.2.2 DGUV-Information 215–410.

6.4 Anforderungen an tragbare Bildschirmgeräte für die ortsveränderliche Verwendung an Arbeitsplätzen

(1) Größe, Form und Gewicht tragbarer Bildschirmgeräte müssen der Arbeitsaufgabe entsprechend angemessen sein.

(2) Tragbare Bildschirmgeräte müssen

1. über Bildschirme mit reflexionsarmen Oberflächen verfügen und
2. so betrieben werden, dass der Bildschirm frei von störenden Reflexionen und Blendungen ist.

(3) Tragbare Bildschirmgeräte ohne Trennung zwischen Bildschirm und externem Eingabemittel (insbesondere Geräte ohne Tastatur) dürfen nur an Arbeitsplätzen betrieben werden, an denen die Geräte nur kurzzeitig verwendet werden oder an denen die Arbeitsaufgaben mit keinen anderen Bildschirm-geräten ausgeführt werden können.

(4) Tragbare Bildschirmgeräte mit alternativen Eingabemitteln sind den Arbeitsaufgaben angemessen und mit dem Ziel einer optimalen Entlastung der Beschäftigten zu betreiben.

(5) Werden tragbare Bildschirmgeräte ortsgebunden an Arbeitsplätzen verwendet, gelten zusätzlich die Anforderungen nach Nummer 6.1.

1 In Nr. 6.4 Abs. 1 bis 5 Anhang ArbStättV 2016 werden Anforderungen an **tragbare Bildschirmgeräte für die ortsveränderliche Verwendung an Arbeitsplätzen** i. S. der ArbStättV festgelegt, deren Konkretisierung durch ASR zu erfolgen hat (eine ASR A6 ist seit 2017 in Vorbereitung). Auch bei diesen Arbeitsmitteln gelten übergreifend die Bestimmungen der BetrSichV sowie des ArbSchG (vgl. Rn. 2a). **Tragbare Bildschirmgeräte**, die im Übrigen vom Anwendungsbereich der ArbStättV ausgenommen sind, wenn diese **nicht** an einem Arbeitsplatz i. S. der ArbStättV verwendet werden (vgl. § 1 Abs. 4 Nr. 2 ArbStättV 2016, § 1 Rn. 12g) sind z. B. Notebooks, Head-Mounted Displays (z. B. Datenbrillen), Tablet-PCs und Smartphones (zur mobilen Telearbeit vgl. auch § 1 Rn. 12c).

2 **Arbeitsplätze**, an den tragbare Bildschirmgeräte ortsveränderlich eingesetzt werden, sind gem. § 2 Abs. 4 ArbStättV 2017 Bereiche, in denen Beschäftigte im Rahmen ihrer Arbeit tätig sind (vgl. § 2 Rn. 3; zum Arbeitsplatz gem. BetrSichV vgl. Rn. 2a).

Die Anforderungen gelten auch für **Bereiche der Arbeitsstätte außerhalb von Arbeitsräumen** i. S. von § 2 Abs. 3, allerdings mit **Ausnahme** der in § 1 Abs. 2 Nr. 1 bis 3 abschließend aufgeführten Arbeitsstätten, d. h. Arbeitsstätten im Reisegewerbe und im Marktverkehr, Transportmittel, die im öffentlichen Verkehr eingesetzt werden, sowie Felder, Wälder und sonstige Flächen, die zu einem land- oder forstwirtschaftlichen Betrieb gehören, aber außerhalb der von ihm bebauten Fläche liegen (vgl. § 1 Rn. 10 ff.). Baustellen, Lagerbereiche von Betrieben im Freien sind daher z. B. von den Regelungen in Nr. 6.4 Anhang ArbStättV erfasst.

Die Anforderungen in Nr. 6.4 ArbStättV gelten auch für die ortsveränderliche Verwendung von tragbaren Bildschirmgeräten an **Telearbeitsplätzen** i. S. von § 2 Abs. 7 ArbStättV 2016 (vgl. § 1 Abs. 3; § 1 Rn. 12b; § 2 Rn. 4b).

Für tragbare Bildschirmgeräte, die **nicht** an Arbeitsplätzen i. S. von § 2 **2a** Abs. 4 bzw. 7 ortsveränderlich verwendet werden (**mobile Telearbeit**; vgl. § 1 Rn. 12c) und daher vom Anwendungsbereich der ArbStättV 2016 ausgenommen sind, empfiehlt der *ASTA*, dass die Anforderungen gem. Nr. 6 Anhang ArbStättV sowie den dabei zu berücksichtigenden Stand der Technik durch den Arbeitgeber, soweit anwendbar, bei der Gefährdungsbeurteilung auf die mobile Telearbeit übertragen werden können (vgl. *ASTA*-Empf. v. 7. 11. 2017, S. 1; vgl. § 3 Rn. 2h).

Zudem greifen die – im Übrigen für alle Bildschirmgeräte i. S. von § 2 Abs. 6 ArbStättV sowie für die vom Anwendungsbereich der ArbStättV ausgenommenen Geräte gem. § 1 Abs. 4 ArbStättV gültigen – Bestimmungen der BetrSichV 2015 hinsichtlich der Verwendung von Arbeitsmitteln sowie die übergreifenden Regelungen des ArbSchG und des ArbZG. Dabei bestimmt § 3 Abs. 2 Satz 2 Nr. 2 BetrSichV, dass bei der Gefährdungsbeurteilung insbesondere die sicherheitsrelevanten einschließlich der ergonomischen Zusammenhänge zwischen Arbeitsplatz, Arbeitsmittel, Arbeitsverfahren, Arbeitsorganisation, Arbeitsablauf, Arbeitszeit und Arbeitsaufgabe zu berücksichtigen sind (vgl. *Pieper*, ArbSchR, § 3 BetrSichV 2015 Rn. 28). »Arbeitsplatz« meint hier nicht den Arbeitsplatz i. S. der ArbStättV (vgl. § 2 Rn. 3). Die auf der Beurteilung beruhenden Maßnahmen nach § 6 BetrSichV sind im Hinblick auf mobile Telearbeit festzulegen und durch die organisationsbezogenen Grundpflichten in § 5 BetrSichV nachhaltig zu gestalten. Generell einzubeziehen sind die Grundsätze der Arbeitsschutzes gem. § 4 ArbSchG. Insbesondere hat der Arbeitgeber die Verpflichtung, die entsprechenden Arbeitsbedingungen so zu gestalten, dass die Sicherheit und der Schutz der Gesundheit der Beschäftigten gewährleistet sind, indem Gefährdungen für die physische und psychische Gesundheit vermieden und verbleibende Gefährdungen minimiert werden (vgl. § 4 Nr. 1 ArbSchG).

Ausgehend von der grundlegende Verpflichtung des Arbeitgebers, die ent- **3** sprechenden Arbeitsbedingungen so zu gestalten, dass die Sicherheit und der Schutz der Gesundheit der Beschäftigten gewährleistet sind (vgl. § 4 Nr. 1 ArbSchG), sind in Nr. 6.4 Abs. 1 bis 4 Anhang ArbStättV 2016 besondere **Anforderungen an tragbare Bildschirmgeräte für die ortsveränderliche Verwendung an Arbeitsplätzen** i. S. der ArbStättV festgelegt, deren Konkretisierung durch ASR zu erfolgen hat (vgl. auch *BAuA*, 2016, S. 47):

- **Größe, Form und Gewicht** tragbarer Bildschirmgeräte müssen gem Nr. 6.4 Abs.2 ArbStättV der Arbeitsaufgabe entsprechend angemessen sein.

- Tragbare Bildschirmgeräte müssen gem. Nr. 6.4 Abs. 2 über Bildschirme mit reflexionsarmen Oberflächen verfügen und so betrieben werden, dass der Bildschirm frei von störenden **Reflexionen und Blendungen** ist.
- Tragbare Bildschirmgeräte **ohne Trennung** zwischen Bildschirm und externem Eingabemittel (insbesondere Geräte ohne Tastatur) dürfen gem. Nr. 6.4 Abs. 3 nur an Arbeitsplätzen betrieben werden, an denen die Geräte nur **kurzzeitig** verwendet werden oder an denen die Arbeitsaufgaben mit keinen anderen Bildschirmgeräten ausgeführt werden können.
- Tragbare Bildschirmgeräte mit **alternativen Eingabemitteln** sind gem. Nr. 6.4 Abs. 4 den Arbeitsaufgaben angemessen und mit dem Ziel einer optimalen Entlastung der Beschäftigten zu betreiben (zur Einbeziehung physischer und psychischer Belastungen vgl. § 3 Rn. 2j, 2k).

4   Werden tragbare Bildschirmgeräte **ortsgebunden an Arbeitsplätzen** i. S. der ArbStättV verwendet, gelten gem. Nr. 6.4 Abs. 5 **zusätzlich die Anforderungen nach Nr. 6.1**. Der Arbeitgeber hat gem. Nr. 6 Abs. 1 Abs. 1 ArbStättV 2016 die grundlegende Verpflichtung, die entsprechenden Arbeitsbedingungen so zu gestalten, dass die Sicherheit und der Schutz der Gesundheit der Beschäftigten gewährleistet sind und dabei die Grundsätze der Ergonomie auf die Bildschirmarbeitsplätze und die erforderlichen Arbeitsmittel sowie die für die Informationsverarbeitung durch die Beschäftigten erforderlichen Bildschirmgeräte entsprechend anzuwenden (vgl. Nr. 6.1 Abs. 1 Anhang ArbStättV 2016). Weiterhin muss der Arbeitgeber dafür sorgen, dass die Tätigkeiten der Beschäftigten an Bildschirmgeräten insbesondere durch andere Tätigkeiten oder regelmäßige Erholungszeiten unterbrochen werden (vgl. Nr. 6.1 Abs. 2). Schließlich greifen die speziellen ergonomischen Anforderungen gem. Nr. 6.1 Abs. 3 bis 10.

5   Im Rahmen der **Unterweisung** nach § 6 ArbStättV hat der Arbeitgeber den Beschäftigten im Hinblick auf die ortsveränderliche Verwendung von tragbaren Bildschirmgeräten an Arbeitsplätzen i. S. der ArbStättV ausreichende und angemessene Informationen anhand der Gefährdungsbeurteilung in einer für die Beschäftigten verständlichen Form und Sprache zur Verfügung zu stellen und die Unterweisung auf dieser Grundlage durchzuführen.

6   Bei der ortsveränderlichen Verwendung tragbarer Bildschirmgeräte an Arbeitsplätzen i. S. der ArbStättV ist auch der Grundsatz in Nr. 6.5 Abs. 5 Anhang ArbStättV 2016 bindend, nach dem eine **Kontrolle der Arbeit** hinsichtlich der qualitativen oder quantitativen Ergebnisse ohne Wissen der Beschäftigten nicht durchgeführt werden darf (vgl. Nr. 6.5 Rn. 3).

7   Teilweise **ergänzende Gestaltungsempfehlungen** an die ortsveränderliche Verwendung tragbarer Bildschirmgeräte an Arbeitsplätzen i. S. der ArbStättV sowie an mobile Telearbeit bzw. mobiles Arbeiten gibt z. B. Anhang 1 DGUV Information 215–410. Außerdem sind derartige Empfehlungen abrufbar unter: *www.igmetall.de/online-ratgeber-mobiles-arbeiten-5527.htm* sowie *www.dguv.de/ifa/fachinfos/mobile-it-arbeit/index.jsp*

6.5 Anforderungen an die Benutzerfreundlichkeit von Bildschirmarbeitsplätzen

(1) Beim Betreiben der Bildschirmarbeitsplätze hat der Arbeitgeber dafür zu sorgen, dass der Arbeitsplatz den Arbeitsaufgaben angemessen gestaltet ist. Er hat insbesondere geeignete Softwaresysteme bereitzustellen.

(2) Die Bildschirmgeräte und die Software müssen entsprechend den Kenntnissen und Erfahrungen der Beschäftigten im Hinblick auf die jeweilige Arbeitsaufgabe angepasst werden können.

(3) Das Softwaresystem muss den Beschäftigten Angaben über die jeweiligen Dialogabläufe machen.

(4) Die Bildschirmgeräte und die Software müssen es den Beschäftigten ermöglichen, die Dialogabläufe zu beeinflussen. Sie müssen eventuelle Fehler bei der Handhabung beschreiben und eine Fehlerbeseitigung mit begrenztem Arbeitsaufwand erlauben.

(5) Eine Kontrolle der Arbeit hinsichtlich der qualitativen oder quantitativen Ergebnisse darf ohne Wissen der Beschäftigten nicht durchgeführt werden.

In Nr. 6.5 Abs. 1 bis 4 Anhang ArbStättV 2016 werden Anforderungen an die **1** Benutzerfreundlichkeit von Bildschirmarbeitsplätzen einschließlich Telearbeitsplätzen unter Einbeziehung von Aspekten des Datenschutzes (Abs. 5) festgelegt, die insbesondere und bis zur Ablösung durch ASR durch die DGUV-Information 215–410 konkretisiert werden. Die in Nr. 6.5 insbesondere zur Software-Ergonomie aufgeführten Anforderungen entsprechen inhaltlich Nr. 3 Anhang EG-Bildschirmrichtlinie.

Der in der Überschrift von Nr. 6.5 eingeführte Begriff der Benutzerfreund- **2** lichkeit entspricht dem Begriff der **Gebrauchstauglichkeit** in § 3 Abs. 2 BetrSichV 2015 (vgl. Nr. 7.5 DGUV Information 215–401, S. 78). Die auf eine durchzuführende Arbeitsaufgabe gerichtete Gebrauchstauglichkeit des für diese Aufgabe auszuwählenden Arbeitsmittels, die gem. § 3 Abs. 2 Satz 2 Nr. 1 BetrSichV 2015 bei der Gefährdungsbeurteilung zu berücksichtigen ist, ist laut *BReg* eine wesentliche Voraussetzung für dessen sichere Verwendung (RegE-BetrSichV 2015, S. 80). Dies gilt gleichermaßen für Bildschirmgeräte i. S. der ArbStättV, die zugleich Arbeitsmittel i. S. der BetrSichV sind. Nach DIN EN ISO 9241–11 bezeichnet Gebrauchstauglichkeit (»Usability«) das Ausmaß, in dem ein Produkt, System oder ein Dienst durch bestimmte Benutzer in einem bestimmten Anwendungskontext genutzt werden kann, um bestimmte Ziele effektiv, effizient und zufriedenstellend zu erreichen. Hierbei stellt § 3 Abs. 2 Satz 2 Nr. 1 BetrSichV 2015 die Gebrauchstauglichkeit in den Kontext mit der ergonomischen, insbesondere alters- und alternsgerechten Gestaltung von Arbeitsmitteln (vgl. *Pieper*, ArbSchR, § 3 BetrSichV Rn. 30 ff.). Dabei handelt es sich um eine Konkretisierung bzw. Ausprägung des Begriffs der menschengerechten Gestaltung der Arbeit gem. § 2 Abs. 1 ArbSchG (vgl. *Pieper*, ArbSchR, § 2 ArbSchG Rn. 8 ff.).

3 Im Einzelnen führt Nr. 6.5 Abs. 1 bis 4 Anhang ArbStättV 2016 die folgenden Anforderungen auf, die insbesondere und bis zur Ablösung durch ASR durch die DGUV-Information 215–410 konkretisiert werden (vgl. DGUV Information 215–410, S. 78 ff.):

- Beim Betreiben der Bildschirmarbeitsplätze hat der Arbeitgeber gem. Nr. 6.1 Abs. 1 dafür zu sorgen, dass eine den Arbeitsaufgaben angemessene **Arbeitsplatzgestaltung** erfolgt. Er hat insbesondere **geeignete Softwaresysteme** bereitzustellen.
- Die Bildschirmgeräte und die Software müssen gem. Nr. 6.5 Abs. 2 entsprechend den **Kenntnissen und Erfahrungen der Beschäftigten** im Hinblick auf die jeweilige Arbeitsaufgabe angepasst werden können.
- Das Softwaresystem muss gem. Nr. 6.3 Abs. 3 den Beschäftigten Angaben über die jeweiligen **Dialogabläufe** machen.
- Die Bildschirmgeräte und die Software müssen gem. Nr. 6.5 Abs. 4 den Beschäftigten die Möglichkeit einer **Beeinflussung der Dialogabläufe** geben. Sie müssen eventuelle Fehler bei der Handhabung beschreiben und eine Fehlerbeseitigung mit begrenztem Arbeitsaufwand erlauben.

4 Nr. 6.5 Abs. 5 Anhang ArbStättV 2016 stellt eine ergänzende, **datenschutzrechtliche Anforderung** hinsichtlich der qualitativen oder quantitativen Kontrolle von Beschäftigten mit den Möglichkeiten von Bildschirmgeräten dar. Diese Anforderung, die implizit auf die Vermeidung psychischer Gefährdungen bzw. die Gewährleistung der informationellen Selbstbestimmung der Beschäftigten abzielt, ist vom Arbeitgeber im Rahmen der Bestimmungen des BDSG zu beachten.

Weiterhin eröffnet sich den Betriebsparteien im Rahmen der vom Betriebsrat mitbestimmten Einführung und Anwendung von technischen Einrichtungen, die dazu geeignet sind, das Verhalten oder die Leistung der Arbeitnehmer (bzw. Beschäftigten i. S. von § 2 Abs. 2 ArbSchG) zu überwachen, gem. § 87 Abs. 1 Nr. 6 BetrVG (bzw. im Falle des Personalrats gem. den entsprechenden Personalvertretungsvorschriften) ein **Gestaltungsspielraum** (vgl. DKKW-*Klebe*, § 87 BetrVG Rn. 163).

Der Einsatz eines Software-Keyloggers, mit dem alle Tastatureingaben an einem dienstlichen Computer für eine verdeckte Überwachung und Kontrolle des Arbeitnehmers aufgezeichnet werden, ist nach § 32 Abs. 1 BDSG (nunmehr: § 26 Abs. 1 BDSG n. F.) unzulässig, wenn kein auf den Arbeitnehmer bezogener, durch konkrete Tatsachen begründeter Verdacht einer Straftat oder einer anderen schwerwiegenden Pflichtverletzung besteht (*BAG* 27. 7. 2017 – 2 AZR 681/16; vgl. auch *BAG* 21. 11. 2017 – 1 ABR 47/16 [»Mitarbeiterbefragung«] und v. 25. 4. 2017 – 1 ABR 46/15 [»Belastungsstatistik«]).

Stichwortverzeichnis

Die fett gedruckten Ziffern verweisen auf die jeweiligen Vorschriften, die normal gedruckten auf die Randnummern.

Stichwortverzeichnis

Kompetenz verbindet

Thomas Klebe / Jürgen Ratayczak
Micha Heilmann / Sibylle Spoo

Betriebsverfassungsgesetz

Basiskommentar mit Wahlordnung
20., neubearbeitete und aktualisierte Auflage
2018. 975 Seiten, kartoniert
€ 39,90
ISBN 978-3-7663-6703-7

Der Basiskommentar ist das bewährte Handwerkszeug
für jedes Betriebsratsmitglied. Prägnant und gut
verständlich erläutert er das gesamte Betriebsverfassungs-
gesetz und bringt die Rechtsprechung auf den Punkt.
Der Leser erhält zu allen wichtigen Einzelfragen einen
Überblick über den aktuellen rechtlichen Stand, die
Meinung der Rechtsprechung und – wenn erforderlich –
eine arbeitnehmerfreundliche Empfehlung. Die 20.
Auflage berücksichtigt die aktuelle Rechtsprechung des
Bundesarbeitsgerichts (BAG) und der Instanzgerichte.

Die Neuerungen der 20. Auflage:
• Neue Rechtsprechung zur Mitbestimmung beim
  Arbeitsschutz und betrieblichen
  Eingliederungsmanagement
• Neuer Datenschutz und Grenzen von
  Betriebsvereinbarungen
• Entgelttransparenzgesetz
• Neufassung des Arbeitnehmerüberlassungsgesetzes
• Arbeit 4.0
• Neue Entwicklungen bei Crowdwork

Bund-Verlag

Kompetenz verbindet

Gute Arbeit

Die Fachzeitschrift für
Arbeitsschutz und Arbeitsgestaltung

- informiert über aktuelle Entwicklungen und Trends im Arbeits- und Gesundheitsschutz

- berichtet über neue gesetzliche Regelungen, beispielhafte Betriebsvereinbarungen und aktuelle Rechtsprechung

- zeigt Wege zur menschen- und alternsgerechten Gestaltung von Arbeitsplätzen

- liefert erprobte Praxistipps zum Umgang mit Gefahrstoffen, Stress, psychischen Belastungen, Lärm und Mobbing

- bietet Empfehlungen zur Prävention und Teilhabe

- enthält eine Extra-Rubrik speziell zur Teilhabepolitik

- bietet Online-Ausgabe, Online-Archiv und App

Weitere Informationen und Bestellmöglichkeit unter:
www.gutearbeit-online.de/gratis

Bund-Verlag